LIVING LOGOTHERAPY
살아있는 로고테라피

Elisabeth Lukas
Heidi Schönfeld

심리치료와 인간의 존엄

로고테라피의 실제적용

역자 강경아

심리치료와 인간의 존엄

로고테라피의 실제적용

심리치료와 인간의 존엄: 로고테라피의 실제적용

첫째판 1쇄 인쇄 | 2025년 2월 11일
첫째판 1쇄 발행 | 2025년 2월 18일

지 은 이 Elisabeth Lukas, Heidi Schönfeld
옮 긴 이 강경아
발 행 인 장주연
출판기획 임경수
책임편집 이연성
편집디자인 조원배
표지디자인 김재욱
제작담당 황인우
발 행 처 군자출판사(주)
등록 제4-139호(1991. 6. 24)
본사 (10881) **파주출판단지** 경기도 파주시 회동길 338(서패동 474-1)
전화 (031) 943-1888 팩스 (031) 955-9545
홈페이지 | www.koonja.co.kr

Psychotherapy with Dignity: Logotherapy in Action
First published 2021 by Elisabeth-Lukas-Archiv GmBH

ISBN 979-11-7068-220-2
정가 23,000원

목차

저자의 글

친애하는 한국의 독자 여러분.

모든 인간에게는 파괴할 수 없는 고유한 영적핵심spiritual core이 있다는 것이 프랭클의 신조였습니다. 육체적, 정신적 질병이 있든 없든, 갓난아기든, 나이 든 노인이든, 위기에 봉착하여 혼란에 빠진 사람이든 상관없이 영적핵심은 영향을 받지 않습니다. 이것이 바로 인간 존엄성dignity의 토대입니다. 이 신조는 프랭클의 로고테라피의 필수적인 토대를 형성하며 모든 전략적 방법과 접근방식에 내재되어 있습니다.

저희 두 사람은 이 책에서 인간의 무조건적인 존엄성에 대한 확고한 믿음이, 심리치료의 일상적인 실천에 어떻게 유익한 영향을 미치는지 보여주고자 합니다. 저희 책이 멀리 한국까지 출간되어 기쁘게 생각합니다. 인간은 고통받는 모든 약점과 결함 그 이상의 존재이며, 자신의 존엄성과 삶의 의미를 깨닫는 순간 고통과 증오, 분노와 절망의 가장 깊은 곳에서 다시 일어설 수 있다는 사실을 한국 문화에서도 증언할 수 있기를 바랍니다.

한국의 모든 독자가 이 인사의 글과 책에 소개된 여러 사례에서 도움이 되는 제안을 발견할 수 있기를 바랍니다. 또한 여러분의 직업에서도, 그리고 자신을 위해서도, 더 나아가 지구촌에 살고 있는 우리 모두를 위해서, 프랭클의 말처럼 "온전하지는 않지만 치유될 수 있는" 길이 열리기를 바랍니다.

엘리자베스 루카스와 하이디 쇤펠트

역자의 글

로고테라피logotherapy라는 단어의 어원은 그리스어 로고스logos에서 비롯되며 의미meaning를 뜻합니다. 로고테라피에서는 인간을 신체body, 정신psyche, 영spirit(그리스어로 noös, noëtic)으로 이루어진 3차원적 존재로 보며, 영적차원을 동물과 구별되는 인간만의 독특한 차원으로 봅니다. 로고테라피는 인간 영에 내재된 인간됨humanity을 이루는 본질인 영적 핵심spiritual core 또는 영성sprituality은 인간을 들어 올리는 도전적 힘defiant power이 된다고 보며 이를 치유의 자원으로 활용하는 의미 중심의 심리치료입니다.

로고테라피는 언제나 역자인 제 인생의 등불이 되어줍니다. 왜냐하면 내면에서 조용히 들리는 '나다운 것' 다시 말해 '인간다운 것'에 대한 거울이 되어주기 때문입니다. 로고테라피를 공부하면서 '인간다운 것', 즉 인간성의 본질은 언제나 거짓이 없는 진실된 것, 내면이 안정되는 것, 어떤 상황에서도 "예!"라고 긍정할 수 있는 것, 존중받는 것, 희망과 용기를 가질 수 있는 것과 연결되는 것임을 알게 되었습니다.

'나다운 것'이란 '인간다운 것' 즉, 인간만이 가지는 본질로서, 이 본질(없어서는 안되는 특성)은 곧 인간의 존엄을 이루는 것임을 이 책은 여러 사례를 통해 진실되게 호소하고 있습니다.

빅터 프랭클 박사의 가르침을 가장 가까이서 접하고 로고테라피를 실제 상담사례에 적용해 온 엘리자베스 루카스 박사의 예리하고, 통찰력 있는 분석과 조언은 로고테라피 철학의 정수를 설명하고 있습니다. 하이디 쇤펠트 박사의 사례연구와 로고테라피에 근거한 치료적 접근은 다양한 일상 상황에서 영의 도전적 힘defiant power of the spirit으로 '인간다움'의 존엄을 유지하며 희망과 용기의 빛을 발견할 수 있도록 돕습니다.

이 책을 번역하면서 내면의 진정한 치유를 향한 로고테라피의 도전적 여정에 역자인 저 자신도 감동과 감사를 갖게 되었습니다. 독자 여러분도 인간의 존엄을 향한 로고테라피의 치료적 도움으로 삶에서 용기와 희망을 갖게 되시기를 진심으로 소망합니다.

2025년 2월

강경아

살아있는 로고테라피 시리즈

서문

비엔나의 정신과 의사이자 로고테라피logotherapy의 창시자인 빅터 E. 프랭클Viktor E. Frankl은 오늘날에도 여전히 유효한 문제를 이렇게 요약했습니다: "우리시대는 과거에 비해 보통 먹고 사는 걱정은 크게 없습니다. 그러나 현대인들에게 부족한 것은 종종 살아야 할 이유입니다." 임상 심리학자이자 심리 치료사인 엘리자베스 루카스Elisabeth Lukas는 프랭클의 가장 중요한 제자로 국제적인 명성을 얻고 있습니다. 그녀의 많은 저서에서 그녀는 로고테라피가 어떻게 정신 질환에 도움을 주고, 건강한 사람들의 일상을 풍요롭게 하며, 우리 모두가 의미 있고 만족스러운 삶을 영위하도록 고무하는지 설명합니다. 그녀의 책은 '살아있는 로고테라피'가 얼마나 인간적이고 믿을수 있으며 최신인지를 보여줍니다. 이 새 시리즈의 주요 목표는 독일어권에서 지속적인 성공을 거둔 그녀의 책을 영어권 사용자가 더 쉽게 접할 수 있도록 하는 것입니다.

엘리자베스 루카스가 이 새로운 시리즈를 출판할 수 있도록 많은 사람들이 열심히 노력했습니다. 원본과 매우 유사한 탁월한 텍스트를 선사한 번역가 Dr. David Nolland에게 특별한 감사를 드립니다. 그는 로고테라피 분야에 탁월한 지식을 가지고 있으며 이 시리즈의 영어권 시장과 관련된 모든 업무를 관리합니다. 처음부터 우리를 지원하고 이 시리즈의 가이드로 동행한 Alexander Batthyany 교수에게도 감사드립니다. 형식과 레이아웃은 베른하르트 켈러Bernhard Keller의 작품이며 책의 아름다운 표지는 전적으로 그의 전문성 덕분입니다.

이 시리즈의 첫 번째 책(MEANING-CENTRED PSYCHOTHERAPY Viktor Frankl's Logotherapy in Theory and Practice)은 루카스의 로고테라피 이론에 대한 논의와 쇤펠트Schönfeld의 수많은 사례 연구를 결합한 공동 프로젝트이며, 두 번째 책(LOGOTHERAPY Principles and Methods)은 로고테라피의 기본 개념과 응용에 대한 엘리자베스 루카스의 교과서입니다.

이 책은 세 번째 책으로(PSYCHOTHERAPY WITH DIGNITY Logotherapy in Action) 루카스와 쇤펠트가 진행한 공동 작업입니다. 주로 사례 연구로 구성되어 있으며, 이 사례에서 로고테라피가 어떻게 적용되었는지에 대한 이론적 분석을 추가하였습니다. 이 책의 전반부에 로고테라피에 대해 간단히 소개하였고, 그 다음 사례연구가 다루어지며, 후반부는 로고테라피적 관점에서 바라본 여러 주제에 대한 논의로 마무리됩니다.

우리는 로고테라피 방법의 적용에 대한 이 실용적인 안내서가 영어권의 실무자와 그 외 관심있는 분들에게 도움이 되고 등불이 되며 로고테라피의 효과와 적용 가능성을 명확하게 설명하기를 진심으로 바랍니다.

엘리자베스-루카스-아카이브 소장

하이디 쇤펠트 박사

번역자의 글

로고테라피는 번역자에게 특별한 도전이 됩니다. 빅터 E. 프랭클Viktor E. Frankl의 작품에는 유머와 은유가 가득하며, 종종 유럽사상의 역사에 대한 깊은 이해를 바탕으로 도출된 철학적 진술을 구어체로 쉽게 반영한 재담, 시적인 표현 및 언어의 뉘앙스를 활용하는 독특한 방식으로 자신의 주장을 전개하는 경우가 많습니다.

그는 자신의 로고테라피에서 핵심적인 역할을 하는 여러 독창적인 용어와 개념을 만들어 냈습니다. 프랭클은 출판된 번역본에 표현된 이러한 주요 용어의 번역에 종종 불만족스러워했으며, 가능한 경우, 그가 직접 번역한 번역본이 그의 사고를 이해하는 데 중요한 단서를 제공하기도 했습니다.

엘리자베스 루카스Elisabeth Lukas는 앞서 언급한 프랭클 저서에 표현된 문체의 특징을 반영하는 독특한 문체를 가지고 있습니다. 그녀는 지적으로나 영적뿐 아니라 언어적으로도 프랭클의 발자취를 계승해왔습니다. 프랭클은 자신이 창안한 로고테라피를 완성되고 고정된 어떤 것으로 보지 않고, 의미meaning와 인간 영noös (spirit)의 가능성에 초점을 둘 때 비로소 깨닫게 되는 인간 본성에 대한 무한한 통찰과 병행하여 지속적으로 발전되어야 하는 사고 체계로 여겼습니다. 이 책에서 엘리자베스 루카스와 하이디 쇤펠트Heidi Schönfeld는 이 사고 체계가 실제로 얼마나 치료적으로 효과적인지에 대한 놀라운 증언을 했습니다.

프랭클의 저서 번역은 가능한 경우 각주에 인용된 그의 저서의 영어 표준판에서 발췌했습니다. 이것이 불가능할 경우 독일어판을 인용했으며 번역은 제가 직접 했습니다.

또한 이 번역본을 제작하는 데 긴밀한 협력을 해준 하이디 쇤펠트에게도 감사드립니다. 그녀의 도움이 없었다면 프랭클의 행동 방식에 대한 정확하고 충실한 영어 번역은 불가능했을 것입니다.

데이비드 놀랜드 박사

로고테라피에 대한 간략한 소개

(엘리자베스 루카스와 베른트 아렌트의 인터뷰)

베른트 아렌트Bernd Ahrendt는 하노버의 FOM 대학에서 근무하는 경영학 교수이며, 인적 자원 관리의 전문가이다. 2018년에 그는 엘리자베스 루카스Elisabeth Lukas를 인터뷰하기 위해 비엔나를 방문했다. 베른트 아렌트는 독자들에게 로고테라피logotherapy의 기본 개념을 소개하기 위해 그의 인터뷰 내용을 이 책에 재인용하는 데 동의했다.

아렌트: 루카스 교수님, 로고테라피의 핵심 내용을 몇 마디로 요약해 주시겠습니까?

루카스: 1905년에 출생한 빅터 에밀 프랭클Viktor Emil Frankl은 유망한 정신과 의사로서, 의사 초년생 시절부터 두 가지 기본적인 질문에 관심을 가지고 연구를 시작했습니다. 첫 번째 질문은 '인간을 인간답게 만드는 것은 무엇일까? 인간만의 고유한 특징은 무엇일까?' 였습니다. 두 번째 질문은 '무엇

이 인간을 정신적으로 건강하게 유지하거나 질병에 걸렸을 때 다시 건강해질 수 있게 하는가?' 였습니다. 두 번째 질문은 프랭클 시대에 특히 혁신적이었습니다. 그 당시의 모든 정신의학 전문가들은 병에 걸리는 원인만 생각했고 다시 건강해지는 근거는 고려하지 않았기 때문입니다.

그의 첫 번째 질문에 대한 답을 얻기 위해 프랭클은 인간의 '영spirit'에 대해 연구하기 시작했는데, 그의 정의에 따르면 영은 인간 존재의 세 번째 차원입니다. 당시의 철학에서는 '신체body'(첫 번째 차원)과 '영혼soul'(두 번째 차원)에 대해서만 이야기했으며 새로운 학문으로 부각되기 시작한 심리학psychology 분야에서 전통적인 '영혼soul'의 개념은 단순히 '정신psyche'으로 번역되었습니다. 그래서 우리의 모든 인지cognition와 감정emotion은 정신이라는 주제하에 포함되었습니다. 동물에게도 생각과 기분이 어느 정도 존재하기 때문에 인간만의 특별한 점이 모두 배제되는 결과가 초래되었습니다. 인간만의 독특한 특성을 찾고 싶다면, 프랭클이 우리의 (잠재적인) 의지의 자유freedom of will와 책임, 윤리적이고 예술적인 감수성, 의미추구와 궁극적인 의미(신?)를 향한 우리의 열망과 같은 현상이 자리하고 있는 3차원으로 모험을 떠나야 합니다. 이러한 현상은 우리를 동물계의 지평 너머로, 그리고 현대적 맥락에서 지능형 컴퓨터와 로봇의 지평 너머로 데려갑니다.

그의 두 번째 질문에 답하기 위해, 프랭클은 인간의 정신(과 신체)의 안정에 있어 의미meaning에 대한 관점이 얼마나 중요한지를 발견했습니다. 삶이 힘들어질 때 비로소 계속 살아갈 의미를 찾을 수 있는지 여부가 결정적으로 중요해집니다. 그러나 편안한 상황에서도 의미를 찾지 못하면 삶의 만족도는 낮아집니다. 이 두 가지 획기적인 깨달음을 근거로 프랭클은 '로고테라피'라고 부르는 '의미 중심 심리 치료meaning-centred psychotherapy'를 창안했습니다. 이것은 '영적인 것noëtic(spiritual)에서 영적인 것을 향한 심리치료'로 볼 수 있습니다.

아렌트: 프랭클은 그의 연구를 통해 무엇을 발견했습니까?

루카스: 1930년대에 프랭클은 비엔나에 있는 정신병원 'Am Steinhof'에서 근무했습니다. 그곳에서 그는 극심한 우울증에 시달리는 수백 명의 사람들과 이야기할 기회를 가졌습니다. 무엇보다도 그는 어린 시절의 어려움, 실망, 정신적 상처에 대해 들었습니다. 그곳에서 그는 수많은 건강한 사람들(의사, 간호사, 학생)을 대조군으로 배정하고 그들을 인터뷰하는 연구를 진행하였고, 별 문제없이 정신적으로 '정상'인 이 사람들이 자신의 직업을 추구하며 어려움 없이 일상생활을 하고 있지만, 대체적으로 환자만큼이나 많은 트라우마trauma, 실망, 상처를 가지고 있다는 사실을 발견했습니다. 그 결과, 프랭클은 지그문트 프로이드Sigmund Freud의 트라우마 이론을 포기했습니다. 그는 병원성, 다시 말해, 질병을 유발하는 요소가 분명히 있지만 동시에 보호 요소도 있음을 인식했습니다. 그리고 충분한 보호 요소가 존재하면 질병을 유발하는 요소가 덜 위협적이게 됩니다. 이 논제는 이제 논란의 여지가 없습니다. 예를 들어 감염은 사람의 면역 체계가 이미 약해져 있을 때 영향을 미치고, 유기체의 질병에 대한 저항력이 잘 발달되어 있을 때는 피해가 거의 없다는 것은 일반 의학에서 오래전부터 알려져 왔습니다. 정신적 영역에서 사람의 내적 의미 충족은 가장 강력한 보호 요소 중 하나입니다. 프랭클은 이것으로부터 어떤 형태의 의미를 찾고 성취하는 것이 정신적 치유에 기여한다고 추론했습니다. 이것이 실제로 효과가 있다는 것은 잘 문서화된 그의 많은 사례 연구에서 볼 수 있습니다.

저는 여기에 한 가지 더 추가하고 싶습니다. 최근의 회복탄력성resilience 연구에서 프랭클의 발견이 100% 확인되었습니다. 운명의 심한 타격으로 쓰러진 후 자신을 일으켜 세우는 사람들은 특정한 의미 관점을 긍정하는 것을 기반으로 다시 일어서는 것을 볼 수 있습니다. 그들은 자신이 겪은 고통을 매번 되돌아보는 대신 주로 현재에 살고 있으며, 미래에 대한 가치 지향적 비전에 따라 그들이 할 수 있는 최선을 다하며 살아갑니다. 이런 식으로 그들은 건강에 해로운 트라우마의 위해로부터 스스로를 구합니다(Münchhausen 남작이 자신의 포니테일로 늪에서 빠져나온 것처럼).

아렌트: 그런데 왜 그렇게 많은 사람들이 부정적인 과거에 갇혀 있는 걸까요?

루카스: 이에 대한 많은 설명이 있습니다. 무언가를 개선하는 것보다 불평하는 것이 더 쉽고, 스스로 무언가를 하는 것보다 다른 사람을 비난하는 것이 더 쉽습니다. 과거를 돌아보는 우리의 무익한 경향은 전통적인 정신분석psychoanalysis의 사고 방식에도 부분적인 책임이 있습니다. 정신분석은 과거를 탐구하는 아이디어를 전파했습니다. 하지만 저는 심리 치료를 비난하고 싶지 않습니다. 왜냐하면 그것은 불과 120년밖에 되지 않은 매우 새로운 분야이기 때문입니다. 모든 진화 과정은 시행착오를 거쳐 진행되며 심리치료psychotherapy에서도 마찬가지입니다. 치료 방법이 속속 개발되고 있으며, 항상 수정이 필요합니다. 프랭클 자신도 중요한 교정자였습니다. 한편, 정신질환은 원인이 밝혀지면 회복될 것이라는 정신분석적 환상은 사라졌습니다. 원인 규명에 기반한 전략은 일반적으로 증명할 수 없는 무수한 추측과 관련되어 있다는 부분을 제외하고는 성공적이지 못한 것으로 입증되었습니다.

아렌트: 이것은 또한 정신 질환을 유발하거나 유발할 수 있는 원인이 두 가지 이상인 경우가 많다는 사실과 관련이 있습니까?

루카스: 프로이드 이후 신경생물학neurobiology과 심리학의 발전은 질병의

원인들이 서로 밀접하게 연관되어 있음을 보여주었습니다. 유전학 연구를 통해 우리가 생각했던 것보다 더 많은 정신적 상태가 유전적 소인과 연관될 수 있다는 사실이 밝혀졌습니다. 사람은 유전자로부터 금발이나 파란 눈을 물려받을 뿐만 아니라 중독addiction 경향, 히스테리 또는 우울증과 같은 성격적 기질도 물려받습니다. 이것은 해당 질병이 반드시 발생한다는 것을 의미하는 것이 아니라 특정 상황에서 주의해야 한다는 것입니다. 이러한 내인성 성향은 부모와 교사뿐만 아니라 외인성 영향과도 상호 작용합니다. 미디어도 강력한 영향력을 갖고 있으며 사회적 경향의 영향을 과소평가해서는 안 됩니다.

그러나 이 모든 것은 여전히 문제의 핵심이 아닙니다. 이 모든 다양한 영향 중에는 각 개인을 형성하는 인간의 자기결정능력self-determination이 있습니다. 어린 아이들도 이미 각자의 개성이 있고 각자의 선택을 합니다. 아동들의 영적 차원noëtic(spiritual) dimension은 부분적으로 휴면 상태이거나 아직 완전히 발달하지 않았지만 여전히 정신신체적 차원에 스며들어 아동들이 어떤 사람이 될 것인지를 결정하는 데 도움이 됩니다. 자녀는 부모가 어떻게 양육했느냐에 따라 결정되지 않으며, 성인도 과거 환경의 순수한 희생자가 아닙니다.

아렌트: 이것은 모든 사람이 어릴 때도 그렇지만 어른이 되어서도 자신의 삶에 중대한 영향을 미친다는 것을 의미하는 것이겠군요.

루카스: 그렇습니다. 프랭클의 유명한 비유에 따르면 사람은 건축가와 같습니다. 유전적 소인과 환경의 다양한 영향은 각 사람이 작업해야 하는 건축 자재와도 같습니다. 불행하게도 이 건축 자재는 공평하게 분배되지 않았습니다. 이 세상의 일부 사람들은 훌륭한 건축 자재를 가지고 태어났습니

다: 사랑하는 부모, 건강한 몸, 평화로운 나라. 다른 사람들에게는 반사회적 환경, 빈곤 또는 전쟁의 참화와 같이 열등한 건축 자재가 주어질 수 있습니다. 이것은 3차원이 작용하는 때입니다: 즉 건축가는 이 건축자재를 독특한 방식으로 사용할 수 있습니다. 최고의 대리석(예를 들어, 뛰어난 음악적 재능이나 풍성한 사랑을 베푸는 탁월한 롤 모델)을 받은 일부 건축가는 이 대리석을 사용하지 않고 그대로 두고 시간을 낭비하고 있습니다. 부서지기 쉬운 자재(예: 저체중아 또는 열악한 교육 기회)만 배정받은 다른 건축가는 이 부실한 재료를 사용하여 길가에 아늑한 오두막이나 예쁜 예배당을 짓습니다. 프랭클은 '인간은 항상 결정하는 존재이다.'라고 말했습니다. 인간은 무엇을 결정할까요? 다음 순간에 어떻게 될 것인지를 결정합니다.

아렌트: 프랭클이 제시한 용어에서 중요한 비중을 차지하고 있는 의미의 개념에 대해 말씀해 주셨습니다. 이 용어를 더 자세히 설명해 주시겠습니까?

루카스: 먼저 '의미meaning' 개념과 '가치value' 개념을 구분하고 싶습니다. 가치는 '보편적인 의미'입니다. 반면에 의미는 고유합니다. 이것은 프랭클이 말한 '순간적 의미meaning of the moment'가 특정 상황에서 특정 사람과 관련하여 항상 존재한다는 것을 의미합니다. *특정 상황에서 특정 사람이 달성할 수 있는 최적의 결과*(관련된 모든 사람에게)입니다. 말하자면 '부름받은' 사람. 우리 둘에게 이것을 적용하자면: 저에게 '순간적 의미'는 제가 할 수 있는 한 당신의 질문에 대답하는 것입니다. 예를 들어, 제가 "오늘 날씨가 좋군요, 교수님. 그래서 산책하는 것이 의미가 있을 것 같습니다." 당신은 이렇게 대답할 수 있습니다, "아니요 루카스 박사님! 산책하는 것이 의미있을 것 같지 않습니다. 저는 당신과 인터뷰를 하기 위해 독일에서 먼 길을 왔습니다. 당신은 저와의 인터뷰를 허락했습니다. 그래서 여기 앉아서 저와 이야기를 나

누는 것이 저에게는 의미가 있습니다!" 이 대화에서 보여주는 것은 화창한 날의 기분 좋은 산책이 확실히 가치가 있지만 이 가치가 지금 중요한 것은 아니라는 것입니다. 이 보편적 의미는 지금은 적절하지 않습니다. 오늘 오후 늦게 우리가 작별 인사를 한 후에 계속 여기 앉아 있는 대신 자기 전에 산책을 하는 것은 매우 의미 있을 수 있습니다.

마찬가지로 '순간적 의미'도 사람마다 다릅니다. 인터뷰가 끝나고 여기를 떠나실 때는, 저보다 다른 것이 교수님을 기다리고 있을 것입니다. 즉, *의미는 항상 존재하며 항상 다릅니다.* 우리가 의식이 있는 한 우리의 상황에 관계없이 우리에게는 의미 있는 가능성이 존재합니다. 가치 체계가 잘 발달되어 있고 자신의 삶에 많은 가치의 원천이 있다는 것을 자각하는 사람들은 항상 하나의 가치에만 집중되어 있는 사람들보다 자연스럽게 '순간적 의미'를 발견하는 것이 더 쉽다는 것을 알게 됩니다. 그럼에도 불구하고 다른 가치가 우선순위에 밀리지 않도록 주의해야 하며, 다른 가치에 의해 압력을 받지 않도록 주의해야 합니다. 그리고 휴식과 여가 시간도 매우 중요한 가치라는 것도 기억해야 합니다.

아렌트: 프랭클이 개발한 가치value의 세 가지 범주는 무엇입니까?

루카스: 프랭클은 '의미 발견의 세 가지 주요 방법'에 대해 말했습니다. 이것은 *창조적 가치*creative values, *경험적 가치*experiential values, *태도적 가치*attitudinal values*입니다.* 창조적 가치와 경험적 가치는 거의 모든 사람이 공유하고 있는 것입니다. 이 두 가치는 사람과 세상을 연결하는 다리를 놓습니다. 창의성을 통해 새로운 것을 세상에 가져올 수 있습니다. 예를 들어, 한 여성이 스웨터를 짭니다. 그녀는 그것을 '세상'에 주었고 받는 사람에게 스웨터가 잘 맞으면 행복합니다. 반대로 경험적 가치는 세상으로부터 좋은 것을 받는 것과 관련이 있습니다. 세상은 우리에게 무언가를 줍니다. 이것은 우리가 이

선물을 받을 마음이 열려 있고 그 가치를 인식하는 방법을 알고 있다는 것을 전제로 합니다. 예를 들어 야외 산책은 자연의 아름다움을 받아들이는 사람에게만 소중한 경험입니다. 불평만 늘어놓고 주변의 꽃과 들판에 관심을 기울이지 않는 사람들은 자신의 경험적 가치를 놓치고 있는 것입니다.

다음에는 태도적 가치가 있습니다. 프랭클은 이것은 실현하기가 가장 어렵기 때문에 사람이 실현할 수 있는 가장 높은 가능한 가치라고 하였습니다. 태도적 가치는 기쁨(창조적 가치나 경험적 가치처럼)과는 아무 상관이 없고 고통과 관련이 있습니다. 왜냐하면 이 가치는 불행, 희망의 상실, 또는 사람들이 극복할 수 없는 장애물에 부딪쳤을 때 선택될 수 있기 때문입니다. 이러한 경우에도 불행한 상황을 개선하기 위해 조치를 취할 수 있다면 당연히 (창조적 가치에서 영감을 얻은) 이 조치가 *우선순위*가 높습니다. 예를 들어, 어떤 사람이 직장을 잃었다면 새로운 직장을 찾는 것은 분명 의미 있는 일입니다. 그러나 불행을 없애기 위해 더 이상 할 수 있는 일이 없다면, 예를 들어 사랑하는 사람을 잃은 것과 같이 돌이킬 수 없는 고통에 직면한다면 문제는 이 고통을 어떻게 참아내고 견뎌내느냐 하는 것입니다. 사람은 항상 다양한 태도를 취할 수 있습니다. 자신의 분노와 운명을 받아들일 수 없어 격렬하게 외칠 수 있고, 무미건조한 절망에 빠질 수도 있지만, 영웅적으로 운명을 받아들이고 이를 통해 가치 있는 태도(태도적 가치를 실현)를 취할 수도 있습니다. 태도적 가치는 *최상위*의 가치입니다. 예를 들어, 누군가는 "나는 살면서 좋은 것들을 많이 받았어. 나는 오랫동안 사랑했던 사람과 함께 있어서 즐거웠고, 지금은 혼자 있어도 감사할 거야. 내 사랑은 끝나지 않았어. 사별했지만 사랑하는 사람은 내 마음 속에 살아 남아 있어..." 이것은 슬픔grief과 상실에 직면했을 때 취할 수 있는 훌륭한 태도입니다.

태도적 가치의 중요성은 다음과 같은 맥락에서 특히 명백해집니다. 생물학 법칙에 따르면 좌절은 자동적으로 공격성을 낳습니다. 신체심리적-동물적 수준에서 공격성은 에너지 분출에 지나지 않습니다. 예를 들어 어떤 동물이 다른 동물에게 쫓기고 있다면 이것은 생물학적 용어로는 좌절이며 동물은 공격적으로 반응합니다. 즉, 생존을 위해 싸우거나 도망칠 에너지를 주는 호르몬이 방출됩니다. 인간의 경우 좌절감은 일반적으로 유사하게 공격성을 유발하는 심리적 압력이지만 동물과 달리 인간은 생물학적 에너지 분출로 무엇을 할지 선택할 수 있습니다. 인간은 또한 싸우거나 도망칠 수 있고, 심지어 자해를 할 수도 있고(동물은 하지 않음), 싸우거나 도망치는 것이 의미가 없는 경우에 그들의 에너지를 훌륭한 태도로 바꿀 수 있습니다.

아렌트: 하지만 내면에서 엄청난 분노를 느끼기도 합니다.

루카스: 네, 사실입니다. 이것이 많은 사람들이 자신의 분노를 다른 사람에게 표출하도록 유혹을 받는 이유입니다. 그들은 치통 때문에 사육사를 공격하는 동물원의 호랑이와 같습니다. 치통은 사육사의 잘못이 아닙니다! 전문 용어로 우리는 이것을 '전위displacement(엉뚱한 사람에게 공격을 가하는 경우)'라고 부릅니다. 그러나 인간은 호랑이가 아닌 그 *이상*의 존재입니다. 그렇기 때문에 이와 같은 전위 행동은 인간 사회에서 비윤리적입니다. 상사에게 짜증이 난 남자가 저녁에 집에 와서 개를 발로 차고 아내에게 소리를 지르는 것, 즉 순진하고 무책임한 사람에게 감정을 표출한다면 결코 도움이 되지 않습니다. 그는 세상에 고통을 더할 뿐, 그의 문제는 해결되지 않습니다. 예를 들어 명확하게 말하고 작업 우선 순위를 변경하는 등 상사와의 갈등을 건설적으로 해결(창조적 가치 실현)하거나 대안이 없는 경우 상황에 대해 긍정적인 태도를 취하는 것이 훨씬 낫습니다. 예를 들면, 적어도 직업은 있고 가족을 먹여 살릴 수 있는 것은 좋은 일이며 침착함을 잃지 않고 상사의 특이한 점에 대처하는 방법을 배울 것이라고 스스로에게 말하는 것입니다. 이것은 그가 발전할 수 있는 훌륭한 태도가 될 수 있습니다.

아렌트: 당신은 사람들에게 많은 것을 요구하고 있습니다. 한편으로는 자기 성찰을 통해 현재 상황을 인식하도록 하고, 다른 한편으로는 고통을 견뎌내는 인내심을 갖도록 하고 있습니다.

루카스: 저는 그것을 요구하는 사람이 아닙니다. *로고스*logos가 묻고 있습니다. 고통과 슬픔을 다루는 유일한 의미 있는 방법입니다. 다른 모든 것은 고통과 슬픔을 증가시키며, 이것은 인간 가족으로서 우리에게 마지막으로 필요한 것입니다.

한 가지 더 추가하고 싶습니다. 진정한 영웅은 땅을 정복하고 전투에서 승리한 것을 기념하기 위한 동상이 세워지는 사람이 아니라 종종 소시민인 경우가 많습니다. 아렌트 교수님, 진정한 영웅은 당신이 상상하는 것보다 더 많습니다. 필요할 때 고통의 사슬을 끊는 감수성을 가지고 있는 사람들이 많습니다. 그들을 인정하고 그들의 업적을 존중해야 합니다. 한 여자가 병원에 누워 있고 상처 때문에 밤에 잠을 이루지 못한다고 합시다. 아침에 간호사가 병실을 방문했을 때 여자는 미소를 지으며 좋은 아침을 기원합니다. 무슨 일이 있었나요? 아픈 여자는 끔찍한 밤을 보냈지만 다정한 인사를 건넸습니다. 그녀는 나쁜 일을 겪었지만 좋은 일을 퍼뜨립니다. *그것은* 진정 영웅적입니다! 인간에게는 -악을 지속할 수도 있지만- 반대로 사랑할 수 있는 능력이 있습니다. 사랑을 전파함으로써 나쁜 경험에 대응하는 것은 불가능한 것이 아닙니다. 이것이 우리가 *로고스*에 의해 하도록 부름 받은 것입니다.

아렌트: 우리에게 이 일을 하라고 요구하는 더 높은 힘이 있다는 뜻인가요? 세상에서 선을 행하라고 우리를 부르나요?

루카스: 당신이 이 신비한 '더 높은 힘'이라고 부르는 것은 중요하지 않습니다. 사실 인간은 모든 것의 창조자가 아닙니다. 우리는 의미의 창조자가 아닙니다. 우리는 겸손하게 의미를 추구하고, 찾고, 따르거나 아니면 무시할 수 있을 뿐, 우리 자신의 바람에 따라 그 메시지를 왜곡할 수는 없습니다. 프랭클은 *우리*가 삶에서 무엇을 기대할 수 있는지가 아니라 *삶*이 우리에게 무엇을 기대하는지가 중요하다고 간결하게 말했습니다. 대부분의 경우 우리는 우리에게 기대되는 것을 감지합니다. 길을 걷다가 노인이 길바닥에 쓰러지면 그 순간 삶이 우리에게 기대하는 바가 무엇인지 깊이 느끼게 됩니다. 물론 우리는 넘어진 사람을 그냥 지나칠 수 있습니다. 의미는 우리가 어떤 일을 하도록 강요할 수 없습니다. 그러나 그것은 분명히 우리에게 멈추고 넘어진 사람을 도와주라고 요청하고 있습니다.

아렌트: 이런 생각은 그저 도덕적인 생각이 아닌가요?

루카스: 그렇긴 한데 이게 전부는 아닙니다. 우리는 자라면서 주변 사람들뿐만 아니라 인간의 본성에 의해서도 이끌림을 받습니다. 당신은 '의미 기관meaning organ', 즉 양심conscience을 가지고 있습니다. 사람들이 어린 시절에 배운 지혜를 태연하게 도외시할 수 있다는 많은 연구결과가 있습니다. 엄격한 도덕관을 갖도록 양육받은 사람들은 그것에 반항하고 금지된 오락을 즐기는 경향이 있습니다. 다른 사람들은 범죄 가정 환경에서 용감하게 벗어납니다. 이미 논의한 바와 같이 건축 자재가 무엇이든 작업을 감독하는 사람은 건축가, 즉 영적인 사람입니다.

인간이 된다는 것은 로고스의 부름을 인식하는 기관이 자신 안에 있다는 것을 의미합니다. 인간이 된다는 것은 또한 이 부름을 무시할지 아니면 그것을 안내 지침으로 삼을지 결정할 수 있는 힘을 소유한다는 것을 의미합니다.

아렌트: 하지만 이러한 결정을 하는 방법은 어디서 배우나요? 이 힘을 느끼는 방법과 특정 상황에서 내가 무엇을 위해 부름을 받았는지 아는 방법을 어디에서 배울 수 있습니까? 내가 *지금* 해야 할 의미 있는 일, 때로는 내가 중심이 아닌 다른 사람을 위한 일은 무엇일까요?

루카스: 의미의 관점에서 볼 때 자아가 영적인 노력의 중심점이 아니라는 당신의 말이 맞습니다. 그러나 이기심과 이타심을 구분하는 것은 적절하지 않습니다. 다른 사람을 위해 헌신하려면 우선 자신이 건강해야 합니다. 지나치게 과로하고 자신을 노예처럼 대하는 사람들은 의미 있게 행동하지 않는 것입니다. 다른 사람을 위해 노예처럼 일하고 있더라도 말입니다. 그들의 서비스의 질은 그들의 역량과 더불어 지속적으로 저하될 것입니다. 우리는 또한 정반대의 악에 대해서도 잘 알고 있습니다. 자신과 자신의 복지에만 관심이 있는 사람들은 삶의 기쁨을 앗아가는 실존적 공허existential vacuum 속으로 빨려 들어갑니다. 그들은 더 이상 아무것도 또는 누구에게도 좋지 않기 때문에 곧 모든 것에 싫증이 납니다. 의미는 무언가를 위한 것 또는 누군가를 위한 것과 자신의 존재를 세심하게 연마하여 빛나게 하는 것 사이의 균형을 지키는 수호자일 뿐입니다. 의미는 주어진 삶의 상황에 관여하는 모든 사람에게 항상 의미가 있습니다.

아렌트: 분명히 이것은 상황의 의미를 인식할 수 있을 만큼 충분히 민감해야 한다는 것을 의미하지만, 다른 사람의 소원을 거절해야 하는 상황이 발생하여 다른 사람에게 가혹하게 보일 수도 있다고 봅니다.

루카스: 믿음을 가지세요, 교수님! 우리 인간은 의미와 가치에 대한 심오한 민감성을 갖추고 있습니다. 우리의 가장 큰 문제는 옳은 것을 인지하는 것이 아니라 그것을 행하는 것입니다.

아렌트: 하지만 이런 신뢰는 어디서 얻나요? 그리고 부모로부터 기본적인 신뢰를 받지 못한 사람은 어떻게 됩니까?

루카스: 잠시만요! 자녀에게 기본적인 신뢰를 주는 사람은 부모라고 누가 말하나요? 물론 부모가 자녀에게 안전한 보금자리를 제공하는지 여부는 중요하고 지속적인 관련성이 있습니다. 가정에서 그러한 안전함을 경험한 성인이 부모의 사랑과 애정 없이 살아야 했던 성인보다 다른 사람에 대한 신뢰를 발전시키는 것이 더 쉽다는 것은 의심의 여지가 없습니다. 그러나 기본적인 신뢰는 인간에게만 존재하는 고유한 현상이며, 인간 존재의 불가분의 부분입니다. 그것은 나쁜 경험에 의해 흔들릴 수는 있지만 결코 완전히 꺼질 수는 없습니다. 항상 스파크가 남아 있으며 치료적 도움을 받든 자신의 노력을 통해서든 이 기본적인 신뢰를 통해 항상 회복될 수 있습니다.

아렌트: 하지만 기본적인 신뢰가 없다고 말하는 사람들을 만나면...

루카스: 그렇다면 그들은 착각하고 있습니다. 또는 그들은 단지 변명하고 있습니다. 예를 들어, 법정에서 사람들은 범죄가 어린 시절의 방임과 연관이 있다고 주장하기를 좋아합니다. 이를 정상참작 사유로 받아들일 수는 있지만, 유보적인 경우에만 가능합니다. 어떤 사람도 미리 프로그래밍된 기계가 아닙니다. 자유와 기본적인 신뢰, 양심과 개인의 책임responsibility은 양도할 수 없는 소유물이며, 성경적으로 표현하자면 '성령의 숨결Holy Spirit을 불어넣는' 것입니다. 이것은 우리가 불리한 시작 조건에 직면하여 항복하지 않도록 하는 것을 가능하게 합니다. 통계는 이 논제에 모순되기보다는 이 논제를 뒷받침합니다. 맞습니다, 어려운 성장배경을 가진 사람들과 관련된 인적 재난이 많이 있습니다. 그러나 또한 무시당하고, 학대받고, 심지어 착취당하는 사람들 중 많은 퍼센트의 사람들이 '영의 도전적 힘defiant power of the spirit'의 도움으로 상황을 반전시키고 품위 있고 올바른 인간으로 발전했습니다.

기본적인 신뢰로 돌아가서 오늘날 이 신뢰는 불우한 어린 시절의 경험보다 소음과 산만함으로 인해 훨씬 더 약해졌습니다. 이 세대는 지속적으로 시청각적 자극에 노출되어 조용히 성찰할 기회가 거의 없습니다. 멀티태스킹과 전자 스크린을 응시하는 일로 끊임없이 주의가 산만해지면 의미에 대한 내면의 조용한 목소리를 들을 수 없습니다. 의미에 대한 이 느낌과 접촉을 잃지 않으려면 하루에 10~15분 만이라도 방해받지 않는 장소에서 규칙적인 침묵의 시간을 가져야 합니다. 이것은 대단히 유익합니다.

아렌트: 이것이 기본적인 신뢰를 되찾는 것을 가능하게 합니까?

루카스: 최소한 더 깊은 통찰로 안내합니다. 기본적인 신뢰는 모든 것이 항상 잘 될 것이라고 암시하지 않습니다. 그것이 말하는 것은 우리가 이해하든 못하든 결과가 무엇이든 간에 모든 것에는 숨겨진 의미가 있다는 것입니다. 그것은 우리가 잡을 수도 없고 잡을 필요도 없는, 우리의 모든 문제와 고통, 심지어 죄와 죽음까지도 고려하는 궁극적인 조화가 존재한다고 말합니다. 인간은 원하든 원하지 않든 무언가를 믿어야 합니다. 강한 무신론자조차도 인간의 상상을 초월하고 인간 지식의 경계를 초월하는 더 깊은 연결이 있다고 믿습니다. 경계를 인식하는 사람은 경계 저편에도 무언가가 있음을 인식합니다. 그렇지 않으면 경계가 아닙니다. 우리 모두는 직간접적으로, 언어나 형상이 없더라도 저편에 있는 것 앞에 고개를 숙입니다.

아렌트: 기본적인 신뢰를 어떻게 되찾을 수 있습니까?

루카스: 흥미로운 질문입니다. 우리는 심리 치료 실습에서 유사한 프로세스를 알고 있기 때문입니다. 원하는 목표를 달성하기 위해서는 지속적인 투자가 이루어져야 합니다. 우리는 경험적 가치에 대한 설명에서 이미 이것을 보았습니다. 가치로 살아갈 수 있기 전에 우리 내면이 가치에 열려 있어야 합니다. 불안 장애anxiety가 이에 대한 놀라운 예입니다. 첫째, 두려움에 떨고 있는 동안 상상 속의 두려움의 대상(예를 들어 비행에 대한 두려움이 있다면 비행기를 타야 합니다)에 자신을 복종시켜야 궁극적으로 두려움에 덜 제약 받는 삶을 살 수 있습니다. 중독에도 똑같이 적용됩니다. 첫째, 여전히 중독 상태에 있는 동안 중독에서 완전히 벗어나기 위해서는 이미 중독에서 벗어난 것처럼 행동해야 합니다(금욕을 실천해야 함). 대인 갈등의 경우에도 로고테라피에서 말하는 이런 종류의 '사전 투자advance investments'만이 평화를 이루는 유일한 방법입니다. 적을 친구로 만들기 위해서는 먼저 적에게 손을 내밀어야 합니다. 나는 이것을 매우 간략하게 설명했지만 원칙은 분명합니다. 용기, 인내, 유머, 관용에 대한 사전 투자 없이는 아무 이득도 기대할 수 없습니다. 기본적인 신뢰를 되찾는 데에도 동일한 원칙이 적용됩니다. 삶에 대한 모든 사전 투자는 보상을 받을 것입니다.

아렌트: 유머와 용기가 필요하다고 하셨습니까?

루카스: 불안 장애를 다시 생각해 봅시다. 한 남자가 개에 대한 극도의 두려움, 시노포비아cynophobia를 가지고 있다고 가정해 봅시다. 멀리서 개가 보이면 돌아서거나 우회합니다. 이것은 그가 유머를 사용하여 더 쉽게 만들 수 있는 사전 투자가 있어야 한다는 표시입니다. 작은 닥스훈트에게 가까이 가서 (아마도 처음으로) 그와 함께 걸어가야 합니다. 그는 (역설적으로) 농담으로 이렇게 말해야 합니다: "어서, 이빨을 보여줘! 닥스훈트! 너는 매일 나처럼 즙이 많은 다리를 얻지 못할 거야! 나를 물어봐!" 닥스훈트는 아마 주의를 기

울이지 않고 지나갈 것입니다. 남자는 그 뒤에서 속삭여야 합니다. "닥스훈트! 너는 정말 겁쟁이구나! 한 번도 나를 물지 못했어..." 이 유머러스한 방법으로 남자는 점점 더 큰 개 옆을 지나갈 수 있는 자신감을 얻게 될 것입니다.

갈등이 고조되는 상황은 덜 유머러스하지만 이를 끝내기 위해서는 여전히 용기가 필요합니다. 결혼한 부부가 악순환에 빠졌다고 가정해 봅시다: 남자는 아내가 그를 좋아하지 않기 때문에 항상 비판적이며, 아내는 그가 항상 비판적이기 때문에 그를 좋아하지 않습니다. 이 악순환을 어떻게 끊을 수 있습니까? 각 사람은 상대방의 부적절한 행동에 호소함으로써 부적절한 행동을 정당화합니다. 모두가 상대방이 먼저 부적절한 행동을 멈추기를 기다립니다. 둘 중 한 사람이 '사랑의 진전'을 하지 않는 한 둘 다 오랫동안 갈등상황에 처할 수 있습니다. 예를 들어, 남편은 갑자기 그의 불평을 끝낼 수 있습니다(비록 그의 아내가 그를 거부하더라도). 또는 아내는 남편을 친절과 존중으로 대하기 시작할 수 있습니다(남편이 항상 비판적이더라도). 이렇게 하면 당사자 중 한 명에게 부적절한 행동의 이유가 제거되기 때문에 상황이 달라집니다. 남편이 아내에게 잘해주는데 왜 비판적일까요? 남편이 자신의 행동을 통제하면 아내는 왜 남편을 거부할까요? 악순환의 고리가 끊어집니다. 두 사람 모두 '사랑의 진전'을 이루면 악순환은 즉시 사라집니다.

아렌트: 엄청난 양의 신뢰가 필요합니다. 무언가가 바뀔 것이라는 신뢰입니다.

루카스: 네, 그렇습니다. 세상을 바꾸고 싶은 사람은 *자신*을 바꿔야 합니다. 신뢰가 필요하지만, 우리가 자유롭게 변경할 수 있다는 인식도 필요합니다. 그리고 우리 모두는 어떤 상황이 더 좋은 쪽으로 아니면 나쁜 쪽으로 변화될지를 결정하는 데 중요한 역할을 합니다. 자유는 주로 책임감 있게 행동하거나 그 반대를 선택할 수 있는 자유입니다.

아렌트: 그것은 많은 사람들이 자유라고 이해하는 것과는 매우 다르게 들립니다.

루카스: 프랭클은 우리에게 자유는 *무언가(상황)로부터의* 자유가 아니라 *무언가를 위한* 자유, 즉 우리의 상황에 대한 입장을 선택하고 그 상황을 창의적으로 형성하는 것이라고 가르쳤습니다.

아렌트: 하지만 내가 무언가로부터, 예를 들어 불쾌한 무언가로부터 자유로울 수 없다면 그 자유가 어떻게 자유일까요?

루카스: 잘 알려진 로고 치료 모델을 소개해드리겠습니다. 특정 사람이 경험하는 각각의 구체적인 상황을 두 부분으로 나눌 수 있습니다. 왼쪽 부분은 우리가 '운명의 영역'이라고 부르는 공간이고, 오른쪽 부분은 '개인의 자유 공간'입니다.

운명의 영역은 주어진 삶의 상황에서 이 사람의 통제하에 있지 않은(또는 더 이상 통제하에 있지 않은) 모든 것으로 정의됩니다. 이것은 분명히 큰 영역입니다. 그것은 이 사람이 태어난 순간부터 현재까지의 삶 전체 역사를 포함합니다. 이 중 어느 것도 변경할 수 없습니다. 이 영역에는 현재 그 사람의 신체적somatic, 정신적 상태도 포함됩니다. 이것은 미래에 바뀔 수 있지만 현재는 아닙니다. 그것은 또한 타인에 의해 결정되지 않고 누구도 파악할 수 없는 초월적 운명에 의해 결정되는 모든 것을 포함합니다. 엄청나게 큰 영역입니다.

모델의 오른쪽에는 개인의 자유 공간이 있습니다. 거기에서 무엇을 찾을 수 있습니까? 잠시 들여다보면 이 자유공간은 두 가지로 구성됩니다: 바로 지금 여기에서 취할 수 있는 그 사람의 행동과 태도입니다. 그 사람은 해야 할 일과 하지 말아야 할 일을 선택할 수 있으며, 미래를 위한 선택뿐만 아니라 운명의 영역의 모든 세부 사항에 대해 어떤 내적 태도를 취할지 선택할 수 있습니다.

프랭클의 가장 훌륭한 아이디어 중 하나는 운명의 영역인 거대한 왼쪽 전체를 우리가 선택할 수 없는 영역이라는 점에서 '무nothing'로 축소하는 것이었습니다. 반면, 오른쪽의 작은 영역에는 '수많은 별' 중 하나를 선택하여 실현할 수 있는 선택의 은하계가 있습니다. 이 별들의 은하계는 분명히 제한되어 있습니다. 중병에 걸려 병상에 누워 있거나 감옥에 있는 사람의 선택은 제한됩니다. 그럼에도 불구하고 이 선택은 생명의 마지막 숨결까지 존재합니다.

이 생각을 좀더 진행시켜 보겠습니다. 우리 모두가 이용할 수 있는 은하계의 이 별들은 똑같이 가치 있고 실현될 가치가 있습니까? 우리가 어느 쪽을 선택하느냐는 무관심의 문제입니까? 결코 아닙니다! 우리의 가능한 선택에는 완전히 어리석은 것들도 포함됩니다. 우리는 발코니에서 뛰어내릴 수도 있고 머리를 밝은 노란색과 보라색으로 염색할 수 있습니다. 우리는 또한 신문에 매일 보도되거나 실현되어야 할 *가치가 있는 가능성을 확인하고, 선택하고, 실현할 수도 있습니다.* 로고테라피 모델의 용어로는, 오른쪽에 있는 가능성의 은하계에서 가장 밝은(= 가장 의미 있는) 별을 찾아 그것을 왼쪽에 있는 우리의 삶의 역사로 옮기면, 그것이 우리 자신에 대한 불변의 진실이 됩니다.

사라지는 것은 *실현*이 아니라 *가능성*이라는 사실을 분명히 깨달아야 합니다. 선택되지 않은 별은 사라집니다. 발코니에서 뛰어내리지 않으면 현재의 삶에서 이 가능성은 사라집니다. 내가 뛰어내리면 이 가능성은 더 이상 가능성이 아니며 현실의 (비극적인) 부분이 됩니다. 그 모든 결과와 함께 그것은 결코 제거할 수 없는 내 과거의 일부가 됩니다. 한 번 선택한 모든 것은 영원합니다.

이 모델은 로고 치료 실습에 매우 도움이 될 수 있습니다. 환자들은 운명의 영역에 감당할 수 없는 나쁜 일이 있기 때문에 도움을 구합니다. 이것은 트라우마, 비극, 두려움, 갈등, 나쁜 습관 또는 우울한 기분일 수 있습니다. 항상 명확한 진단이 필요합니다. 그러나 우리는 환자의 관심을 개인의 자유 영역으로 향하게 하고 그들의 현재 상황에 존재하는 별들의 은하계를 지적할 필요가 있습니다. 가장 캄캄한 어둠 속에서도 그들에게 존재하는 풍부한 가능성에 놀라도록 하기 위해서입니다. 그리고 그들이 가장 빛나는 별을 향해 손을 내밀어 모든 가능성 중에서 가장 좋은 것을 발견하도록 초대합니다. 로고테라피는 *밝혀내는* 심리치료가 아니라 *발견하는* 심리치료입니다.

발견되어야 하는 것은 지금 여기에서 그 사람과 세상에 유익을 줄 수 있는 한 가지입니다. 불행히도 이것은 반드시 환자에게 가장 즐겁거나 선호되는 옵션은 아닙니다. 때때로 그것은 하기가 매우 어려운 일입니다. 그러나 1. 그것은 항상 환자가 *할 수 있는* 일이고(그렇지 않으면 환자의 자유 영역에 있지 않을 것임) 2. 환자의 양심과 조화를 이루기 때문에 항상 환자가 *해야 하*는 일입니다. 환자들은 항상 스스로 무엇을 할 것인지 결정해야 하지만, 우리는 환자가 그것을 실천하는 데 도움을 줄 수 있으며, 그들이 현실화할 가치가 있는 별의 빛으로 삶을 풍요롭게 할 때 주변의 어둠이 더 밝아 질 것이라고 정직하게 확신할 수 있습니다.

아렌트: 특정 상황에서 무엇이 우리와 세상을 위해 좋은 것인가가 핵심

질문일까요?

루카스: 그렇게 말할 수 있습니다. 프랭클은 '모든 행위는 그 자체로 기념비입니다.'라고 말했습니다. 이것은 행해지거나 행하지 않은 모든 행동뿐만 아니라 모든 내적 입장과 태도가 우리 자신의 기념비, 우리 자신의 정체성에 새겨진다는 것을 의미합니다. 행복한 사람은 스스로 만족하며 살 수 있는 사람입니다. 그리고 삶이 의미로 가득 차 있을 때만 사람은 만족할 수 있습니다.

아렌트: 우리에게는 우리 자신의 삶에 대한 엄청난 책임이 있는 것 같습니다!

루카스: 그렇습니다. 우리 자신과 우리가 미치는 영향을 위해서입니다. 프랭클은 그의 저서 *The Doctor and the Soul*에서 이 점을 잘 묘사했습니다.

"인간의 책임에는 두려운 것이 있습니다. 하지만 동시에 영광스러운 것이기도 합니다! 지금 이 순간 우리가 다음 순간에 대한 책임을 지고 있다는 것, 가장 작은 결정부터 가장 큰 결정까지 모든 결정이 영원을 위한 결정이라는 것, 매 순간 우리가 특정한 순간에만 존재하는 가능성을 현실로 만들거나 놓친다는 사실을 아는 것은 두려운 일입니다."[1)]

아렌트: 루카스 박사님! 유익한 강연을 해주셔서 대단히 감사합니다!

---

1) Viktor E. Frankl, The Doctor and the Soul, New York, Vintage Books, 1986, p. 35.

로고테라피스트에 의한 사례 연구

(엘리자베스 루카스와 하이디 쇤펠트)

서론

루카스: 2005년 논란의 여지가 있는 적극적 안락사가 논쟁의 화두가 되자 Jansen-van der Weide와 Onwuteaka-Philipsen은 네덜란드에서 다수의 설문조사를 실시했다. 탐구된 주제 중 하나는 심각한 질병을 앓고 있는 사람들이 죽기 위해 도움을 구하는 이유였다. 결과는 예상치 못한 것이었다. 응답자의 7%만이 우울증이 요인이었고, 응답자의 약 30%는 통증에 대한 두려움을 꼽았다. 죽고 싶은 이유로 '고통의 무의미함'에 응답한 비율은 67%로 가장 많았다. 그 뒤를 이어 응답자의 65%가 '품위 저하', 즉 존엄성dignity 상실에 대한 두려움을 언급했다. 연구자들은 종종 환자의 삶의 의지를 빼앗는 대부분의 요인이 의학적 치료와 완화의료만으로는 해결될 수 없다는 사실에 놀라움을 금치 못했다.

필자가 이 연구를 언급한 이유는 건강한 사람이나 정신 건강 장애를 앓고 있는 사람들의 경험을 통해 삶을 긍정하는 능력이 근본적으로 다음 두 가지 조건에 달려 있다는 것을 알 수 있기 때문이다: 1. 모든 어려움에도 불구하고 자신의 삶에서 의미를 발견하고 2. 자신의 무조건적인 가치와 개인의 존엄성을 인식할 수 있어야 한다. 이 두 가지 조건 중 하나라도 충족되면 자신(또는 다른 사람)의 생명을 위험에 빠뜨리거나, 생명을 경시하거나, 단축하거나, 결과를 고려하지 않고 즉각적인 만족의 소용돌이에 빠지는 것에 대한 억제 임계값이 훨씬 높아진다. 책임 있는 존재는 의미와 가치의 지평을 요구한다.[1)]

의미와 개인의 존엄성을 전문으로 하는 심리치료 분야가 있는데, 이것이 빅터 E. 프랭클Viktor E. Frankl의 로고테라피이다. 로고테라피는 아무리 복잡한 삶이라도 의미의 가능성을 제공하지 않는 삶의 상황은 없으며, 장애가 있든, 불치병에 걸렸든, 그 어떤 인간도 다른 모든 인간과 영적으로 동등한 위치에 있는 인간 영human spirit이 없는 존재는 없다는 공리에서 시작한다. 이러한 원칙을 바탕으로 프랭클은 오늘날 존재하는 수많은 치료 옵션 중에서 독특한 '인간의 존엄에 근거한 심리치료'를 제공하는 심리치료 개념 시스템을 개발했다. 필자의 논평과 함께 이 책에 재현된 하이디 쇤펠트Heidi Schönfeld가 보고한 수많은 가슴 아픈 사례 연구가 이를 입증한다.

필자는 심리학자로서 훈련을 받으면서 프랭클 박사에게 직접 배울 수 있었던 것을 다른 사람들을 가르치면서 전수해왔다. 하이디 쇤펠트 박사는 나의 이전 학생 중 한 명으로 내가 매우 자랑스러워하는 제자 중 한명이다. 그녀는 프랭클 사상의 전통을 충실히 따르고 있기 때문에, 내담자의 삶을 변

---

1) 출처: Maximilian Schlegel. *적극적 안락사-분석*. PPE과정 석사학위 논문 . Ludwig-Maximilians-University , 뮌헨, p16.

화시키는 작업에서 어깨 너머로 그녀의 로고테라피 상담에 참여하게 된 것을 영광으로 생각한다. 나는 이 책을 읽는 독자들도 '그녀의 로고테라피 상담을 어깨 너머로 살펴보는 것'에 매료될 것이라고 확신한다. 전문가가 아니라면, 자신을 위해 일부 치유 방법을 사용할 수 있다. 전문가라면 프랭클의 저서를 집중적으로 연구하도록 영감을 받을 수 있다.

우리는 극심한 불안과 삶의 방향성 상실이 증가하는 시대에 살고 있다. 인간이 된다는 것이 무엇을 의미하는지 본질을 성찰하고, 모든 상황에서 무엇이 의미 있는지 알고 깨닫도록 하는 우리 '내면의 목소리'에 귀를 기울이는 것은 어떤 난관에서도 우리를 이끌 수 있는 영적인 힘을 준다. 개인으로서든 공동체 전체로서든 운명이 우리에게 닥치는 일을 막는 것은 불가능하다. 그러나 *운명을 어떻게 다룰지*는 우리에게 달려 있으며, 우리만이 결정할 수 있다. 우리의 존엄성은 이러한 '궁극적 자유ultimate freedom'에 뿌리를 두고 있다. 우리의 가치와 조화를 이루면서 이를 세심하게 활용하는 것이 우리의 임무이다. 이 책을 읽은 후 *이 한 가지가* 기억난다면 이는 나와 내 동료 하이디 쇤펠트 박사의 공동 노력을 정당화하는 것 그 이상이 될 것이다.

로고테라피스트에 의한 사례 연구

자기연민

루카스: 자신의 실수는 양탄자 밑으로 흘려보내면서 다른 사람의 실수는 돋보기를 통해 보는 것처럼 쉽게 집중할 수 있다는 것을 표현하는 속담이 많이 있다. 이 많은 속담들은 '형제의 눈 속에 있는 티'를 먼저 보기 전에 '우리 자신의 문 앞을 먼저 쓸고', '우리 자신의 눈 속에 있는 들보'를 먼저 보아야 한다는 것을 뜻한다. 이와 같은 말이 널리 퍼져 있다는 것은 그 생각이 오랜 전통을 가지고 있음을 시사한다. 웰빙은 주로 자신을 돌보는 것이라는 일반적인 생각과 위 속담이 의미하는 바는 서로 상충되지만, 여전히 많은 사람들은 주변 사람들의 약점과 실패를 살피고 불평하는 습관을 가지고 있다. 이것은 아마도 다른 사람들에 대한 진정한 관심에서 비롯된 것이 아니라, 자신을 비교우위에 두고, 자신의 '반응적인' 약점과 실패에 대한 책임을 우아하게 다른 사람에게 전가하기 위한 것이다.

그러나 더 잘보이고 덜 비난받는 데에는 비싼 대가가 따른다. 사실 두 배의 대가를 치르는 셈이다. 첫째, 우리 개인의 양심이라는 숨겨진 윤리적 척도는 속이기 어렵다. 사실, 분노와 거부감만 갖게 하는 우리 주변의 악인들에 대해 이야기할 때면 우리는 믿음과 회의 사이에서 갈등하게 된다. 많은 불친절을 책망 없이 지나치지만, 우리의 불만과 비난을 100% 확신할 수는 없다. 영적인 깊은 곳에서 우리는 카펫 아래로 무언가를 쓸어내리거나 눈앞의 판자를 무시하고 있다는 것을 감지한다. 이 감각을 없애기 위해서는 강하게 두드려야 한다.

둘째, 자기연민self-pity의 정신적 영향은 암처럼 자신의 삶에 공허함을 퍼뜨리는 것이다. 다른 사람을 비난하고, 그들의 행동에서 결점을 찾고, 책망하고, 그들의 불쾌한 행동을 자신의 존재 상황의 원인으로 보는 데 집착하면 자신의 생활 방식을 결정하는 데 필요한 자원이 거의 남지 않는다. 자신을 상황의 희생물로 여기는 사람들은 운명의 타격을 피하지 않고 도살장으로 끌려가는 양처럼 스스로를 방치하는 것과 같다. 그런 타격이 없는 상황에서도 그들은 기다리며 움츠러들고, 고통으로 가득한 세상의 불의에 대해 통곡한다. 세상이 의미를 향한 기회와 가능성으로 가득 차 있다는 것을 직접 경험해보지 않고서 어떻게 알 수 있겠는가?

우리는 심리치료 상담에서 이런 종류의 사례를 항상 접한다. 도살장으로 처음 데려간 사람이 가족이었든, 아니면 어떤 왜곡된 이유로 스스로 그곳을 찾았든, 이제 그들은 그곳에서 움츠러들며 다가올 나쁜 일을 기다리고 있다. 흔히 상상 속에만 존재하는 이 희생의 장소를 떠나도록 그들을 격려하려면 상당한 노력이 필요하다.

쇤펠트: 48세 환자인 G 씨가 나를 만나러 왔다. 그녀는 오자마자 한숨을 내쉬었다. '모든 사람'이 그녀의 삶을 너무 어렵게 만들기 때문에 그녀는 더 이상 자신의 삶을 살아낼 힘이 없다고 하였다. '모든 사람'은 무엇보다도 그녀의 가족을 의미했다. G 씨는 몇 년 전에 조언을 얻기 위해 심리치료사를

방문했지만 당시에는 상담이 그녀에게 도움이 되지 않았다고 한다. 그녀의 가족을 생각하면 치료사조차도 도움을 주기 힘들었을 것이라고 하였다. 치료사가 무슨 말을 했는지 아무도 알 수 없지만, 이렇게 누구에게나 끝없이 불평할 필요는 없다. 그래서 나는 그녀가 마음의 상처에 전념하는 시간을 제한하려고 노력하였다. 자기연민은 야생으로 자라도록 허용해서는 안 된다. 그렇지 않으면 덩굴처럼 자라서 질식하게 된다.[1)]

G 씨는 완전히 끔찍해진 아버지와의 관계를 설명하는 것으로 대화를 시작하였다. 78세인 그녀의 아버지는 최근에 재혼했고 그 이후로 그녀와 거의 거의 연락하지 않는다고 하였다. 그는 모험심이 강한 새 아내와 함께 짧은 여행을 자주 떠난다. 또한 집을 개조하고 정원의 채소밭을 화단으로 교체했다. 새 어머니가 집 전체를 완전히 리모델링하고 나니 이제 더 이상 예전의 친정집 같지가 않다고 하였다. G 씨가 아버지 부부와 얼마나 연락을 하고 있는지 묻자, 그녀는 비난을 쏟아냈다. "이제 와서 무슨 소용이 있겠어요!"가 그녀의 폭발적 분노의 정곡이었다. 아버지는 자신에게는 이제 전혀 관심이 없고 더 이상 아버지 같지 않다고 하였다. 나에게 드는 생각은 "세상에, G 씨는 중년이고 아버지는 노인이다. 그녀는 아버지에게 얼마나 더 '아버지다움'을 요구해야 하는 것인가?"이었다.

하지만 G 씨는 불평을 멈추지 않았고 온 가족이 너무 힘든 상황이 되었다. 그녀는 남동생이 자신을 자녀의 생일 파티에 초대할 때만 1년에 몇 번 본다고 하였다. 남동생과 G 씨는 항상 바빠서 대화가 많지는 않지만, 적어도 서로를 존중한다. 이는 어릴 적부터 자신을 질투했던 언니와의 관계와는

1) 이 장에서 논의하는 질병, 우려 사항 및 문제는 여성이나 남성에게 똑같이 영향을 미칠 가능성이 높다.

대조적이다. 그녀의 언니는 비난을 참지 못한다. 그녀는 활동적이고 뉴욕의 예술계에 깊이 관여하고 있어 매우 바쁘게 지내고 있다. 수년 동안 G 씨의 언니는 G 씨를 만날 시간이 전혀 없었다. G 씨의 생일을 맞아 언니는 G 씨에게 아주 예쁜 그림 엽서를 보냈지만 그 엽서에는 아주 간단한 메시지만 담겨 있었고 축하 전화도 하지 않았다. G 씨는 2년 전 크리스마스 때 언니에게 편지를 보내 자신이 얼마나 마음이 아팠는지 말했지만 화난 이메일 답장을 받을 뿐이었다. 이후 G 씨는 언니와의 관계를 완전히 끊었다. 그래서 조카들의 생일파티에서 남동생을 만나는 것 외에는 그녀는 완전히 혼자다.

루카스: 스스로 공허한 삶에 갇혀 있다고 느끼는 경우에는, 사랑하는 사람들과 동료들이 의미 있는 프로젝트로 가득한 삶을 누릴 수 있게 하려면 엄청난 관대함이 필요하다! 특히 자신의 가족에게 있어서는 그 차이를 받아들이기 어렵다. G 씨의 아버지는 새 아내를 소중히 여기고 여행을 즐기며 자신의 소원대로 편안한 가정을 꾸리고 있다. G 씨와 같은 외롭고 공허한 상황에서 이것은 부러움의 대상이 될 수 있다. 그녀의 남동생은 좋은 사람이지만 자녀들과 다른 활동으로 축복을 받았고, 언니는 예술에 대한 취향과 자신이 참여하고 기여할 수 있는 커뮤니티를 발견했다. 그러나 G 씨는 괴로움과 외로움만을 안고 있다. 어린아이처럼 그녀는 자신의 슬픔을 들어주고 자신을 가둔 고치에서 빼내달라고 간청하지만 가족 전체를 힘들게 하고 있을 뿐이다. 아무도 그녀를 도울 방법을 모르기 때문에 그녀와 연락하거나 자주 만나는 것을 꺼리고 있고, 가족 모두가 그들이 들어줄 수 없는 G 씨의 요구로 인해 모두가 불편해한다.

빅터 E. 프랭클Viktor E. Frankl이 그의 저서에서 *영적 신경증*noogenic neurosis*과 영적 우울증*noogenic depression에 대해 썼을 때, 그는 당시 교과서에서 다루지 않았던 범주의 환자들을 치료하고 있었다. 이들은 뚜렷한 증상을 보이지 않으며 객관적으로 특징적인 고통 상태가 없다. 이들은 종종 필요 이상으로 많은 것을 소유하고 있고 물질적으로 풍요로운 삶을 살아가고 있다. 이들은 종종 적당한 체력과 존경할 만한 교육을 받은 경우가 많다. 또는 적어도 그들이 무엇이든 즐길 수 있다면 그들은 그것을 *즐길 수 있는* 부유한 사람들인 경우가 많다. 그러나 그들은 즐길 수 없다. 왜냐하면 그들에게는 아무 것도 중요하지 않기 때문이다. 어떤 것도 소중하지 않고 의미가 없다. 그리고 그들에게는 '아무것도 중요하지 않기' 때문에 이러한 무관심은 인간관계에도 그대로 이어진다. 그들은 다른 사람들에게 관심을 두지 않고 다른 사람들도 그들에게 관심을 두지 않는다. '실존적 공허'가 그들을 삼켜버린다.

그런 환자 중 일부는 이로 인해 매우 고통스러워하고 심한 갈등에 빠져들기도 한다. 그들은 다른 사람들과 일시적인 관계 맺기를 반복하면서 점점 더 많은 좌절감을 느낀다. 반면에 어떤 사람들은 실패를 예상하고 관계를 끝내거나 거부하는 만성 비관주의에 빠져 반복적으로 실패를 경험한다. 만약 그들이 자기연민에 심하게 짓눌려 그들의 고통 속에서 허우적거리는 대신에 객관적으로 측정 가능한 형태의 고통을 겪은 사람들에게 관심과 애정을 보인다면 우리는 그들에게 큰 연민을 느낄 수 있다.

다른 사람들이 그들에게 깊은 연민을 느끼지 못하는 나름의 이유가 있다. 지나치게 자기연민에 빠지는 사람은 다른 사람이 자신에게 깊은 연민을 보이지 않는다고 쉽게 비난한다. 그러나 연민이 부족하다고 다른 사람을 비난하는 것은 다른 사람에게 남아있는 연민을 모두 잃게 만드는 지름길이다.

쇤펠트: G 씨는 수년간 파트너와 함께 살았으나 파트너와의 관계도 원만하지 않았다. 그녀는 이에 대해 심리학자와 상담했을 때 파트너에 대한 자신의 애착이 순전히 이기적이라는 것을 깨달았다. 그녀는 단순히 혼자 있고 싶지 않았다. 이 깨달음은 그녀에게 충격적이었다. 왜냐하면 그녀는 자신이

이기적인 사람이 되고 싶지 않았기 때문이다. 이 때문에 그녀는 파트너와 별거하게 되었고 그 이후로 다른 사람과 긴밀한 관계를 맺지 않았다.

그녀가 여자 친구들과 가졌던 우정도 수 년에 걸쳐 점차로 무너졌다. 친구들은 점점 더 각자의 가정에 몰두하고 G 씨와 만나는 일에는 점점 더 관심이 없어졌다. 사람들이 나에게 소홀해서 삶이 너무 힘들어요 - 이것이 G 씨와의 대화에서 계속 반복되는 후렴구이다.

루카스: 이제 이 후렴구를 끝낼 시간이다. 쇤펠트 박사가 상담 초기부터 환자의 불만에 제한을 두었던 것은 절대적으로 옳았다. 왜냐하면 환자가 비생산적인 자기연민에 점점 더 빠져들 위험이 있기 때문이다. 그녀의 이야기는 이미 비합리적인 수준에 이르렀다. 이기적인 동기를 발견한 것이 이별의 이유가 되어서는 안 되며, 오히려 깨닫게 된 이기심을 극복하여 진정한 사랑이 자라날 수 있도록 해야 한다. 그리고 진정한 친구는 친구들이 가족의 의무를 수행하는 데 방해가 되기보다는 연민을 가지고 그들을 도와줄 것이다. 쇤펠트 박사는 환자의 책임감을 키우기 위해 열심히 노력할 것이고, 결국에는 (대중적인 표현을 사용하자면) 그녀가 자신의 행동을 정리하도록 설득할 것이다.

쇤펠트: G 씨를 질문에 답변하도록 초대하였다. "제가 지금 손을 들어 당신을 때린다면" - 나는 조심스럽게 이 몸짓을 제안했다 - "제 행동은 *당신에* 대해 무엇을 말하고 있는 것일까요? 이것으로 당신의 *성격*에 대해 무엇을 추론할 수 있을까요?"

G 씨는 잠시 멈춰서 이것저것 생각해 보지만 답을 찾을 수 없다. 마침내 그녀는 어깨를 치켜올리며 이렇게 말했다. "당신의 몸짓이 *저*에 대해 무슨

말을 하고 있는지 정말 모르겠어요." 나는 그녀가 상황을 이해했기 때문에 긍정적으로 고개를 끄덕였다. "맞아요! 제가 당신을 때린다고 해도 이 행동이 *당신에* 대해 어떤 말을 하는 것은 아니겠지요. 하지만 흥미로운 것은 그 순간 *저에게* 무슨 일이 일어날까 하는 점입니다. 그런 일을 하는 순간 저는 폭력적인 사람이 되는 것입니다. 그렇지 않나요?"

G 씨는 놀랐지만 잠시 생각한 후에 "예, 맞습니다."라고 말하였다.

나는 그녀에게 두 번째 예를 들었다. "제가 몰래 당신의 가방을 훔치고 거기에서 지갑을 가져간다면 *당신*의 인품은 어떻게 될까요?" 우리는 서로 나의 절도행위는 *그녀*와 *그녀*의 인품과는 아무 상관이 없을 것이라는 데에 쉽게 동의하였다. "그러나 *저에게*는 다시 어떤 일이 일어날 것입니다. 즉, 저는 도둑이 된 것입니다." 이렇게 단순해 보이는 정신 구조 뒤에는 강력한 원칙이 숨어 있다: 즉, 내가 하는 모든 일, 나에게서 세상으로 흘러나오는 모든 것이 내 인품을 형성하고 나에 관한 이야기를 사실로 꼴짓게된다. 예를 들자면, 내가 범죄를 저지르기로 선택했다면 폭력적인 사람이나 도둑으로 바뀌는 사람은 바로 *나*였을 것이다. 이 사실은 G 씨에 대해 우리에게 아무 것도 알려주지 않을 것이다. 단지 내 행동에 대한 그녀의 반응만이 그녀에 대해 뭔가를 나타내 줄 것이다. 왜냐하면 이제는 그녀의 차례가 될 것이기 때문이다. 그녀는 나와 싸울까? 나를 때릴까? 도망칠까? 자신을 보호할까? 나에게 말을 걸어줄까? 침묵을 지킬까? 아니면 울까? 그녀는 침착할 것인가? 이제 *그녀가* 자신을 꼴지을 차례이며, 그녀가 하는 모든 일과 그녀에게서 나오는 모든 것은 *그녀의* 이야기를 사실로 꼴짓게 될 것이다. 그녀의 반응은 무엇을 말해줄 것인가? 아마도 그것은 나의 사악함에 맞서는 신중함과 용기, 아니면 잔인한 보복을 보여줄 것이다. 가능성은 많다...

우리는 이 원칙을 오랫동안 토론하고 신중하게 숙고해 왔다. 쉽게 간과될 수 없다. 나는 이 원칙을 G 씨의 과거의 삶을 해석하는 데 주의 깊게 적용하고자 한다. 이 원칙의 시각에서 보면, 다른 사람들이 무엇을 하고 무엇을 하지 않는지는 갑자기 별로 중요하지 않게 된다. 이제는 그녀의 아버지가 그녀에게 관심을 기울이는지 여부는 중요하지 않다. 언니가 화난 이메일 메시지로 그녀를 짜증나게 해도 상관없다. 다른 사람에게서 나오는 것이 무엇인지는 별로 중요하지 않다. 왜냐하면 그 행위는 그 행위를 하는 사람을 꼴 짓기 때문이다. G 씨가 관심이 있는 것은 *자신*의 과거 행동에 대한 이야기이며, 이러한 관점에서 볼 때 자신의 과거경험은 다소 음울한 것으로 밝혀졌다. 그럼에도 불구하고 위 원칙의 관점에서 우리는 그녀의 삶에서 일어난 사건을 완전히 새로운 방식으로 설명할 수 있다. 그 결과 G 씨는 우리의 연구 결과가 그다지 맘에 들지는 않지만 모든 것이 바뀌어야 한다는 점점 더 큰 확신을 갖게 되었다. 이제부터 그녀는 자신이 세상에 빛을 발해야 한다고 스스로 결정한 사람을 자랑스러워할 수 있기를 원한다.

루카스: 쉰펠트 필드 박사가 G 씨에게 훌륭한 로고테라피 수업을 해준 게 분명하다! 쉰펠트 박사는 놀라움, 통찰력, 충격, 당혹감 사이의 감정 변화를 매우 능숙하게 관리하여 통찰력이 당혹감보다 더 크게 느껴질 정도로 G 씨의 감정 변화를 잘 조절했다. 대화의 전체 과정은 놀랍다! 주변 사람들에 대해 끊임없이 불평하고, 비난하는 것을 갑자기 중단하고, 심각한 문제에 주의를 집중하고, 어려운 원칙의 핵심을 이해하고, 그것을 자신의 삶에 적용시키고, 변화에 동의하는 여성이다. 그것은 거의 기적에 가깝다. 마치 G 씨의 눈에서 비늘이 떨어진 것 같았고 모든 자기연민이 그녀의 영혼에서 떨어진 것 같았다. 쉰펠트 박사에게 큰 박수를 보낸다.

G 씨는 치료적으로 유용할 수 있을 것 같은 말을 했다. 그녀는 이기적인 사람이 되고 싶지 않다고 말했다. 진심이건 아니건 그 의도는 희망적으로

들렸다. 이제 그녀는 앞으로 자신의 행동과 반응을 자랑스러워하고 싶다고 말했다. 이런 의도는 내면의 공허함, 즉 '실존적 공허'를 없애준다. 이러한 의도는 반드시 진실된 것이어야 하며 실행에 옮길 수 있는 충분한 힘을 가지고 있어야 한다. 이것은 치료적 상담과정에서 세심하게 관찰되고 관리되어야 한다.

쇤펠트: 다음 세션에서 G 씨는 사람이 정당하게 자랑스러워할 수 있는 것을 결정하는 일반적인 기준이 있는지 질문하였다. 나는 빅터 프랭클의 생각을 제안하였다. 프랭클은 우리가 행동의 방향을 의미로 향한다면 올바른 길을 가고 있다고 제안한다. 이것은 설득력 있게 들리지만 처음에 보이는 것처럼 간단하지는 않다. 실제로 '의미있게 행동한다'는 것은 무엇을 의미하는가? 설문조사를 하면 많은 사람들이 "나에게 의미 있는 것은 나에게 이익이 되는 것입니다."라고 즉각적으로 대답할 것이다. 이것이 완전히 잘못된 것은 아니지만 환자에게 그것만으로는 충분하지 않다고 설명한다. 국가원수는 이웃 국가의 유전이나 광석 매장지를 소유하는 것이 자신의 나라에 유리할 것이며 따라서 이 이웃 국가를 침공하는 것이 의미가 있을 것이라는 생각을 가질 수 있다. 정말 의미가 있을까? G 씨는 누군가에게 해를 끼치는 것이 의미가 없다는 것을 즉시 깨달았다. 의미있는 것은 항상 관련된 *모든 사람들*을 위해 가능한 최선의 것이다는 점에 동의하였다.

우리는 잠시 동안 '최상의 가능성'이라는 개념에 대해 생각하였다. 인생의 모든 상황에서 선택할 수 있는 '최상의' 것이 있을까? 물론이다! 예를 들어 영아, 잠든 상태, 혼수 상태, 혼란스러운 상태 등 전혀 선택할 수 없는 상황이 아니라면 항상 가능성이 우리 앞에 펼쳐져 있으며, 그중에는 주어진 상황에서 상황이 어떻게 배열되는지에 따라 모든 관계자에게 '최적'과 '견딜 수 있는' 사이의 범위가 존재한다. 우리에게 요구되는 것은 영웅적인 행동이 아닐 수도 있다. 예를 들어 점심을 요리하는 것은 지극히 평범한 일일 수 있다. 하지만 식욕이 좋은 과체중인 사람의 경우 점심을 금식하는 것은 아주 어려운 일일 수도 있다. G 씨는 놀라워했다: *우리가 의식하는 한 항상 '최상의 가능성'이 있으며, 실행하기로 결정하면 실행하기 쉽든 어렵든 우리는 스스로 만족할 수 있다.* 그녀는 이전에 그런 식으로 생각해 본 적이 없었다.

이제 2년 전 G 씨가 언니에게 보낸 편지을 읽고 언니가 보인 격앙된 반응에 대해 쏟아낸 G 씨의 첫 번째 불평으로 돌아가보겠다. 당시 G 씨 언니가 왜 그토록 화를 냈는지 우리는 알 수 없으며, 이에 대해 추측하는 것은 소용이 없다. 어쩌면 언니가 급할 때 성급하게 이메일을 썼을 수도 있다. 아니면 무언가가 민감한 신경을 건드렸기 때문에 일종의 반사 행동이었을 수도 있다. 그냥 두는 것이 가장 좋다. 그러나 우리가 아는 것은 G 씨가 언니의 갑작스러운 거절 이후 얼음처럼 침묵했다는 것이다. 이러한 냉담함은 자신의 삶에도 영향을 미쳤다고 그녀는 인정하였다. 그녀는 자신을 방어하면서 이렇게 말하였다: "그러면 제가 어떻게 반응했어야 하는데요?"

나는 G 씨에게 프랭클의 논문에 대해 다시 생각해보라고 권유하였다. 관련된 모든 사람에게 '최상의 가능성'이 있다. G 씨는 처음에는 회의적인 표정을 지었지만, 돌이켜보면서 나는 그녀에게 다양한 대안을 제시하였다. G 씨는 언니에게 똑같이 공격적인 이메일로 답장을 보내 자신의 생각을 말할 수도 있었다(그녀는 마음속으로 자주 그렇게 했다). 그녀는 남동생에게 불평을 하고 남동생이 자기 편을 들도록 노력할 수도 있었다. 그녀는 언니의 분노한 메시지를 친구들과 공유하여 언니가 가족들에게 얼마나 냉담하게 대하는지 보여줄 수도 있었다. G 씨의 '복수의 공간'은 다른 가능성도 포함하겠지만, 모두 더 큰 피해를 입혔을 것이며, 이는 의미의 기준에 어긋난다!

또 어떤 가능성이 있었을까? G 씨는 언니의 공격적인 이메일 내용으로 자신이 얼마나 상처받았는지 언니에게 설명할 수도 있었다고 제안하였다. 나쁘지 않다! "그것을 역으로 해 볼 수 있을까요?" 아마도 당신이 *언니*에게 무엇이 그렇게 화가 나서 그런 거친 말을 했는지 물어볼 수도 있었을까요? G 씨는 이것이 건설적인 질문이었을 것이라는 데 동의하였다. G 씨는 오해를 풀기위해 직접 만나서 이야기하고 싶다고 답장을 보낼 수도 있었다. 이 말을 들은 언니는 어떤 반응을 보였을까요? G 씨는 "좋았을 것으로 기대한다"고 말했다. "언니는 분명 저를 만나려고 했을 거예요. 하지만 저는 언니에게 화가 난 순간에 우리 관계에 뭔가 문제가 있어. 우리가 화해할 수 있을 거야! 라고 할 수는 없었을 것 같아요!" "아 네, 당신은 당신이 생각하는 것보다 훨씬 더 많은 일을 할 수 있어요. 자신을 자랑스러워하려면 뭔가 놀라운 일을 해야 합니다..." "이제 그걸 알아요."G 씨가 미소를 지으며 말하였다. "그땐 아무도 저에게 이런 말을 해주지 않았어요."

루카스: 프랭클은 쉰펠트 박사가 사용한 절차를 *인식의 확장*awareness extension이라고 불렀다. 정신 장애로 고통받는 사람들은 종종 반대로, 즉 인식의 범위가 좁아지면서 고통을 받는다. 이러한 인식은 물리적 시각과 관련이 없고 '내면의 시각inner vision'과 관련이 있다. 강한 정서적 압력에 직면할 때 그들은 종종 자신이 행동할 수 있는 방법을 보지 못하거나 단 하나의 방법밖에 알지 못한다. 그들은 어떤 대안도 거의 전혀 인식하지 못한다. 그러한 경우, 치료사의 주요 임무 중 하나는 정서적 위기 속에서도 환자가 여전히 사용할 수 있는 다양한 가능성을 인식하도록 하는 것이다. 이 접근은 더 긍정적인 행동을 유도하는 가장 좋은 방법이다. 지금까지 일방통행(화를 내는 것은 칼을 뽑는 것과 다름없다)에 갇혀 있던 사람은 이곳이 사실은 수많은 길이 갈라지는 교차로라는 것을 알게 된다. 상징적으로, 분노는 교차로 중앙에 있고, 분노한 사람은 그 주위를 돌면서 갈림길 중 어느 곳이든 내려

다볼 수 있다. '칼의 길', '논쟁의 길', '유머의 길', '사과의 길', '이해의 길', '상관없는 길' 등이 있다. 당사자가 이러한 거리 표지판을 읽는다면 이미 큰 진전이 있는 것이다. 왜냐하면 이는 수동적으로 '막다른 골목'으로 몰리는 대신 분노에 대처하는 방법을 선택할 수 있는 개인의 자유를 직접적으로 직면하게 하기 때문이다.

영적 신경증과 영적 우울증noogenic depression에서 우리는 범죄 충동이 있든 없든 유사한 일방 통행로 경향이 있는 사람들을 보게된다. 공허한 삶과 자기연민, 불평의 조합은 매우 흔하다. 내 경험에 따르면, 범죄자들이 종종 그렇듯이 대부분의 환자들이 자신의 문제를 다른 사람의 탓으로 돌리는 데 익숙해져 있기 때문에 그러한 환자들이 교차로에 있는 장소를 멋있게 만드는 데는 많은 노력이 필요하다. 이런 환자들이 범죄자들보다 더 평화로운 것은 윤리의식이 발달했다기보다는 관성과 영의 무관심에 기인하는 바가 더 크다.

그러나 G 씨 경우 '거리 이름 읽기'를 시작하는 것이 가능했다. 우리는 또한 이 이상의 성과를 달성했다! 곧 그녀는 칙칙한 막다른 골목에서 벗어나 멋진 중심가를 찾을 수 있게 되었다. 엄청난 치료적 성공이었다. 그녀는 과연 당당히 이 길을 내려갈 수 있을까요? 신호는 녹색이었다. 나는 여기서 두 가지 이론적 설명을 추가하였다.

1. 인간으로서 우리가 다양한 방식으로 상황에 대응할 수 있는 것은 바로 자기와 거리두기self-distance 능력이다(Frankl). 우리는 영적으로 자신과 거리를 둘 수 있다. 그리고 처한 상황에서 잠시 떨어져 우리 자신을 되돌아볼 수 있다. 이런 식으로 우리의 모든 감정의 파동은 외부에서 그대로 볼 수 있으며, 외부의 관찰 장소에서만 제어할 수 있다. 때로는 자신과의 대화를 통해 상황을 더 명확하게 파악할 수 있다. 예를 들어, G 씨가 스스로에게 "너는 아버지에게 실망했어" 또는 "외로움 때문에 슬퍼하고 있

어"라고 말한다면, 그녀는 실망이나 슬픔과 자신을 동일시하는 것을 멈출 수 있으며, 이는 자신을 옭아매는 반갑지 않은 동반자가 될 수도 있지만, 반대로 극복할 수 있는 것이 될 수도 있다. 그런 다음 그녀는 자신에게 돌아서서 계속해서 이렇게 말할 수 있다: "그래, 우리 아버지도 즐겁게 지내셔야 하는 거야! 너도 가서 취미를 찾으면 즐거울 거야!" 또는 "정확히 원하는 게 뭐야? 너에게는 아직 인생의 절반이 남았어! 이 정도 슬픔은 앞으로 있을 수 있는 심각한 위기를 위해 저장해두고 무언가를 하는 거야!"라고 말할 수 있다.

다른 사람을 자유롭고 편안하게 할 수 있는 훌륭한 조언을 자신에게도 차분하게 건네고 귀담아들을 수 있다. 나의 스승인 빅터 E. 프랭클은 제2차 세계대전 당시 강제 수용소의 지옥 한가운데서 밝고 따뜻한 강의실 강단에 서서 트라우마 치료에 관해 강연하는 모습을 상상했다고 말했다. 이런 식으로 그는 현재의 고통으로부터 거리를 둘 수 있었고 방금 상상 속의 청중에게 설명한 트라우마 관리의 모든 요령을 자신에게 적용할 수 있었다.

2. G 씨는 자신에게 주어진 모든 가능성 중에서 (모든 사람을 위해) 최선의 것을 탐색하도록 훈련받았다. 이것이 바로 '순수한 의미 탐색pure search for meaning'이다. 핵심 질문은 항상 이것이다: 무엇이 정말 최고인가? 우리가 적용할 수 있는 적절한 척도는 *현재 상황의 예상되는 발전*이다. 주어진 가능성을 선택하면 긍정적 결과로 이어지는 경향이 있는가 아니면 부정적인 결과로 이어지는 경향이 있는가? 이것이 바로 위에서 설명한 환자와의 대화에서 쉰펠트 박사가 환자의 언니가 G 씨가 회고적으로 상상한 가능한 행동, 즉 서로의 적대감을 내려놓자는 제안을 어떻게 받아들였을지 확인했던 이유이다. G 씨는 이것이 언니와의 관계에 긍정적인 발전을

가져올 것이라고 상상했다. 그러므로 이 가능성을 선택한 것은 의미 있는 선택이었을 것이다.

안타깝게도 이런 종류의 예측은 때때로 빗나갈 수도 있다. 우리는 투시력이 없기 때문에 우리가 예측한 결과가 실제로 일어날지 확신할 수 없다. 인간의 삶에서 의미는 우리가 파악하고자 하는 대로 '우리의 지식과 양심에 따라' 충족될 수 있을 뿐이며, 예기치 않게 우리가 원하지 않는 무의미한 것으로 변할 수도 있다. 그렇다고 해서 의미를 찾고 우리가 이해하는 의미에 따라 행동해야 할 의무가 면제되는 것은 아니다. 왜냐하면 더 이상 신뢰할 수 있는 기준이 없기 때문이다.

인류 역사상 가장 큰 문제 중 하나는 삶과 과학의 많은 영역에서 예측 가능성이 감소하고 있다는 점이다. 가능한 행동의 수가 증가함에 따라 주어진 행동의 결과를 예측하는 것이 점점 더 어려워지고 있다. 우리는 유전자와 원자를 조작manipulation할 수 있고, 지능과 학습 능력을 갖춘 로봇을 프로그래밍할 수 있으며, 자연의 힘을 제어할 수 있지만 이 모든 것이 정확히 어디로 이어질지는 알 수 없다. *예측 가능성이 감소되면 개인의 삶뿐만 아니라 의미 추구도 복잡해진다*. 앞으로 다가올 세대는 시대의 도전에 대응하기 위해 '의미기관meaning organ(Frankl)'인 양심을 더욱 발전시키기 위해 노력해야 할 것이다.

쇤펠트: 우리는 G 씨와 그녀의 언니와의 적대적인 상호작용에 대해 계속해서 이야기하였다. 아직도 계속되고 있나요? G 씨는 지난 2년 동안 분노로 가득 찼었다고 말했다. 두 사람 사이의 얼어붙은 침묵은 아직 해결되지 않았다. G 씨가 할 수 있는 일은 그대로 두는 것 외에 무엇을 할 수 있었을까? 사실, 언니도 G 씨에게 연락을 할 수 있었을 것이다!

유의할 것은 - 이 재발은 즉시 해결되어야 한다는 것이다! 다른 사람들이 하는 일을 통해 *그들에* 대해 알 수 있지만, 그것은 G 씨에게는 부차적인 문제일 뿐이다. 그녀는 *자신의* 본성을 바꾸고 싶어하기 때문에 중요한 질문은 *G 씨가* 어떤 행동을 통해 자신의 어깨를 쓰다듬어 줄 수 있는지, 심지어 미래에 자랑스러워할 수도 있는지에 관한 것이다! 우리는 이 질문에 대해 잠시 생각해보았다. G 씨는 망설이다가 모두가 함께 이야기를 나눌 수 있는 가족 모임 초대장을 보내면 어떨까 하는 생각을 하였다. 인근 마을에 있는 카페가 근처를 산책하고 이야기를 나누기에 좋은 보행자 구역이 있어 가족 모임에 적합한 장소가 될 것 같다고 하였고, 나도 그 장소가 좋을 것 같았다. 하지만 G 씨는 주저하며 다툼이 다시 쉽게 일어날 수 있다고 생각하였다. 그녀는 오랫동안 떨어져 살던 아버지와 새 파트너, 그리고 세 남매가 갑자기 한 식탁에 마주 앉아 있는 모습을 떠올렸고 이 상황도 고려해야 하였다. G 씨는 서서히 화해자 역할에 적응해 가면서도 카페에 가는 것은 위험할 것 같다고 하였다. 그녀는 다음 치료 세션까지 이 아이디어를 좀 더 생각해보고 싶어하였다.

몇 주 후, G 씨는 그동안 무슨 생각을 했는지 나에게 알려주었다. 그녀에게 한 가지 확실한 것은 이제 가족의 빙하기가 끝날 때가 되었다는 것이었다. G 씨는 정말 지쳤고 다른 가족들도 마찬가지일 것이다. 언니를 집으로 초대하는 것은 G 씨에게는 가장 이상적인 선택이지만 솔직히 마음 한구석에서는 이 선택에 저항이 있다. 언니가 냉정하게 또는 단호하게 자신의 초대를 거절할까 봐 두려웠다. 만약 언니가 온다해도 둘 사이의 대화가 다시 비난의 소나기로 변질된다면 어떻게 될까? 언니는 여전히 너무 많은 분노를 품고 있어서 그 만남은 지뢰밭이 될 수도 있다.

따라서 G 씨는 덜 위험한 방법을 생각해내야 한다. 여름에는 보통 교회 공동체에서 여름 축제가 열린다. 올 여름에는 한 그룹의 젊은이들이 청소년

센터 건립 기금마련 행사로 연극을 공연할 예정이었다. 이것은 G 씨가 온 가족을 초대할 수 있는 좋은 기회가 될 것이다. 초대는 *그녀의* 주도로 이루어졌지만, 지역 교회공동체 행사라는 맥락에서라면 오래된 적대감을 즉시 불러일으키지 않을 수 있었다. 가족들은 함께 연극을 보고, 티켓 비용은 좋은 일에 쓰일 것이며, 당장 개인적인 대화를 시작할 필요도 없을 것이다. 남동생 아이들도 함께 와서 중요한 순간에 주의를 분산시킬 수 있었다. 바비큐 스탠드와 샐러드도 준비되어 있어서 음식을 먹으며 연극에 대해 이야기하고 유대감을 쌓을 수 있을 것이다. 바로 화해의 장이 열리는 만남은 아니지만, 적어도 소원해진 가족들이 다시 만나게 될 것이다.

나는 감격스러웠다. G 씨가 얼마나 언니의 기분을 헤아리고자 애쓰고 스스로 극복할 준비가 되어 있는지 놀라웠다. 누가 이런 일을 예상했을까? 의미를 위한 가능성을 추구할 때 재난을 배제할 수 있는 방법은 없다. 그러나 의미 가능성을 굳게 생각하는 사람은 재난이 닥쳐도 극복할 수 있을 것이다. 나는 G 씨와 초청 과정에 대한 세부사항과 몇 가지 비상 계획에 대해 논의했지만, 그녀의 프로젝트에 대해서는 응원하였다.

루카스: G 씨의 치료는 '시계처럼 순조롭게 진행 중'이다. 하지만 아직 해야 할 일이 많은 것 같다. 가족들이 화평을 이루는 것은 의심할 여지없이 중요한 일차적인 목표이지만 G 씨가 삶에서 느끼는 실존적 공백을 없애주지는 못할 것이다. 앞으로 가족들과 더 자주, 더 즐겁게 교류할 수 있게 되더라도(가족들과 항상 좋은 관계만 지속되지는 않을지라도), G 씨는 가족에게 온전히 의존하고 그들의 취향을 공유할 수는 없다. '실존적 순풍existential upwind'을 타기 위해서는 자신의 본성에 부합하고 그 본성을 넘어서는 생산적인 계획을 개발해야 할 것이다.

그녀가 미처 깨닫지 못했을지라도 G 씨는 매우 유리한 환경에서 살고 있다. 그녀는 필요한 모든 것을 갖추고 있다. 그녀는 굶거나 얼어 죽거나 병에 걸려 죽지 않아도 되고, 작은 사치도 많이 누릴 수 있다. 매일 그녀는 맛있는 아침 식사를 직접 준비하고 주방에서 신선한 커피 향기를 즐길 수 있다. 그녀는 읽고, 듣고, 걷고, 옷을 입고, 구부릴 수 있으며, 여러 가지 이유로 소외계층이 할 수 없는 훨씬 더 많은 일을 할 수 있다. 불과 200년 전만 해도 48세는 노인이 되기 직전의 나이였지만, 오늘날 그녀는 새로운 자격증을 취득하거나 새로운 관계를 시도하고 새로운 책임을 맡거나 비행기, 배 또는 우등버스를 타고 세상 여러 곳을 탐험할 수 있는 중년 여성이다. 그녀는 많은 것을 가지고 있지만 자신이 가진 것에 대한 인식이 부족한데, 제 동료가 이를 깨닫도록 도움을 줄 것이다. 어떤 것도 당연하게 여겨서는 안 된다! 아무것도 과소평가되어서는 안된다!

그리고 누구도 개인적인 취미의 중요성을 과소평가해서는 안된다. 물론, 매일의 일정이 할 일로 빡빡하고, 해야 할 의무로 가득 찬 삶에서는 취미생활을 할 여지가 없을 수도 있다. 하지만 시간적 여유가 있다면 취미는 축복이 될 수 있다. 아이들도 학교 밖에서 자신의 재능을 발휘할 수 있는 적절한 방법을 찾도록 격려하는 것이 좋다. 분명 나중에 유익할 것이다. 취미는 단조롭거나 원치 않는 일을 해야 할 때 탁월한 균형을 제공한다. 취미는 일상생활에 다채로움과 다양성을 가져다주며, 걱정과 어려움에 직면했을 때 피난처 역할을 할 수도 있다. 또한 불쾌한 일에 휘둘려 정신적으로나 감정적으로 그것에 집착하는 것을 방지한다.

취미는 공허함으로 가득 찬 삶의 공백을 메우는 것 이상의 역할을 한다. 자신의 취미 영역에 들어가 집중하고 다시 이 영역을 벗어나 일상적인 관심사에 전념할 때 영적인 유연성이 증가한다. 또한 취미는 일반적으로 그것을 실천하는 사람의 기술 범위를 확장하기 때문에 지적 성장을 촉진하기도 한다. *요약하자면*, 취미를 통해 헌신적인 활동을 할 수 있게 되고 침체에서 벗어날 수 있게 된다; G 씨가 더 바랄 게 무엇이 있겠는가?

쇤펠트: 여름 모임까지는 여러 달 남았지만 내 환자는 자신의 결정에 만족하였다. *G 씨*는 다른 사람들이 어떻게 생각하든 가족 상황을 해결하기 위해 노력할 것이고 가족 관계를 위해 최선을 다할 것이었다. 그 때 그녀의 인생에서 아픈 부분이 치유되기 시작했다.

그 과정에서 이전에 숨겨져 있던 상처가 드러났다. G 씨의 삶에는 지루함이 너무 많았다. 대기업에서 비서로 일하고 있는 그녀는 자신의 일이 별로 즐겁지 않지만 적어도 평일에는 바쁘다는 사실에 만족하고 있었다. 직장에서 친한 친구를 사귀지는 않았지만 가끔씩 동료들과 간단한 대화를 하며 지냈다. 퇴근 후에는 저녁을 직접 만들어 먹고 집안일을 몇 가지 한 후 잠자리에 들 때까지 TV를 시청한다. 즐거워야 할 주말과 공휴일이 그녀에게는 민감한 사안이 되었다. 가족 및 친구관계가 소원해진 후 혼자 생활하다보니 무료한 시간이 너무 많아졌다. 청소, 쇼핑, 요리, TV 시청, 그것만으로는 만족스러운 삶을 살 수 없다. 내가 이의를 제기하기도 전에, 그녀는 나를 피한다. 나는 작업치료를 제안하려는 것이 아니었다. 선의의 지인들이 이미 그녀에게 작업치료에 대해 여러 번 언급했다. 그것은 그녀에게 적절하지 않다!

나는 미소를 지으며 종이 한 장을 가져다가 두 개의 반구가 서로 겹쳐진 그림(엘리자베스 루카스가 제시한 모델)을 그렸다. 한 반구는 우리 주변에 도움이 필요한 곳이 많다는 것을 상징한다. 세상은 신음하고 괴로워하고 있으며, 곳곳에 안아줄 손과 고통을 덜어줄 마음이 필요하다. 이는 친절한 인사나 위로의 말과 같이 도움이 되는 작은 것에서부터 지역 사회 프로젝트와 같은 큰 헌신에 이르기까지 다양한 형태를 취할 수 있다. 다른 반구는 한 사람의 개인적인 재능이 담긴 그릇이다. 여기에는 G 씨의 재능이 담겨있다. 이 그릇에는 그녀가 잘할 수 있는 모든 것, 즉 어린 시절부터 습득하고 발전시켜 온 모든 능력이 담겨 있다. 이것이 그녀의 개인적 역량의 영역이다. 먼저 이 두 번째 반구를 함께 살펴보도록 하겠다. G 씨의 강점은 무엇인가?

내 환자는 이것에 대해 거의 생각해 본 적이 없었다. 그녀는 천천히 앞으로 나아가고 있다고 느낀다. 그녀는 자신이 좋은 경청자라고 생각한다. 하지만 사람들은 종종 이 점을 이용해 그들의 문제를 하소연하며 부담을 주는 경우가 많아서 그녀를 짜증나게 하였다. 그녀는 자신이 극복하거나 성취한 문제에 대해 이야기하는 것을 선호한다. 나는 G 씨가 요점을 놓치기 전에 대화의 방향을 살짝 선회하였다. G씨와 상담을 하면서 우리는 *그녀의* 강점을 찾는다. G 씨는 예리한 미적 감각을 가지고 있어서 색상과 모양으로 아름다운 것을 만들 수 있다. 또한 그녀는 글을 잘 쓰고 타자를 빨리 칠 수 있다. 이것이 그녀가 직업을 통해 습득한 역량이었다. 점차 종교가 그녀의 삶에서 중요한 역할을 한다는 것을 알게 되었다. 그녀는 장애인을 위해 쇼핑을 하는 등 다른 사람을 위해 기꺼이 작은 봉사를 할 의향이 있지만, 이런 봉사를 필요로 하는 사람을 알고 있지 않다고 하였다.

그녀의 재능에 관한 정보는 다소 부족하였기 때문에 우리는 두 번째 반구로 넘어갔다. 여기에는 우리 외부에 있는 많은 요구들, 올바른 자질을 가진 사람만이 충족시킬 수 있는 요구들이 포함된다. 나는 G 씨의 환경에서 그러한 요구를 어디에서 찾을 수 있는지 확인하기 위해 열심히 노력하였다. 이민자들이 관공서로 가는 길을 찾도록 도와줄 사람이 필요할 것이다. G 씨가 살고 있는 도시에는 노인 거주자를 위한 시설인 양로원이 몇 군데 있다. 그곳에는 자원봉사자가 부족하다. 또한 젊은 워킹맘들은 기꺼이 G 씨를 파트타임으로 '고용' 할 수 있다. G 씨는 점점 활기를 띠게 되었다. 지역 사회

행사와 교회 행사가 많이 있다. 이 때 누가 테이블을 장식하고, 꽃을 배열하고, 초대장을 디자인할 것인가? G 씨는 미적인 감각이 뛰어났다. 그녀의 글쓰기 실력으로 양로원에 거주하는 노인들의 회고록을 받아 적는다면 멋진 폴더에 이 이야기를 써서 발표할 수 있을 것이다. G 씨는 더욱 활기에 찼고 에너지를 얻게 되었다. 그녀가 이전에 전혀 알지 못했던 세상의 한 면이 그녀 앞에 열리고 있었다. 매력적인 업무와 프로젝트로 가득한 세상. 나는 그녀에게 정말로 긴급한 필요가 있는 곳이 어디인지 물었다. 그녀는 치매 환자를 돌보는 사람이 부족하다는 것을 알고 있지만, 자신이 이런 종류의 서비스를 수행한다는 것은 부담이 된다고 하였다.

마지막으로, 우리는 G 씨가 앞으로 몇 주 동안 여가 시간에 긴 산책을 할 것이라는 데 동의하였다. 매끄럽고 빛나는 구로 통합되기를 갈망하는 두 개의 반구 주위를 그녀의 생각이 맴돌도록 해야 한다. '나에게는 어떤 재능이 있을까? 내가 잘하고 좋아하는 일은 무엇일까?' 그리고: '이 일을 정확히 잘하고 그 일을 즐길 수 있는 사람이 필요한 곳은 어디일까?' 두 반구가 일치할 수 있다면 둘 다 이전보다 훨씬 더 나은 상태가 될 것이다.

루카스: 내 동료가 나의 이론적 모델을 어떻게 받아들여 치료 과정에 교묘하게 통합했는지 보는 것은 정말 기쁜 일이다. 그녀는 실제로 자기중심적인 환자로부터 몇 가지 자기 초월적 단계를 이끌어내는 데 성공했다. 그럼에도 불구하고 나는 지금까지 G 씨의 의미 찾기에 대해 너무 낙관적으로 평가하는 것을 주저한다. 그 이유는 사회활동에 너무 집중되어 있는 반면, 내 개인적인 견해로는 G 씨는 사회성이 부족하다고 생각하기 때문이다.

신경증으로 고통받는 환자들의 경험에 따르면 그들은 자신의 사회적 기술을 과대평가하는 경향이 있다. 그들은 끊임없이 다른 사람을 괴롭히면서도 '다른 사람을 돕는 것'을 꿈꾸는 경우가 많다. 그들은 일반적으로 협력하는 데 서툴다. 이것은 특히 G 씨의 경우에도 해당된다. 그녀는 모든 친척들과 관계가 틀어졌을 뿐만 아니라. 그녀의 사회 관계는 이미 단절되었다. 그녀는 자신을 치료하려고 노력한 모든 치료사를 비난했다. 그녀는 자신과 관련된 일을 찾으라고 조언하는 선의의 지인들을 모두 무시하였다. 그녀는 직장에 친구가 없고, 누가 그녀에게 속마음을 털어놓고 싶어하면 그들의 문제를 듣는 것이 불편하다. 나는 G 씨에게 지역사회에서 자원봉사를 하지 말라고 조언하고 싶다.

그렇다고 그 사람에게 재능이 없다는 뜻은 아니다. 그러나 '첫 번째 반구'를 철저히 확인하고 G 씨의 진정한 강점을 철저히 탐구할 때까지 '두 번째 반구'에 맞는 비전은 구체화되지 않는 것이 좋을 것이다. 그럼에도 불구하고, 이 로고테라피적 도움은 비옥한 씨앗을 충분히 뿌렸기 때문에 그것이 조만간 자라기를 바랄 충분한 이유가 있다.

쇤펠트: 우리는 몇 주 후에 다시 만났지만 안타깝게도 아직까지 진전이 없었다. 그럼에도 불구하고 G 씨는 자신의 관심사가 누구에게도 필요하지 않더라도 자신이 많은 것에 관심이 있다는 것을 알게 되었다. 그리고 규칙적으로 걷는 것이 TV 앞에 앉아 있는 것보다 훨씬 낫다고 스스로 인정하였다. 나는 낙담하지 않았다. 왜냐하면 G 씨의 대화는 우리가 함께한 첫 번째 세션에 비해 이미 많은 변화가 있었기 때문이다. 그녀는 더 이상 징징거리지 않고, 더 이상 자기연민에 짓눌리지 않으며, 더 이상 다른 사람들에 대해 불평하지 않는다. 나는 갑자기 상담진행을 멈추었다. 산책을 하던 중 G 씨는 5월에 인근 마을에서 여름 산책로 콘서트가 시작된다는 포스터를 우연히 발견했다고 하였다. 그녀가 매우 생동감 있게 이 소식을 알려주어 나는 깜짝 놀랐다. 지난 몇 년 동안 그녀는 이러한 콘서트에 여러 번 갔고 매번

좋은 경험이었다고 하였다. "왜요?" 라고 나는 물었다. "음악이 정말 훌륭해요!" 그녀는 극찬하였다. 그녀는 클래식 작품과 현대 가스펠 콘서트를 모두 좋아하였다. 이제 가까스로 잡은 실을 놓치지만 않으면 되었다! 나는 그녀에게 듣기만 하는 것이 아니라 적극적으로 노래를 부르고 싶은지 물어보며 주의 깊게 대화를 진행하였다. 그녀는 그것에 대해 생각해 본 적이 없었다. 그녀는 학교 합창단으로 활동한 이후로 노래를 한 번도 부른 적이 없었다. 잠시 침묵이 흘렀다. "하지만... 글쎄요, 저는 좋은 목소리를 가지고 있어요"라고 말하였다. G 씨는 음을 정확하게 칠 수 있고, 악보를 눈으로 읽을 수도 있었다. 그녀는 교회 예배에서 새 노래를 쉽게 배울 수 있다는 것을 알게 되었다.

우리는 모든 면에서 그 주제를 고려하고, 장단점을 따져 보았지만, 눈에 띄는 단점은 없었다. G 씨의 열정이 고조되었다: 그렇다! 그녀는 합창단에서 노래하는 것을 매우 좋아한다! 이제 그녀에게는 창의력이 필요하다. 그녀는 자신이 살고 있는 지역에 어떤 아마추어 합창단이 있는지, 오디션이 언제 열리는지, 어떤 입학 기준이 있는지, 새로운 가수가 필요한지 등을 알아내야 한다. 나는 그녀의 경계 너머를 본다. 만약 그녀가 좋은 목소리를 가지고 있다면 그녀는 세상에 줄 것이 있는 것이다. 음악은 세상에 빛을 준다! 노래는 가수에게만 즐거움을 주는 것이 아니라 *관객*에게도 즐거움을 선사한다! G 씨는 환하게 웃는다. 물론 그녀는 이 아이디어를 적극적으로 추진할 것이다. 그녀는 지역 교회부터 시작하여 모든 곳의 합창단에 문의할 것이다. 그녀는 청취자로서만 즐겼던 산책로 합창단에 연락할 수도 있다.

지금 생각해보면 G 씨는 자신에게 꼭 맞는 새로운 취미에 대한 설렘과 기대감으로 가득 찬 채 상담실을 나섰다. 나는 그녀의 행운을 빌었다. 그녀의 가족이 여름 모임에 초대되기까지는 시간이 좀 걸리겠지만 그녀는 모든 것을 신중하게 계획했다. 그럼에도 불구하고 나는 어떤 환상에도 사로잡혀 있지 않다. G 씨에게는 더 어려운 날들이 있을 것이다. 그녀가 합창단에서 성취감을 느낀다고 해도 그녀의 삶에는 채워져야 할 빈 공간이 남아 있다. G 씨는 이 사실을 알고 있다. 왜냐하면 작별 인사를 하면서 두 반구와 함께 사진을 찍으며 단호한 목소리로 "나는 이제 겨우 48살이고 연금 수급자의 삶을 살고 싶지 않아요. 저는 제 미래를 책임지고 싶어요"라고 말했기 때문이다.

진심으로 그녀의 행운을 기원한다!

로고테라피스트에 의한 사례 연구

상사병 (사랑앓이)

루카스: 빅터 E. 프랭클Viktor E. Frankl의 주장 중에는 매우 혁신적으로 보이는 몇 가지 진술이 있다. 부가 설명을 자세히 살펴봐야만 그 의미를 이해할 수 있다. 이러한 진술 중 하나는 '불행한 사랑'은 존재하거나, 존재할 수도 없다는 프랭클의 주장이다. 살아가면서 거의 모든 사람은 어느 순간 가슴앓이를 하고, 압도적인 감정에 대한 응답을 갈망하며, 응답이 오지 않으면 세상이 끝날 것이라고 믿는 등 마음의 고통을 겪는다. 사랑의 복잡한 관계는 심한 질투, 쓰라린 거절, 애절한 애정, 부끄러운 속임수 등 모든 영화 스릴러와 연극, 드라마의 중심주제이다.

그렇다면 프랭클은 사랑과 불행이 함께 할 수 없다는 그의 대담한 주장을 어떻게 정당화했을까? 이것은 사랑에 대한 그의 이해에 있다. 프랭클의 시각에서 어떤 사람이 '상사병(사랑앓이)lovesickness'을 앓는다면(또는 사랑앓이를 한다면), 이는 사랑에 대한 '왜곡된' 이해 때문이라고 할 수 있다. 사랑한다는 것은 사랑하는 사람이 연인의 바램을 만족시켜 주는 것이 *아니다*. 그 사람이 항상 그 자리에 있고, 배려하고, 이해하고, 위로하고, 항상 도와주는 것을 의미하는 것은 아니다. 그렇다고 항상 신실하다거나 무조건 거기에

머문다는 뜻은 아니다. 그렇다면 좋겠지만, 또한 그럴 수도 있겠지만, *기대할 수는 없다*. 사랑에 대한 프랭클의 교훈 중 첫 번째는 *사랑은 아무것도 기대하지 않는다*는 것이다. 진정한 사랑true love은 상대방*에게서* 아무것도 원하지 않는다. 진정한 사랑은 상대방을 위해 최선을 다하기를 원한다. '최상'을 위해 최선을 다해 기여하고 싶어한다.

하지만 상대방에게 가장 좋은 것이 무엇인지 어떻게 알 수 있을까? 그것은 어려운 질문이다. 내가 교육 상담 분야에서 일했던 세월을 돌이켜보면, 자녀들을 위해 최선을 다한다는 생각으로 자녀를 몹시 괴롭혔던 몇몇 부모들을 생각하면 아직도 마음이 아프다. 부모들이 생각한 최상이라는 것이 정말 자녀를 위해 최선을 다한 것이었을까? 아니면 이 부모들은 자녀를 자랑거리로, 자신의 성공의 대상으로 여겼을까? 이러한 부모들에게는 자녀에게 정말로 필요한 것이 무엇인지, 그들에게 정말 좋은 것이 무엇인지 이해시키는 것이 종종 어려운 일이었다. *사랑은 자신에 관한 것이 아니다*. 이것이 사랑에 관한 프랭클의 두 번째 교훈이다. 사랑하는 사람에 관한 것이다. 하지만 질문으로 돌아가서, 사랑하는 사람에게 가장 좋은 것이 무엇인지 사랑이 어떻게 알 수 있는가? 다음은 프랭클이 이에 대해 말한 내용이다: '사랑은 가치의 충만함에 대한 수용성을 엄청나게 증가시킨다. 말하자면 가치의 우주 전체로 향하는 문이 활짝 열리게 한다.'[1)]

이것은 사랑에 빠진 사람들이 갑자기 주변의 모든 것을 더 밝은 빛으로 보게 되는 주관적인 경험과 일치한다. 그들은 자신의 개인적 상황과 미래를 보다 긍정적으로 평가하며, 일반적으로 이전보다 가치에 민감하다. 가치에 대한 인식이 확장되면서 사랑하는 사람의 가장 훌륭한 내면의 자질을 알게

---

1) Viktor E. Frankl, The Doctor and the Soul, New York, Vintage Books, 1986, p. 133.

되고, 놀라운 직관력으로 그들 안에 잠재되어 있는 멋진 것들을 통해 어떤 일이 펼쳐질지 감지한다. *사랑은 사람을 가치의 가능성에 민감하게 만든다.* 프랭클의 사랑에 대한 세 번째 교훈이다. 사랑은 특히 *사랑하는 사람*의 가치있는 가능성에 민감하게 반응한다. 그렇다고 해서 상대방이 영광으로 덮여 있다는 뜻은 아니다. 사랑하는 존재에 대한 완전한 이상화는 자아에 초점을 맞추고 자아를 화려한 대상으로 설정하려는 미숙한 '사랑'일 가능성이 더 높다. 프랭클에 따르면, 진정한 사랑은 사랑하는 사람을 있는 그대로 현실적으로 인정하는 것과 사랑하는 사람의 이상적인 가능성에 대한 비전을 모두 포함하는 것이다.

사랑에 대한 이러한 이해를 통해 우리는 사랑은 풍요로울 수밖에 없다는 정의에 도달하게 된다. 우리가 본 것처럼, 진정한 사랑은 연인에게 가치의 세계를 열어준다. 이것은 영혼을 활기차게 만든다. *사랑은 서로에게 최고의 것을 기대하게 한다.* 사랑은 정확히 이것을 원하도록 동기를 부여한다. 상대방이 이를 실현하도록 동기를 부여하는 것은 바로 이 선한 의지(압력이나 강요, 강제 없이!)이다. 만약 상대방이 그렇게 하지 않는다면 어떻게 될까? 그리고 상대방이 받은 사랑에 감사하지 않거나 포기한다면? *사랑의 보물은 그대로 남아 있다.* 이것이 프랭클의 사랑에 관한 네 번째 교훈이다. 한 사람이 자신의 영적 안테나를 뻗었다. 잠재된 가능성을 발견했다. 그 때 마음이 들뜨는 기쁨을 만끽한다. 존재의 지평이 확장되었다. 아마도 소유의 지평은 줄어들었을지 모르지만, 우리는 어떤 인간, 심지어 사랑하는 사람이라도 '소유'하거나 소유할 수 없다. 에리히 프롬Erich Fromm은 이렇게 말했다. "나는 내가 가진 것인데 내가 가진 것을 잃으면 나는 누구란 말인가?"[2] 단지 자신이

2) Erich Fromm, Die Seele des Menschen. Ihre Fähigkeit zum Guten und zum Bösen, dtv, Munich, ²1988, p. 53.

가진 것으로 자신을 정의할 때, 사람은 뭔가가 필요하며 소유를 잃으면 불행해진다.

쇤펠트: 긴급 전화가 왔다. 전화를 건 사람이 너무 심하게 울어서 그의 말을 거의 알아들을 수 없었다. 서서히 그가 무슨 말을 하고 있는지 분명해졌다. 30대 중반의 H 씨는 절박하다. 간간히 그가 말을 멈추고 흐느낄 때 세밀한 관찰을 통해 다음의 윤곽이 드러났다:

7주 전, 그의 파트너인 수잔느가 이별을 통고했다. 이것은 그가 이제까지 경험한 것 중 최악의 일이었다. 그녀는 그의 첫 번째 '진짜' 여자친구였는데, 여기서 '진짜'란 그의 인생에서 그녀를 만나기 전 사귀었던 여자들이 있었지만 수잔느처럼 사랑한 적은 없었다는 뜻이다. 그녀는 지금까지 그의 인생에서 가장 중요한 사람이었다. 이제 그는 완전히 망가졌다. 그의 상사가 그에게 힘을 내보라고 적극적으로 격려했지만 그는 더 이상 일을 할 수 없었다. H 씨는 보험 업계에서 일하였다. 눈물을 흘리는 보험 컨설턴트는 고객에게 도움이 되지 않는다. 몇 주 동안 의사는 그에게 휴가를 권하였고 항우울제를 처방했지만 전혀 도움이 되지 않았다. 그는 겨우 하루에 2시간 정도 밖에 잠을 잘 수가 없다고 하며 앞으로 어떻게 살아야 할지 모른다고 말하였다.

지난 7주는 비참함의 연속이었다. 그는 가끔 수잔느를 만났다. 그녀는 그를 포옹하고 키스한 다음 돌려보냈다. 그의 삶은 완전히 재앙이었다. 그가 유일하게 견딜 수 있는 일은 지칠 때까지 매일 몇 시간씩 체육관에 가서 운동하는 것뿐이었다. 육체적 피로는 그의 정신적 고통을 약간 감소시켰다.

수잔느의 아파트에서 쫓겨난 후, 그는 부모에게 다시 함께 살 수 있게 해달라고 간청해야 했다. 그는 어디로 가야 할지 몰랐다. 그의 부모는 이에 대해 달가워하지 않았는데, 왜냐하면 최근 몇 년간 그가 부모에게 거의 연락하지 않았기 때문이었다. 그는 갑자기 자신에게 더 이상 가까운 친구가 없다는 것을 깨달았다. 지난 3년 동안 그는 수잔느와 그녀의 가족하고만 지냈고 다른 모든 사람들과는 소원했기 때문이다. 그의 부모는 그를 별로 반기지 않았지만, 그럼에도 불구하고 그의 여동생이 최근에 이사를 갔기 때문에 그에게 방을 사용하도록 허락했다.

청년은 모든 것을 잃었다. 친구, 그가 '무엇이든지 해줄 수 있었던' 여자, 그리고 자신의 가족이 되었던 그녀의 가족. 특히 더 고통스러웠던 점은 키우던 개를 양보해야 한다는 점이었다. 수잔느는 그에게 작은 강아지 래브라도 리트리버를 선물했었다. 그는 다정한 강아지를 매우 좋아하게 되었다. 매일 퇴근 후, 때로는 수잔느와 함께, 그러나 대부분 혼자 그는 개를 데리고 오랫동안 산책을 했다. 그는 매일 자신의 개를 보는 것이 하루의 큰 기쁨 중 하나였다. 그러나 수잔느와 헤어졌을 때 그는 바로 그 개를 포기해야 했다. 왜냐하면 그의 부모가 사시는 집이 작은 임대 아파트여서 그렇게 큰 동물을 키우는 것을 꺼려했기 때문이었다. 헤어지자마자 그에게 개를 넘겨준 수잔느에게 다시 개를 맡길 수밖에 없었다. 그는 개가 지금 어디에 있는지 전혀 모른다.

루카스: 환자의 상황을 살펴보기 전에 전문가로서 몇 가지 반대 의견을 제시하고자 한다. 정신과 클리닉 접수처 직원조차도 이와 같은 응급 전화를 받으면 그 청년은 *반응성 우울증*reactive depression을 겪고 있다는 것을 즉시 알아차렸을 것이다. 그 청년은 고통스러운 사건을 경험했고 그로 인해 매우 불행해졌다. 그가 신경학적 원인에 의한 내인성 우울증endogenous depression을 앓고 있다는 사실을 암시하는 것은 *전혀 없다*. 한 가지 예를 들자면, 체인성somatic origin우울증이라면 그는 체육관에서 몇 시간 동안 운동을 할 수 없

었을 것이다. 그렇다면 왜 항우울제를 처방하는 것일까? 항우울제는 신경 시냅스에서 신경 전달 물질 생성을 조절하지만 고통을 없애지는 않는다. 사람은 영의 깨어 있음과 철학적 또는 종교적 성실함으로 자신이 경험하는 고통에 대처해야 하며, 그렇지 않으면 진짜 문제를 놓치게 된다. 분명히 의사의 처방은 H 씨에게 아무 소용이 없다. 그가 잠을 거의 자지 못하는 것은 확실하다. 그러나 이것은 모호한 증상이다. 내인성 우울증과 반응성 우울증 모두 서로 다른 이유로 수면 부족을 유발한다. 우울증이 없는 사람이라도 때때로 수면 장애를 겪게 되며, 그 이유는 심각하거나 무해할 수 있다. 어쨌든, H 씨가 겪은 것과 같은 심각한 상실은 그의 수면 부족을 설명하기에 충분하다(우리가 정신병이라고 진단할 필요 없이).

H 씨의 반응성 우울증은 이해할 만하지만, 그럼에도 불구하고 제기되는 질문은 다음과 같다. *이 위기의 어떤 측면*이 그를 슬픔의 자연스러운 반응에서 반응성 우울증으로 빠져들게 만들었는가? 그의 상담 내용에는 눈에 띄는 점이 많이 있는데, 30대 정도의 나이에도 불구하고 아직 성격이 미성숙한 인물이라는 점을 전제로 요약하고 싶다. 사랑에 대한 그의 이해는 확실히 프랭클의 이해와도 다르다. 내 동료는 그가 사랑에 빠진 수잔느를 놓아주고 우호적인 마음으로 그녀와 작별할 수 있도록 H 씨의 사랑에 대한 이해를 바로잡기 위한 지점부터 상담을 시작할 것이다. 그러나 H 씨에게 치료적 도움이 필요한 부분이 더 있는 것 같다.

성품의 성숙은 진지하게 숙고한 후에 독립적으로 결정을 내리고 그에 따라 행동하며 자신의 행동에 책임을 진다는 사실에서 본질적으로 입증된다. H 씨의 불평에는 그런 흔적이 없다. 그는 눈물뿐 아니라 자기연민에도 빠져 있다. 그의 설명에 따르면 *다른 사람*들은 그를 나쁘게 생각하며 그는 *불쌍한 희생자*이다. 수잔느는 그를 잔인하게 거부하고, 그의 부모는 그가 부모

집으로 다시 들어가는 것을 그다지 기뻐하지 않으며 그의 사랑하는 개를 받아들이기를 거부하고, 그의 상사는 더 나은 업무 성과를 요구하고, 그의 의사는 적절한 약을 처방하지 않는다. 그리고 H 씨 자신은? 그는 어디로 가야 할지 모르고, 무엇을 해야 할지 모르지만 멈춰야 한다. 그는 지금쯤 뭔가를 알아야 한다! 그는 최근 몇 년간 가족과 친구들을 소홀히 해왔다는 것을 알고 있다. 브라보, 이 통찰력은 이미 그의 슬픔을 가치 있게 만들었다. 이제 H 씨는 *자신의 불행에 대한 본인의 책임*을 인정하고 미래를 위해 이 경험에서 교훈을 배워야 할 때이다.

쇤펠트: 나는 H 씨와 상담 약속을 잡았다. 그가 우리 진료실을 방문했을 때, H 씨는 그가 어떻게 모든 것을 잃었는지에 대한 비극적인 이야기를 반복하였다: 그가 사랑하는 사람, 그의 개, 그의 친구들; 모든 것이 사라졌다. 그는 여동생의 침실에 앉아 일하러 갈 엄두도 못 내고, 거의 잠도 못 자고, 끊임없이 고민하고, 인생에서 그 어느 때보다 더 많이 운다. 그는 자살할 생각은 없지만 어떻게 계속 살아야 할지 모른다. 그를 더욱 비참하게 만드는 것은 수잔느가 그에게 전화를 걸거나 문자 메시지를 보낼 때이다. 항상 친근한 말투로 말하지만, 항상 그와의 관계는 더 이상 가능하지 않다고 단호하게 말한다. 그는 자신이 미쳐가고 있다고 생각한다.

나는 그를 이해할 수 있다는 것을 그에게 알렸다. 희망과 실망, '아마도'와 '확실히 아닐 것' 사이에서 끊임없이 흔들리는 것은 누구도 견딜 수 없는 일이다. 7주를 불확실한 상태에서 보내는 것은 참담한 일이다. 그의 상태가 극단적이지만 그가 잠을 잘 못자는 것은 '매우 정상'이다. 우리는 비정상적인 상황에 직면하여 상대적인 정상적 사실에 대한 이 아이디어를 논의하는 데 시간을 보냈고 그는 놀라운 결론에 도달했다: *만일 수잔느를 마음 속에서 놓아주지 않으면 그는 다시 일어설 수 없을 것이다.*

루카스: 우선, 환자가 자살 의도를 부인하는 경우 안타깝게도 이를 통해 알 수 있는 것은 많지 않다. 자살시도를 하는 사람들은 거의 항상 자신의 자살 의도를 부인한다. 그렇기 때문에 나는 환자들에게 그런 의도를 직접 묻지 않는다. 환자들에게 자살의도가 의심되면 나는 프랭클의 조언에 따라 그들에게 *왜 그리고 무엇을 위해 여전히 살고 싶은지* 물었다. 그들이 나에게 자연스럽게 '살아야 할 이유reason to live'를 말해줄 때는 나는 이것을 좋은 징조로 받아들였다. 그들이 길을 잃었거나 일반적인 말을 중얼거릴 때면, 그들에 대한 나의 염려는 더욱 커졌다. H 씨가 이 대화 당시 '살아야 할 이유'를 설명할 수 있었는지 의문이 들었다. 어떤 사람이 자신이 '모든 것'을 잃었다고 생각한다면 일반적으로 어느 정도 자살 위험이 있다(그리고 H 씨가 실연으로 자살한 최초의 사람은 아닐 것이다). 물론, 그가 믿는 것은 실제가 아니다. 사실 H 씨에게는 마음대로 사용할 수 있는 자원이 많기 때문이다. 그는 젊고 육체적으로 건장하며 건강하다. 그는 누구도 빼앗아 갈 수 없는 수준의 교육과 직업 훈련을 받았다. 그는 고아가 아니며 필요할 때 부모에게 도움을 요청할 수 있고, 몇 주 동안 결근했음에도 직장에서 해고되지 않았으며 평화롭고 부유한 나라에서 살고 있다. 지구상에는 그가 가진 것보다 더 많은 것을 잃은 수백만 명의 사람들이 있지만 그는 이것을 볼 수 없다. 자기 자신만 생각하는 사람은 자신의 시야 너머를 볼 수 없다.

나는 또한 두 번째 점을 강조하고 싶다. 상담치료에서는 개인적으로 알지 못하는 사람에 대해 추측하지 않는 것이 원칙이다. 이것이 바로 내 동료가 수잔느에 대해 아무런 언급도 하지 않은 이유이다. 하지만 제3자로서 한 가지 생각을 제안할 수 있다. 자신을 그렇게 불쌍한 사람으로 표현함으로써 H 씨는 수잔느와 딜레마에 직면하게 된다. 그녀는 그와 헤어지고 싶어하지만 아마도 그가 무너지는 것에 대해 책임지고 싶지 않을 것이다. 두 사람은 가까운 사이였으므로, 수잔느는 자신이 H 씨와 헤어지길 바라는 마음에서 비롯된 H 씨의 절망감에 공감할 수밖에 없다. 그래서 그녀는 불편하다. 그녀는 그의 고통을 최소화하기 위해 다정하게 대해주지만, 한편으로는 오해를 만들고 싶지도 않다. 이것은 실수이다. 그녀의 일관되지 않은 행동은 그의 고통을 전혀 덜어주지 않고 오히려 더욱 악화시키고 있다.

사람들은 실수를 한다. H 씨는 자신의 많은 자원을 인식하지 못하고 있다. 수잔느는 전 애인을 대하는 가장 좋은 방법에 대해 잘못 알고 있다.

쇤펠트: 우리는 수잔느가 전달하고자 하는 내용을 정확히 확인하였다. 그녀에게서 오는 혼동스러운 메시지가 있지만 주요 메시지는 항상 확고한 거부이다. 그녀는 H 씨와의 관계를 계속하고 싶지 않다. "나는 그녀의 인생에서 사라져야 해요"라고 그는 비통하게 흐느끼고 있다. 나는 그의 여자친구의 행동을 비난하려는 것이 아니라(대체로 이해할 수 있는 일이다) 오히려 그녀에 대한 그의 감정을 재정립하도록 돕기를 원한다. 그가 정말로 그녀를 사랑한다면 그의 사랑은 *그녀가 편안하기*를 바라는 것이어야 하지 않는가? 그렇다. 만약 그녀가 그 사람이 없는 것이 더 낫다고 생각한다면, 그의 사랑은 이에 대해 뭐라고 해야 할까? "나와 헤어지는 것이 편하다면 이걸 받아들이고 보내줄게"라고 말할 수 있나요? 그렇게 묻자 그는 오랫동안 침묵했다. 그는 생각했다. 그것은 실제로 가장 적절한 응답이 될 것이다. 그렇지 않는가? 물론 그렇다. 나는 이것이 사랑하는 사람에게서 기대할 수 있는 가장 어려운 일이라는 것을 인정하지만 동시에 그것은 엄청난 사랑의 승리이다. 그것은 순전히 상대방을 위한 사랑으로 행해진 일이다.

우리는 사랑의 현상에 대해 좀 더 이야기하였고, H 씨는 수잔느와 함께한 3년이 지금까지 그의 인생에서 가장 행복한 시간이었다고 쉰 목소리로 말하였다. 그렇다면 지금 그의 슬픔이 그만큼 클 것이라는 것은 논리적이다. 그는 불평하지 말고, 이 3년의 시간이 헛된 것이 아니라 충분히 가치있는 소중한 경험이었다는 사실에 대한 증표로 받아들여야 한다. 만약 수잔느와 함께 했던 지난 3년이 그에게 그저 사소한 일이었다면 지금 이 괴로움을 겪을 필요가 없었을 것이다. 그는 사실이라고 대답하면서도 너무 고통스럽다고 했다. 그는 이 타격에서 어떻게 회복할 수 있을까?

H 씨는 깨닫지 못했지만 대화의 이 시점에서 그는 중요한 전환점에 도달했다. 1. 그는 수잔느에 대한 그의 진심 어린 애정으로 인해 그녀를 사랑으로 보내야 한다는 것을 깨달았다. 2. 그는 그녀와 지금은 헤어졌더라도 지난 3년은 놓치고 싶지 않을 만큼 아름답고 가치 있는 것임을 깨달았다. 이제 끝났다. 이것은 수잔느와 함께한 시간에 대한 그의 병적인 집착을 내려놓고, 이전에 보지 못했던 현재에 다시 집중할 수 있게 한다. *그가 이 운명의 일격과 그가 원하는 사랑의 포기로부터 어떻게 회복할 수 있는가*에 대한 질문은 타당하고 중요한 질문이며, 이것은 우리가 함께 성찰하는 새로운 장의 출발점이다.

루카스: 그렇다. 내 동료는 H 씨의 성장 과정에서 다른 '치료 세션'으로 넘어간다. 여기서 바로 수잔느와의 문제가 해결되지는 않는다. 앞으로도 오랫동안 계속해서 진행될 것이다. 그러나 문제 관리의 초점은 점차적으로 바뀔 것이며, 그것이 성공한다면 H 씨의 성숙도는 향상될 것이다. 이것은 언젠가 그 사람이 정서적 의존과 속박으로 특징지어지지 않는 조화로운 관계를 갖도록 해줄 수 있다.

감정에 관한 심리학적 견해를 몇 가지 소개한다.

1. 사랑하는 사람을 죽음으로 잃었는지 아니면 자발적으로 떠나는지에 따

라 차이가 있다. 슬픔의 강도는 비슷하지만 사랑하는 사람이 선택적으로 떠날 때 슬픔이 분노의 감정으로 고착될 가능성이 더 크다. 사랑, 또는 사랑이라고 생각되는 것이 증오로 변하는 경우가 종종 있다. 증오는 이전의 사랑이라는 유대감의 연장선상에서 볼 수도 있지만 그 반대의 의미로도 볼 수 있다. 미워하는 사람은 증오의 대상에게서 벗어나지 못하고 비극적으로 묶여 있으며 끊임없이 그 또는 그녀에 대한 기억을 되새기며 비난한다. 미움은 사랑의 반대가 *아니라*, 왜곡된 형태의 사랑이다(엄밀히 말하면 상대방에 대한 진정한 사랑이 아니라 처음부터 자기중심적인 사랑이다.). 사랑의 반대는 무관심이다.

2. 분노와 격노는 스스로를 잠식할 수 있는 잠재력을 가지고 있다. 처음에는 자제할 수 있는 속상함과 실망감으로 시작한다. 그러나 계속해서 맴도는 생각들이 그들 주위에 어두운 거미줄을 엮는다. 예를 들어 "왜?" 그리고 "내가 왜 이런 일을 당해야 하지?" 그리고 "그들이 나에게 어떻게 이런 짓을 할 수 있지?"와 같이 감정의 부정적인 강도가 점점 증가하고 화와 분노가 치밀어 오른다. 이것은 자연스럽게 놀랍도록 불균형적인 공격성의 폭발로 이어질 수 있으며, 이는 다른 사람들에게 완전한 과잉 반응으로 인식된다. 다른 사람들은 그들이 화가 나고 실망한 이유는 알지만, 분노를 폭발한 사람의 마음에 엮인 생각의 그물망에 대해서는 전혀 알지 못한다.

3. 이러한 감정의 자기 강화 경향을 완화하기 위해, 속상함과 실망감에 대한 초기 대응책으로 생각을 일시적으로 다른 곳으로 분산시키는 것이 좋다. 생각이 고통의 근원을 맴돌게 해서는 안 된다. H 씨는 런닝머신에서 '스위치를 끌' 수 있었다고 보고했다. 매우 좋다! 심호흡하기, 산책하기, 독서, 음악 연주하기, 그림 그리기, 코딩, 요리, 청소, 박물관 방문 등 '수

동적' 활동보다 '적극적' 활동은 자제력을 유지하는 데 도움이 된다. 생각으로 인해 속상함과 실망이 증폭되지 않는다면, 모든 도덕적 억제력을 태워버리는 활활 타오르는 불길로 번지지 않는다. 이를 통해 궁극적으로 고통의 원인인 사람 자체를 향한 *의도적으로 지시된 생각*thoughts purposefully directed을 바탕으로 용기 있는 결정을 내리고 신중한 행동을 취할 수 있는 기회를 얻게 된다.

생각의 분산과 지시된 생각의 움직임 양측면에서 H 씨를 주의 깊게 지원하는 것이 중요할 것이다. 그는 수잔느에 대한 노여움이 폭발하는 것을 피해야 한다. 왜냐하면 그는 분노 상태에서는 그녀로부터 자신을 해방시킬 수 없기 때문이다. 동시에 그는 희망을 가지고 나아갈 수 있도록 그녀로부터 내면의 거리를 확보해야 한다.

쇤펠트: H 씨는 어떻게 다시 일어설 수 있는가? 그가 가장 먼저 해야 할 일은 지난 3년 동안 소홀히 했던 것, 즉 자신의 삶을 관리하는 것이다. 좋은 우정과 스스로 선택한 일이 있는 삶. 한 가지 목표는 저녁에 잠자리에 들 때 하루를 의미 있게 보냈다는 것을 확인할 수 있도록 하는 것이다. 또 다른 목표는 아침이 밝아오면 어떤 일이 기다리고 있을 거라는 생각으로 침대에서 일어나는 것이다. 그는 곧 다시 연락할 수 있는 과거의 지인들을 떠올린다. 그 사람이 오랫동안 연락을 하지 않아서 짜증이 났을 수도 있다. 하지만 그는 그들과 다시 연락을 시도해 볼 수 있다.

나는 그에게 또 다른 제안을 하였다. 스스로 안정된 삶을 살아갈 수 있는 사람만이 다른 사람과도 안정적으로 살아갈 수 있다. H 씨는 이 말을 듣고 놀랐다. 그는 학교 졸업 후 부모님 집에서 나온 이후부터 수잔느와 함께 살기 전까지 항상 파트너와 함께 살았다고 말했다. 그는 자신의 아파트를 가져본 적이 없다. 그는 혼자 잘 사는 법을 몰랐다. 잠시 생각한 후에 그는 내

말에 동의했다. 만약 그가 스스로 살고 만족할 수 있다면 그것은 발전을 의미할 것이다. 그러나 그는 이에 대해 아직 자신이 없다며 제안을 거절했다.

다음 세션에서 그는 이전 친구 두 명에게 전화를 걸었다고 말했다. 그러나 그 친구들과의 관계에 어떤 진전이 있는 것 같지 않았다. 그들은 그의 소식을 듣고 기뻐했지만 어떤 만남도 성사되지 않았다. 그가 더 큰 불행에 빠져들기 전에(모든 사람이 동일하다!) 그가 주도적으로 만남을 요청할 수 있다고 제안하였다. 그는 그 제안이 거절될 위험을 감수해야 한다. 그는 자신의 슬픔을 넘어서 다른 사람들에게 관심을 갖고, 그들이 어떤지 묻고, 그들의 상황에 공감하기 시작해야 한다. 또한 그는 수잔느와 아무 관련이 없는 다양한 사람들과도 소통해야 한다. 세상은 그녀에 대한 그의 집착이 시사하는 것보다 더 넓다.

나는 그에게 두 개의 거실에 대한 비유를 제안하였다. 그가 수잔느와 보냈던 3년은 이 거실 중 *하나*로 대표된다. 이 방은 어떻게 꾸며졌는가? 수잔느의 존재가 그 거실의 거의 전부였다. 그 다음에는 그의 개, 개와 함께 산책한 일, 그의 직업과 수잔느의 가족도 있었다. 그것이 전부였다. 그는 현재 가장 어려운 곳에 위치해 있다. 그가 떠나야 하는 이 거실과 좋든 나쁘든 이제 들어가야 하는 두 번째 거실 사이의 문턱에 서있다. 그는 *두 번째* 거실에 들어가는 것을 피한다. 왜냐하면 이 새 거실은 거의 완전히 비어 있고 아직 편안함을 느낄 만큼 가구가 갖춰져 있지 않기 때문이다. 거기에 무엇을 넣어야 할까? H 씨는 전혀 모른다. 나는 그에게 체육관이 이미 있고 그의 부모님과 함께 임시 숙소가 있다는 것을 부드럽게 상기시켜주었다. 물론 이것만으로는 충분하지 않다. 그는 공허함을 두려워한다. 그러나 이 공허함은 자신의 취향과 스타일에 따라 미래의 방을 스스로 디자인할 수 있는 자유를 의미하기도 한다. 그는 어떤 전통적인 모델을 선택할 필요가 없고, 다른 사람의 발자취를 따를 필요도 없다. 그에게는 놀라운 점이 있다. 바로 선택의 자유freedom of choice이다!

루카스: 로고테라피의 표준적인 방법은 영적 자유의 존재를 깨닫도록 돕는 것이다. 굳어진 영역에서는 이 자유가 앞으로 열리기 전에 뒤로 열어야 할 수도 있다. 두 거실의 비유가 좋은 예이다. H 씨의 최근 과거를 대변하는 거실(두 번째 거실)에는 그가 잘 사용하지 않은 열린 공간으로 가득 차 있었다. 그에게는 부모님과 행복한 관계를 유지할 수 있는 자유가 *있었다*. 그는 수잔느와의 동거 생활에 우정을 통합할 자유가 *있었다*. 그는 수잔느가 그들의 관계에 만족하는지에 대해 자유롭게 이야기할 수 있었다. 사실이 아니라는 것이 분명해졌을 때 그는 이사하기 전에 그녀에게 작은 아파트를 찾을 시간을 달라고 요청할 자유가 *있었다*. 또한 그는 자신이 개를 키울 수 없는 경우 개를 위해 적합한 다른 집을 찾을 자유가 *있었다*. 치료 과정에서, 이전 삶에서 그에게 존재했던 자유의 공간을 의미 있게 활용할 수 있는 다른 많은 기회를 놓쳤다는 것이 분명해질 것이다.

다년간의 경험으로 볼 때, 이러한 통찰은 H 씨와 같은 환자를 일깨우는 치유적인 방법이 될 수 있고, 현재 그가 가진 영적 자유가 갑자기 명쾌하게 인식될 수 있다. 이런 일이 발생하면 그는 새 거실이 그에게 무엇을 제공하는지, 즉 *현재* 자신이 갖고 있는 자유를 신중하고 적절하게 사용할 수 있는 기회를 즉시 이해하게 될 것이다. *이제* 그는 부모에게 감사하고, 친구를 사귀고, 수잔느를 용서하고, 개가 지금 어디에 있는지 묻고, 개가 있을 곳을 찾고, 세심한 고객 서비스를 제공함으로써 인내심 있는 고용주에 대한 의무를 다할 자유가 있다. 자신의 자유의 공간에 직면한다는 것은 프랭클이 말했듯이 '멋진 동시에 두려운 일'이다. 갑작스러운 큰 책임의식이 뒤따르기 때문에 두렵지만, 운전대에 손을 얹고 세상을 조종하는 일에 참여할 수 있기 때문에 멋진 일이다.

쇤펠트: 다음 상담세션에 H 씨가 왔을 때 아무것도 개선되지 않았다. 그는 앞으로 나아갈 길을 찾지 못했고, 여전히 어떤 접촉도 하지 못했으며, 여전히 항상 울고 있었다. 그는 수잔느에 대해서만 이야기하고 그녀를 거의 초월적인 대상으로 묘사하였다. 나는 수잔느에게서 그의 생각을 딴 데로 돌리기 전에 그에게 한 번 더 '지시적 사고directed thought'를 하도록 하였다. 이 지시적 사고는 그의 비전의 현실성을 더욱 선명하게 해줄 것이다.

그들이 처음 만났을 때 수잔느에게는 이미 남자친구가 있었는데 그녀는 H 씨를 만나기 위해 이전 남자친구와 바로 헤어졌다. 그녀는 옷가게에서 판매 보조원 교육을 막 마친 시점이었다. 수잔느는 20번째 생일을 맞아 부유한 부모로부터 도심에 있는 전통적인 스타일의 아파트를 상속받았다. 아파트에는 개조 공사가 많이 필요했고 가구가 없었다. H 씨는 이 개조 비용과 가구 비용을 그의 카드로 지불했다. 그는 그녀에게 무엇이든 줄 생각이었다.

'무엇이든?' 현명한 일인가? 책임감 있는 선택인가? 그는 그녀를 위해 '무엇이든' 할 생각이었다. 비록 그것이 비상식적인 일이었더라도 그랬을까? 그는 그녀를 위해 살인, 도둑질, 테러 행위를 저질렀을까? 이것이 정말로 사랑인가? 다른 사람을 위해 실제로 '무엇이든' 하고자 하는 의지인가? 아니면 단지 유아기적 의존성인가? *사랑은 상대방을 위해 의미 있는 일을 한다.* 사랑은 관련된 *모든 사람에게* 좋은 일을 한다. 사랑은 공유의 기쁨을 가능하게 하는 일을 한다. 대조적으로 '무엇이든'에는 파괴적인 모든 것이 포함된다. 나는 H 씨에게 수잔느를 위해 '무엇이든' 기꺼이 하겠다고 말한 것이 무슨 뜻인지 다시 물었다. 우리는 많은 돈이 지출되었던 긴 목록을 적었다. 그는 한동안 말없이 이 목록을 바라보다가 자신에게 고개를 저었다. 그리고 그는 왜 그녀를 위해 '무엇이든' 해주고 싶어했을까? 그녀를 잃지 않기 위해? 그렇다면 그는 확실히 계산을 잘못한 것이다!

다행히도 이 '무엇이든'의 소용돌이 속에서 우리는 수잔느의 소원 중 H 씨가 (의미가 있어서) 반대했던 그녀의 소원이 적어도 하나 있다는 것을 발견했다. 그녀는 그와 함께 아이를 갖고 싶다고 자주 말했다. 그는 망설였다. 아파트에 너무 많은 돈을 쓰고 나니, 아이에게 쓸 재정적인 여유가 남지 않았다. 이는 칭찬할 만한 책임감을 나타낸다. 따라서 그는 외부의 압력에도 불구하고 자신의 자유 공간을 어떻게 사용할지 책임감 있는 선택을 할 수 있으며, 앞으로도 이 기술이 필요할 것이다. 나는 그가 이상화한 수잔느의 이미지를 실추시키고 싶지는 않지만, 명백히 그의 무한한 순진함 때문에 그녀는 그를 착취할 수 있었던 것이 분명하다. 한 사람의 약점이 다른 사람에게는 기회가 되는 경우가 종종 있다. H 씨는 지금도 수잔느가 그녀의 아파트에 자신이 구입한 모든 물건을 보관할 수 있다고 말한다. 결국, 그는 현재 머물고 있는 작은 방에 그것들을 넣을 수 없다. 자, 그럼 나중에는 어떻게 되는가? 공정한 금전적 보상은 어떨까?

그는 고개를 저었다. 그녀가 그를 부르는 순간 그는 다시 그녀의 발 앞에 있을 것이다. 나는 그에게 그녀에 대한 '신뢰'에 대해 물었다. 아마도 그는 다시 그녀의 매력에 빠지게 될 것이다. 하지만 과연 그는 그녀를 다시 믿을 수 있을까? 그는 이것에 대해 생각하고 자신있게 대답하였다. 아니요! 그는 항상 어느 순간에나 문이 보여지기를 기대했다. 그는 아무 일도 없었던 것처럼 관계를 계속 이어갈 수 없었다. 그녀에 대한 그의 신뢰는 사라졌을 것이다! 그가 그녀를 다시 믿을 수 있는 타당한 이유가 있어야 할 것이지만 지금은 그렇지 않다. 이것은 확실하게 그가 마음을 잡는 데 영향을 주었다. 사랑은 상호 신뢰 없이는 자라날 수 없다. 그리고 그는 그것을 알고 있다.

루카스: 수잔느를 '초월적인 대상'으로 생각하는 H 씨의 평가는 가치 피라미드의 꼭대기에 있는 가장 높은 가치, 다시 말해 피라미드형 가치체계Stanislav Kratochvil의 전형적인 모습이다. 이 가장 높고 과대평가된 가치는 극히 중요하게 숭배되는 반면, 다른 모든 가치(H 씨의 개, 그의 직장, 그의 가족)는 부차적인 것으로 여겨진다. 피라미드형 가치 체계는 피라미드의 꼭대기가 무너지는 바로 그 순간에 반응성 우울증을 유발한다. 가장 높은 가치를 상실하면 이차적인 가치가 너무 약해 상실의 고통을 견디는 사람을 지탱할 수 없다. 따라서 '바닥 없는 구덩이'로 추락한다. 여기에서 우리가 이전에 물었던 질문에 대한 답을 찾을 수 있다. H 씨를 자연스러운 슬픔에서 반응성 우울증으로 빠지게 만든 이 위기의 요소는 무엇인가? 미성숙함, 자유 공간에 대한 관심 부족, 유아적 의존성, 피라미드형 가치 체계가 결합되어 그의 불행을 배가시켰다. 삶의 많은 구성 요소가 동일한 가치를 갖는 평행 가치 시스템 방향으로 그의 가치를 교정적으로 재조정하는 것만이 회복을 위한 지속 가능한 플랫폼을 제공할 수 있다. 그러므로 그의 삶의 다른 구성요소의 가치가 계속해서 높아지는 것과 동시에 '수잔느'의 가치는 점차 낮아져야 한다.

쇤펠트: 다음 상담에서 H 씨는 수잔느의 전화번호와 이메일 주소를 자신의 전화기에서 삭제했다고 말했다. 그는 의사에게 묻지도 않고 스스로 항우울제 복용을 중단했다. 그는 수잔느가 그에게 사준 옷을 모두 재활용센터에 보냈다. 그는 그녀의 사진을 모두 삭제하고 그녀가 준 선물을 모두 버렸다. 그 후 그는 몇 주 만에 처음으로 잠을 잘 잘 수 있었다. 그가 갑자기 항우울제 복용을 중단한 것을 당연히 좋아하지 않았던 그의 의사는(갑작스러운 중단은 신체에 무리가 되기 때문에 천천히 단계적으로 중단해야 함) 일주일

동안 휴식이 필요하다는 진단서를 발급해주었다. 그 후에 그는 업무에 복귀하고 싶어 했다. 이것은 균형 잡힌 반응은 아니었지만 적어도 자유 속에서 취해진 독자적인 조치를 통해 그가 의존적 단계에서 벗어나는 것을 상징했다. 단지 약간의 서운함이 있을 뿐이었지만 전면적인 분노로 치닫는 것은 피했다.

그 후 몇 주 동안 우리는 두 단계의 치료과정을 더 밟기 위해 노력했다. 우선, H 씨는 수잔느와 함께한 행복했던 3년을 씁쓸함 없이 되돌아볼 수 있었다. 두 젊은이의 관계는 모범적이지는 않았지만 그녀를 열렬히 사랑했고, 이 시기를 슬프기보다는 긍정적으로 기억할 수 있을 것이다. 나는 그의 사랑 개념에 대해 질문하고 조금 확장하는 데 시간을 할애하였다. 나는 질문하였다. 성공적인 관계는 어떤 모습이어야 하나요? 결국 그는 수잔느를 만나기 전에 이미 많은 여성들과의 관계를 경험하고 헤어졌고 그 다음 그녀는 마침내 그에게 이별을 통보했다. 그렇다면 일시적이고 빠르게 변화하는 시대에 영속성과 지속가능성을 가져올 수 있는 것은 무엇일까? 우리는 가능한 답변을 생각해보았다.

우리의 두 번째 주요 주제는 그의 새로운 거실을 꾸미는 것인데, 이는 계속해서 힘든 작업이었다. 마침내 그는 사촌 중 한 명과 연락을 취하는 데 성공하였다. 그의 사촌은 결혼했고 자녀가 있었다. H 씨는 그를 방문하는 것을 좋아하였다. 비좁은 아파트에서 그의 부모와 함께하는 생활은 불편했다. 그러나 그는 부모와 개인적인 관계를 다시 회복해갔다. 몇 달이 걸려 빚을 갚자마자 그는 자신의 아파트를 구하기로 결심하였다. 그는 다시 개를 키우고 싶었고 도시에서보다 시골에서 운동하기가 더 수월했기 때문에 시골로 이사하는 것을 꿈꾸었다. 그 사이 그는 개 품종을 조사하고 인터넷에서 사육사를 검색하고 있었으며, 이는 그의 상처가 천천히 치유되고 있음을 분명히 보여주는 것이었다.

루카스: 사람이 고통스러운 상황에 처해 있을 때는, 마치 더 높은 권력이 잔인한 게임을 하는 것처럼 이 고통스러운 상황이 전혀 의미가 없어 보일 수 있다. 영적으로 확고한 기반을 갖춘 사람이라도 재해가 발생하면 때때로 하나님을 향해 매우 화를 낼 수 있다. 그러나 시간이 지남에 따라 이러한 생각은 크게 바뀔 수 있다. 놀랍게도 환자들은 수십 년이 지난 후, 돌이켜보면 과거의 고통에서 의미를 찾을 수 있었거나, 자신의 끔찍한 경험에서 어떤 좋고 가치 있는 일이 나왔다는 것을 인식할 수 있다고 말한다. 어떤 사람들은 "그 경험을 통해 나는 엄청나게 성장했다"고 말한다. 다른 사람들은 "그것이 나를 길에서 벗어나게 했고, 다른 방법으로는 결코 가지 않았을 예상치 못한 길로 나를 데려갔지만 지금은 행복하고 행운이라고 느낀다"고 말한다. 또는 "비슷한 상황에 처한 다른 사람들에 대한 예리한 이해와 동정심을 갖게 됐다"고 말한다.

H 씨도 같은 일을 겪을 것이라고 확신한다. 미래의 삶에서 그가 지금 아파하고 있는 일을 기뻐할 날이 올 것이다. 그는 이 고통을 통해 배워야 할 것이 무엇인지 겸손히 이해하고 이 새로운 시작에 놓여 있는 마법에 감사하게 될 것이다.

쇤펠트: H 씨가 직장에 복귀했다. 그는 그것이 어렵다는 것을 알았지만, 그가 보험 고객에게 집중하는 시간은 그를 돕고 안정시키는 데 도움이 되었다. 그것들은 그가 여전히 씨름하고 있는 어두운 기억으로부터의 도피처를 제공한다.

그가 안정을 되찾고 우울증을 극복하는 데는 약 6개월이 걸렸다. 그의 새로운 '거실'은 점차 편안해지고 있다. 여기에는 체육관에서의 저녁 시간이 포함된다. 불행히도 그는 여전히 사회적 접촉이 제한되어 있지만 이를 해결하기 위해 다양한 계획을 가지고 있다. 아마도 그는 포르투갈로 이주한 오랜 학교 친구와 함께 여름을 보낼 것이다. 그는 그의 가족에 대해 더 많은 것을 알 수 있었다. 그는 포르투갈어로 몇 가지 문구를 배우려고 노력했다. 할 수 있을 것이다. 그는 또한 직업적 방향 전환을 고려하고 있다. 그의 전문적인 경험은 그에게 여러 주요 보험 회사에서 일자리와 승진 기회를 제공할 것이다. 지속적인 교육을 받고자 하는 계획은 그의 미래 프로젝트 목록의 최상위에 있다.

그의 계획은 아직 막연하지만 점차 구체화되고 있다. 그의 관심 범위가 눈에 띄게 증가했으며 이는 그의 정신적 상처가 치유되고 있다는 확실한 증거이다.

로고테라피스트에 의한 사례 연구

불안

루카스: 신학자 유겐 비저Eugen Bieser는 두려움을 우리 시대의 근본적인 감정이라고 묘사한 적이 있다. 물론 '우리 시대'는 광범위한 표현이다. 또한, 전 세계 다양한 사람들의 '근본적인 감정'은 결코 모두 동일하지 않다. 그럼에도 불구하고 비저의 주장에는 일리가 있다. 평균 불안 수준이 실제로 증가했다. 빈곤국가와 빈곤 지역의 불안에 대한 통계적 연구는 많지 않다. 그러나 일상적인 생존이 보장되지 않는 곳에서는 기본적인 두려움이 행동을 통제하는 것은 이해할 수 있다. 반면 상대적으로 잘 사는 부유한 지역 주민들의 불안이 높다는 것은 놀라운 일이다. 이는 해당 주제에 대한 활발한 인터넷 토론뿐만 아니라 불안 장애의 우려스러운 증가를 보여주는 연구 결과에서도 볼 수 있다. 우리는 번영이 실제로 불안을 해소하지 못한다는 결론을 내릴 수 있을 뿐이다. 부는 항상 그것을 잃으면 어떻게 될지에 대한 불안한 의문을 불러일으킨다는 점에서 이해할 수 있다. 인류가 소유물, 데이터베이스, 에너지 공급업체, 컴퓨터 프로세서 등 모든 것에 더 많이 의존할수록 이러한 경제적, 기술적 지원의 실패로 인한 혼란을 걱정하지 않을 수 없다. 그리고 현재 세계의 정치, 기후, 생태 구조가 불안정해 보이는 상황이기

때문에, 불안한 비관론이 많은 사람들의 마음을 짓누르고 특권층의 *삶의 기쁨*을 어떻게 빼앗는지 이해할 수 있다.

이제는 특권층만이 심리치료의 도움을 받을 수 있다. 유능한 상담사에게 당신의 걱정과 두려움을 맡길 수 있다는 것은 진정한 사치이며, 이 상담사가 이러한 정신적 부담을 덜어줄 수 있는 적절한 단어를 찾아낸다면 큰 행복이 될 것이다. 상황에 맞는 '올바른 단어'에는 종종 성경의 계명을 연상시키는 내용이 포함된다. '동산에 있는 모든 나무의 열매는 자유롭게 먹되, 선악을 알게 하는 나무의 열매는 먹지 말지니라…' 바로 이것이다: '모든 것을 바랄 수는 있지만 *아무것도 기대해서는 안 된다!*' 자세히 설명하면: '즐거운 것은(불평의 방식으로) 기대하지 말아야 하는데, 이는 쓰라린 실망을 초래하기 때문이다. 또한 불쾌한 것(예언처럼)은 기대하지 말아야 하는데 이는 두려움을 불러일으키기 때문이다.' 저명한 의사인 빅터 E. 프랭클Viktor E. Frankl은 관점의 변화를 통해 이 호소를 지혜롭게 표현하는 어록을 남겼다. '중요한 것은 당신이 인생에서 무엇을 기대하는지가 아니라 인생이 당신에게서 무엇을 기대하는가이다!'

기대expectation는 사람을 수동적으로 만들고 자신이 통제할 수 없는 상황에 휘둘리게 하지만, 중요하고 의미있는 것이 *그 사람에게* 기대된다는 인식은 사람을 능동적이고 준비되게 하며 용기 있게 만든다. 문제는 다른 사람들이 당신에게 무엇을 기대하고 원하는지가 아니라, 프랭클이 분명히 강조했듯이 '삶이' 당신에게 무엇을 기대하느냐이다. 또한 다음과 같이 말할 수도 있다: 모두를 위한 성공적인 결과를 위해, 평화롭게 함께 살기 위해, 존엄성과 품위, 윤리와 로고스logos를 위해. 특정 현재 상황에서 요구되고 필요한 최선의 방법이 무엇인지에 초점을 맞춘다고 해서 모든 두려움이 사라지는 것은 아니지만, 두려움은 영향력이 덜한 생각의 배경으로 밀려나게 된다.

무슨 일이 있어도 인생이 당신에게 요구하는 것이 항상 있을 것이며, 이 요구에 응하는 것이 항상 '좋은' 일이 될 것이다. 외부 상황이 아무리 변하더라도, 당신에게는 항상 그렇게 할 수 있는 기회가 있을 것이다. 어려울 때 위로가 있다면 바로 이것이다.

풍부한 심리치료 경험에서 얻은 사례 연구를 사용하여 내 동료는 프랭클의 격언이 혼란스러운 경우에 어떻게 유용하게 적용될 수 있는지 설명한다.

쇤펠트: I 씨는 42세이다. 남편과의 관계에 때때로 긴장감이 있지만 그녀는 '평생의 사랑'과 결혼했다는 생각이 확고하다. 그녀의 두 자녀는 학교에 잘 다니고 있다. 가족은 온전하다. 두 부부 모두 성공적인 경력을 갖고 있으며 일을 즐긴다. 그들은 시골에 작은 집을 지었고 행복하고 만족할 충분한 이유가 있다.

I 씨는 한동안 심한 허리 통증을 앓고 있었다. 그녀는 거의 3년 동안 전문적인 치료를 받아왔지만 지금까지는 별 도움이 되지 않았다. 결국, 그녀의 정형외과 의사는 아마도 그녀의 문제의 원인이 정신적 문제일 것이라고 제안했고, 심리치료를 권했다. 이것이 그녀가 나에게 온 이유이다. 그녀는 나를 처음 만났을 때, 자신의 생각으로는 직장과 가족과 관련된 일부 일이 잘 되지 않았다고 하였다.

첫 번째 대화 주제는 그녀의 결혼이었다. 부인은 남편을 사랑한다. 20년 전 그녀가 그를 처음 만났고 즉시 그와 사랑에 빠진 이후로 크게 변한 것은 없다. 안타깝게도 수 년에 걸쳐 그들의 관계는 대부분 공허한 의식이 되어버렸다. 서로에 대한 감정은 부분적으로 식어갔다. 그녀와 남편은 그들의 관계가 어떻게 달라져야 한다고 생각하는지에 대해 많이 이야기한다. 그들은 무엇이 잘못되었는지, 서로에게 무엇을 기대하는지에 대해 이야기한다.

그러나 그 대화는 원을 그리며 맴돌다가 몇 시간이 지나면 그 어느 때보다 더 불행해졌다. 남편이 *만일* 자신이 하는 일을 좀 더 궁금해하고, 조금 더 열정적이고, 어려운 사춘기 아들에게 좀 더 관심을 기울인다면... 모든 것이 괜찮아질 거라고 I 씨는 하소연한다.

나는 I 씨에게 다음에 대해 생각해보기를 요청하였다. 우리 시대에는 다른 사람에게 기대를 갖고 다른 사람들이 그 그대를 충족시켜 주기를 바라는 것이 매우 일반적이다. 그러나 좀 더 자세히 들여다보면 우리의 기대가 다른 사람을 궁지로 몰아넣는다는 사실을 알 수 있다. 우리가 이것을 직접 경험해보면 즉시 이해하게 된다. 누군가가 우리에게 특정한 것을 집요하고 강하게 기대하면 우리는 즉시 '내면의 가시'를 드러낸다. 예를 들어, 우리가 생일 케이크를 요구하지 않았다면 그들은 기꺼이 즐겁게 생일 케이크를 구웠을 것이다. 혹은 "왜 한 번도 우리를 초대하지 않습니까?"라는 비난만 아니었다면 초대하고 싶었을 것이다. 관대해지려는 우리의 욕구는 갑자기 사라진다. 요구되는 선물은 더 이상 선물이 될 수 없으며, 기대에 부응하는 선물은 주는 사람의 의지에 반하여 주어지기 때문에 그것은 강제적인 세금이 되어버리며 받는 사람도 더 이상 순수한 기쁨을 누릴 수 없다. 관계에서 기대는 독립적인 주도권을 마비시킨다. 기대는 마음에서 우러나올 수 있는 모든 것을 압박의 구름으로 덮어버린다. 결론적으로, 나는 그러한 것들이 I 씨와 남편의 관계의 많은 부분에 스며들어 상호 간의 사랑이 소원해졌다고 생각한다.

I 씨는 자신의 기대가 이러한 결과를 초래했을 수 있음을 깨닫고 헛된 기대로 인해 신체적으로 경련이 일어나 허리에 영향을 미칠 수 있다고 덧붙였다. 태도의 변화가 그녀에게 도움이 될 것이다. 모든 기대에서 벗어나 남편이나 동료가 어떻게 행동하는지에 관계없이 자신의 주권에 따라 인생을 자

유롭게 살아갈 수 있기를 바란다! 우리는 '모든 기대치를 0으로 낮추는' 프로그램을 고안하였다. 지금부터 다음 세션까지, 그녀는 남편에 대한 모든 기대를 제쳐두고 *남편이 어떻게 지내는지*, *남편을* 행복하게 만드는 일, 특히 *그가* 잘하는 일, 남편과 함께 즐겁게 할 수 있는 일을 아주 주의 깊게 관찰하는 실험을 시도할 의향이 있었다. 그녀의 남편은 *그녀의* 안녕에 대한 책임감에서 벗어나야 한다. 앞으로 I 씨는 자기 관리를 실천하면서 스스로 남편에 대한 기대를 조절할 것이다. 이를 통해 다른 사람이 주목하고 있는지 여부와 자신을 기쁘게 할 것이 무엇인지를 파악하는 것에 대해 좀 더 독립적이 될 수 있다.

루카스: '아무것도 기대하지 말고 모든 것에 감사하라'라는 미국 슬로건은 위에서 설명한 심리치료적 개입을 완벽하게 요약한 것이다. 내담자와 학생에게 *하지 말아야* 할 것을 절대 말하지 않되, 해야 할 것 또한 말하지 않는 것이 기본적인 교육적 규칙이다. 미국의 슬로건은 우리에게 기대하지 말고 감사하라고 말한다. 외부 세계와 그 필요에 주의를 기울이는 반면 자신의 필요를 채우는 것과 외부세계가 그것을 충족시킬 책임이 있다고 주장하는 집착적 습관에서 벗어나도록 하는 것이 프랭클의 가르침의 특징이다. I 씨는 남편에 대한 기대를 접어두고 남편의 상태와 자질, 사랑스러운 성격에 관심을 두는 것이 좋다. 나는 이것이 그들의 관계를 빠르게 회복시키는 데 좋은 영향을 미칠 것이라고 확신한다.

하지만 I 씨는 자신을 발전시키기 위해 열심히 노력해야 할 것이다. 습관을 바꾸는 것은 어렵고 재발은 쉽다. 또한 유착 현상the phenomenon of collusion은 두 사람의 관계에 뿌리를 내리는 경우가 많다. 이 용어는 법률용어에서 인용한 것으로 속임수와 난독화obfuscation (감시와 데이터 수집을 방해하기 위해서 모호하고 혼란스러운 허위의 정보를 의도적으로 덧붙이는 것)를 의미한다. 심리학 용어로 말하자면, 어떤 사람이 상대방에게 자신의 (아마도 이상화된) 자아상을 지지하게 하는 과정을 말한다. 상대방은 자신의 자아상을 강화하기 위해 '이용'되는데, 이는 '진정한 동기의 난독화'이다. 예를 들어, 자신을 (반복적으로) 희생할 수 있으려면 (지속적으로) 궁핍한 사람이 필요하다. 고통 속에 (계속) 빠져들 수 있으려면 헌신적인(그리고 겁내지 않는) 조력자가 필요하다. 지배하려면 이 약점에서 결코 벗어나지 못하는 약한 사람이 필요하다. 이 모든 것에는 다소 의식적인 계산이 있는데, 개인은 원하는 확언이나 '애정'을 얻기 위해 다른 사람에게 영향을 미친다.

치료를 위해서는 이러한 조작manipulation을 의식 속에 분명히 각인시키고 그 의미를 완벽히 파악할 필요가 있다. 예를 들어 조작은 다음과 같이 설명할 수 있다. "나는 파트너로부터 내 잘못이나 비난의 여지가 없다는 것을 분명히 확인하기 위해 내 실수를 고집스럽게 강조한다." 또는 "나는 상사가 나에게 어려운 일을 맡기지 않도록 무능한 척한다." 또는 "나는 여자친구에게 다정한 위로의 말을 듣기 위해 항상 불평을 늘어놓는다." 또는 "내가 대책 없이 살고 있어서 부모님은 내가 힘들게 되면 계속 도와주실 것이라고 거듭 말하셨다." *이것이 의미가 있을까?*

논리적으로 볼 때, 급진적인 행동 변화는 어느 한쪽에서는 전혀 변화가 없다는 것을 전제로 하는 유착관계의 종결을 의미한다. 갈망하던 '애정'을 용감하게 포기하고 자아상의 변화를 받아들임으로써, 개인은 '학대받는' 파트너가 특정 방식으로 반응해야 한다는 강박에서 벗어날 수 있다. 물론 상대방이 예기치 않게 반응하여 조작을 중단할 수도 있다. 예를 들어, 상사가 무능한 척하는 사람에게 발전을 위해 더 어려운 일을 시키거나, 부모가 무모한 아들에게 이제부터 문제를 스스로 해결해야 한다고 말한다면 그러한 유착은 무너진다.

프랭클의 로고테라피는 지그문트 프로이트Sigmund Freud의 *노출*치료Uncovering Therapy와 대조적으로 *발견*치료Discovering Therapy라고 흔히 불린다. 로고테라피는 사람들이 항상 맹목적으로 반응하는 대신 세상에서 의미 있게 행동할 수 있는 방법을 찾도록 돕는다. 또한 *발견* 치료일 뿐만 아니라 *각성* 치료awakening therapy이기도 하다. 왜냐하면 기존에 고착된 사고방식에서 벗어나 태도와 행동변화가 필요하다는 인식을 갖도록 돕기 때문이며 또한 독립적으로 책임감 있게 타인이 싫어하는 행동을 포기해야 한다는 인식을 갖도록 하기 때문이다.

I 씨가 남편에게 비난을 퍼부을 수 있도록 자신의 기대에 부응하지 못하는 남편이 '필요'했는지 여부를 모르겠다. 아니면 I 씨 남편은 양심에 따라 아내의 끊임없는 요구를 무시하기 위해 만성적으로 좌절하는 아내가 '필요'했는지는 모르겠다. 그럴 가능성은 거의 없으며, 지나치게 해석하고 싶지도 않다. 그러나 두 사람이 이렇게 혼란스러운(자각 없는?) 기둥으로 얽혀 있다면, 내 동료가 내릴 '처방'보다 더 나은 비상 탈출구는 없을 것이다.

쇤펠트: 2주 후, I 씨는 이번의 시도가 자신에게 깊이 뿌리내려 있는 행동 패턴에 맞서 싸우는 것이기 때문에 힘들었다고 보고했다. "하지만 효과가 있을 때는 기분이 좋아요"라고 말했다. 저녁 식사 때 그녀는 남편의 말을 더 많이 경청하고 직장에서 어떻게 지내는지 물었다. 그녀는 아무런 요구도 하지 않고 자녀들에 대해 이야기했다. 그들의 대화는 곧 더욱 다양하고 흥미로워졌다. 가족생활은 더욱 편해지고, 즐겁고, 유쾌해졌다. I 씨는 이 길을 계속 가고 싶어한다. 근엄하고 단호한 이 여성은 엄격한 삶의 방식에 대한 고삐를 느슨하게 풀자 육체적 긴장감마저 사라지는 것을 느낀다.

특히 *한 가지* 습관이 바뀌었다. 그녀는 남편이 자신에게 사랑의 표현을 해주기를 종종 기다렸다고 한다. 마찬가지로, 그녀는 동료들이 그녀에게 충분히 예의를 갖추었는지, 그녀의 상사가 그녀의 성취에 대해 적절한 인정으로 보상하는지 등을 확인하고 기다렸다. 그녀는 이제 이 습관을 바꾸었다. 그녀는 누구도 다른 사람에게 사랑과 칭찬을 강요할 수 없다는 것을 이해하였다. 그녀는 이 기대 속에 숨어 있던 에너지를 다른 곳으로 전환시켰다. 그녀는 스스로에게 다음과 같은 질문을 던졌다. 어떻게 하면 남편, 자녀, 동료에게 감사하고 그들에게 친근하게 다가갈 수 있을까? 친절한 말을 전할 수 있는 곳, 도움의 손길을 줄 수 있는 곳은 어디일까? I 씨는 이러한 역전된 관점이 매우 좋다고 보고하였다. 다른 사람들과의 상호작용과 그로 인해 자신의 삶이 얼마나 편안해졌는지 생각하고 놀라워했다.

지금은 일상생활이 이전에 비해 많이 좋아졌고 순조롭지만, 그녀는 아직 말하지 못한 문제를 털어놓았다. 그녀는 이야기하기 매우 어려워했다. 그녀는 10년 넘게 공황발작panic attack으로 고통받고 있다. 이 증상은 그녀의 어머니가 거의 1년 동안 집에서 심하게 아팠을 때 시작되었다. 어머니의 병은 치명적일 수도 있었지만, 다행히 회복되었다. I 씨는 집을 떠난 지 오래되었다. 그녀에게는 두 명의 어린 자녀가 있었고, 남편과 함께 집을 지을 예정이었다. 그녀가 아버지를 돌봐야 한다는 것은 분명했다. 문제는 아버지에게 간병인이 필요한 것이 아니었다. 아버지는 가사도우미의 도움을 받고 있었다. 그가 감당할 수 없었던 것은 정신적 고통이었다. 이 정신적 고통으로 I 씨의 아버지는 거의 붕괴되고 있었다. 당시 I 씨는 아버지와 거의 매일 통화를 했고, 그는 늘 울고 원망하며 자신이 불행하다고 토로했다.

그녀의 공황발작이 다시 시작된 것은 바로 이때였다. 뚜렷한 원인도 없이 갑자기 공황발작이 발생하여 숨을 쉴 수가 없었다. 불안 발작 중에 그녀가 생각할 수 있는 유일한 것은 공황 상태로 죽을 수도 있다는 것뿐이었다.

루카스: 환자들이 신뢰 관계가 확립된 후에야 치료사에게 가장 시급한 문제를 털어놓는 경우는 전혀 드문 일이 아니다. 실제로 다른 사람에게 자신을 공개하고 그들이 숨기고 싶은 '비밀'을 노출할 수 있는지 확인하기 위해서 처음에 그들은 종종 더 피상적인 문제를 던져 치료사를 시험한다. I 씨의 불안 신경증이 치료 과정에서 밝혀진 것은 다소 놀라운 일이었다. 그녀는 다소 까다롭고 엄격하며 단호한 여성으로 보이므로 그녀가 다른 사람들에게 두려움을 불러일으킬 것이라고 기대할 수도 있다. 그러나 한 가지는 처음부터 숨겨진 두려움, 즉 정형외과 의사가 의심하는 정신적 문제의 신체적 영향이 관찰되었다. 강한 두려움은 정서적 영역의 바깥 경계를 뚫고 신체의 물리적 수준으로 들어가 면역 체계를 약화시키고 다양한 신체증상을 일으키기 쉽다. 대표적인 예로는 식물성 정신증후군vegetative psychosyndromes과 근육 긴장(예: 허리 통증), 심장 두근거림 또는 산소 요구량 증가(예: 호흡곤란)와 같은 교감 신경계의 과도한 흥분으로 인해 발생할 수 있는 모든 증상이 있다.

최악의 상황은 강한 두려움의 유발요인이 사라졌음에도 여전히 강한 두려움이 남아있을 수 있다는 것이다. 이는 유발요인으로 인해 증상이 시작되고 바람직하지 않는 결과를 초래하지만, 불행히도 유발요인이 사라져도 두려움이 없어지지 않음을 의미한다. 이것의 전형적인 예는 또래 압력의 결과로 담배를 피우기 시작한 십대이다. 그 또는 그녀는 아마도 이 또래 그룹과 헤어진 후에도 계속 담배를 피울 것이다.

이러한 이유로 과장된 두려움, 중독 또는 나쁜 습관 등의 경우 원래의 유발 요인을 찾는 것은 거의 의미가 없다. 유발요인이 무엇인가는 더 이상 도움이 되지 않는다.

I 씨는 자신의 공황발작의 유발원인이 무엇인지 이미 알고 있다. 어머니의 심각한 질병과 아버지의 과도한 고통 때문이다. 아마 아닐 수도 있다. 그녀의 이야기에는 두 가지가 눈에 띈다. 한편으로 그녀의 아버지의 행동은 분명히 절망적이었다. 물론 배우자를 잃을 것이라는 위협과 이 과정을 지켜봐야 하는 고통은 매우 어렵다. 그러나 I 씨의 아버지 역시 딸에게 엄청난 부담을 안겼다. 아마도 그는 불안 장애에 걸리기 쉬운 성향이 있었을까? 이는 I 씨의 반응에 *유전적* 요소가 있을 수 있음을 시사한다. 아니면 I 씨의 아버지가 그녀에게 나쁜 *역할 모델*로 행동하고 있을 수도 있다. 두 번째 가능성은 첫 번째 가능성을 기반으로 한다. I 씨는 정신적으로 심약한 아버지를 고통 속에 홀로 남겨둔 것에 대해 *죄책감*feelings of guilt을 느꼈을까? 그녀는 집을 떠나 자신의 가족을 꾸렸지만, 그녀의 아버지는 울면서 불평하고 있었다... "나는 아버지를 돕기 위해 서두르지 않을 거야"라고 생각했을 것이다. 타고난 성향과 나쁜 역할 모델 - 공황발작을 초래하기에 충분하다.

쇤펠트: 나는 그녀에게 공황발작에 대해 자세히 물어봤다. 그러나 이 대화에서 구체적인 내용은 나오지 않았다. 부인의 공황발작에서 유일하게 식별할 수 있는 것은 자신의 죽음에 대한 막연한 두려움뿐이다.

과거에 I 씨는 이러한 공황발작이 하루에 최대 열 번까지 발생하는 나쁜 시기가 있었지만, 일주일 동안 공황 상태가 없는 기간도 있었다. 그녀는 자신의 공황발작이 언제, 왜 자주 발생했는지 설명할 수 없다. I 씨가 알아차린 유일한 점은 그녀가 다른 사람들과 함께 있을 때(자신에게 집중하지 않을 때) 결코 공황 발작을 일으키지 않는다는 것이다. 근무 시간 동안 화장실에 갈 때, 즉 몇 분 동안 혼자 있을 때 발작이 발생할 수 있다. 때때로 그녀는 감정의 기압계가 심하게 요동치는 가운데 밤에 잠에서 깨기도 한다. 이것은 그녀에게 *두려움에 대한 강한 두려움*을 갖게 했다. 그녀가 아침 일찍 집을 나서면서 가장 먼저 하는 생각은 '오늘은 공황발작이 없었으면 좋겠다'는 것이다. 그녀는 가능한 한 혼자 있지 않으려고 노력한다.

우리는 모든 생물학적 생명체가 향하고 있는 죽음의 불가피성에 대해 잠시 이야기하였다. 물론 그녀가 언젠가 죽는다는 것은 슬픈 일이지만, 그것이 지금 공황발작을 겪을 이유가 되는 것일까? 예를 들어, 교통 체증이 심할 때 길을 건너는 것이 두려운 경우, 이것은 우리의 생명을 보호하는 데 도움이 되는 '좋은' 두려움이다. '좋은' 두려움은 위험을 감수하려는 우리의 의지를 억제하기 때문에 죽음의 필연성을 밀어내는 경향이 있다. 그러므로 우리는 '좋은' 두려움을 유지해야 한다. 그녀의 공황발작은 '좋은' 두려움인가? 그렇지 않다, 그것은 그녀에게 도움이 되지 않고, 반대로 어떤 것으로부터도 그녀를 보호하지 않으며, 그녀의 삶에 매우 부정적인 영향을 미친다. *따라서 공황발작은 예방되어야 한다*.

'좋은' 두려움과 달리 '나쁜' 두려움의 기원은 제한적인 관심사일 뿐이다. 추측할 수는 있지만, 그 기원을 정확히 안다고 해도 어떻게 제거해야 하는지에 대한 질문에는 해답이 없다. I 씨의 공황발작은 처음에 심각한 심리적 스트레스 상황에서 나타났으나, 다른 수많은 사람들은 공황발작 없이 극심한 심리적 스트레스에 노출되어 있다. 부적절하고 '나쁜' 두려움은 어려움이 없는 경우에도 갑자기 삶에 끼어들 수 있다는 것을 이해해야 한다.

일상 생활에서 이러한 두려움을 어떻게 제거할 것인지에 대한 질문은 그 기원을 추측하는 것보다 훨씬 더 중요하다. 빅터 E. 프랭클은 이러한 목적을 위해 매우 효과적인 도구, 즉 역설적 의도법paradoxical intention을 개발하였다. 이 방법은 두 가지 간단한 사실에 기초한다.

1. 두려움과 소망은 상호 배타적인 것으로, 누구도 두려움과 소망을 동시에 가질 수 없다. 예를 들어, 경찰이 초인종을 누르는 것을 두려워하면서도

동시에 경찰이 그렇게 해주기를 간절히 바랄 수는 없다. 소망과 두려움은 서로를 가로막는다.

2. 상호 배타적인 또 다른 두번째 사실은 두려움과 유머이다. 어느 누구도 기쁨으로 큰 소리로 웃으면서 동시에 두려움에 떨 수 없다. 다시 말하지만, 이 두 가지는 서로를 차단한다.

역설적 의도법은 환자가 공황발작과 관련된 불필요한 두려움과 이 모든 위협적인 제스처를 유발하고 조롱하도록 유도함으로써 다음의 두 가지 사실을 활용한다. 두려움은 (역설적인) 소망과 (역설적인) 유머라는 *두 가지 방식으로 차단된다*. 이 이중 봉쇄는 뿌리 깊은 유전적 또는 후천적 취약성이 있어도 두려움을 차츰 녹아내리게 한다.

나는 I 씨에게 이 용해 프로젝트에 도움이 될 작은 요령에 대해 설명했다. 가능한 한 재미있는 이름을 붙이면 격렬한 두려움에 용감하게 맞서고 그것을 다루는 것이 더 쉽다. 나는 적절한 표현을 찾을 때까지 I 씨의 환상과 조화를 이루는 몇 가지 가능성을 시도하였다. 이제부터 그 무서운 공황발작을 '*메뚜기*'라고 부르게 된 이유는, 갑자기 튀어나와 *겁*을 주려고 하기 때문이고, 깜짝 놀랄 만한 모습을 하고 있기 때문이며, 눈에 보이는 모든 것을 파괴하는 큰 떼의 메뚜기의 모습을 연상시키기 때문이다. 우리는 상상력이 풍부한 그녀의 설명을 구체화하였다: 메뚜기는 매우 못생겼고 검은색이며 흉칙한 다리가 많이 있다.

루카스: 한 성경학자는 성경에서 '두려워하지 말라'는 명령이 정확히 364번 나오며, 일 년 중 거의 매일 한 번 말해진 것과 같다고 나에게 말한 적이 있다. 이것이 우연의 일치인지 아닌지는 모르겠지만, 인류가 태초부터

두려움에 시달려 왔음을 보여준다.

내 동료가 환자에게 정확하게 설명했듯이 두려움은 일반적으로 보호 기능을 가지고 있다. 만일 아름다운 새들이 두려움 없이 사람들의 어깨와 창턱에 자리를 잡으면 살아남기 어려울 것이다. 새들은 뽑히고, 구워지고, 튀겨지고, 우리에 갇히거나 어린이 장난감으로 학대당할 것이다. 그러나 안타깝게도 생물학적으로 의미 있는 두려움은 암세포처럼 인간에게 번식하기 시작할 수 있다. 엄밀히 말하면 현실에 더 이상 적합하지 않은 비합리적인 두려움irrational fear을 말한다. 이러한 두려움의 성장을 중지시키지 않으면 위험해질 수 있으며 심지어 암세포의 전이와 같은 유사한 형태를 형성할 수도 있다. 처음에는 차를 운전하는 것을 두려워하고, 다음에는 버스와 기차 타는 것을 두려워하고, 다음에는 사무실, 식당 등에 들어가는 것을 두려워하게 된다. 결국에는 순전히 '두려움에 대한 두려움'이 삶을 지배하는 폭군이 된다.

비합리적인 두려움이 확산되는 것을 허용할 경우 발생되는 위험은 세 가지이다.

1. 개인의 가능한 모든 활동이 점점 제약을 받게된다. 그 사람의 생각 중 일부는 실제로 추구하고 싶은 일이나 현재 해야 하는 업무에서 끊임없이 멀어지고 있다. 그 사람의 머리는 일어날 수 있고 일어날 모든 끔찍한 일들로 가득 차게 된다. 다른 모든 것은 부차적인 것이 되고, 그 사람은 주의가 산만해지고 안절부절하게 된다. 밤에도 거의 휴식하지 못한다.

2. 비합리적인 두려움은 마술처럼 두려워하는 대상을 끌어당긴다. 두려워하는 사람이 어떤 대가를 치르더라도 피하고 싶은 바로 그 재난을 자주

경험한다는 것은 운명의 아이러니이다. 예를 들어, 남자가 파트너가 바람을 피우는 것을 두려워한다면, 그는 그녀가 자신을 떠날 때까지 질투심으로 그녀를 화나게 할 수 있다. 취업 면접에서 실수하는 것을 두려워하는 사람은 너무 불안해 보여서 불합격할 수 있다.

3. 강한 실존적 두려움은 사람을 의미에서 멀어지게 만든다. 세상의 많은 악, 증오, 사회적 냉담, 파괴적인 행동은 두려움에서 시작된다. 이는 외국인 혐오증의 증가에서 가장 분명하게 볼 수 있지만, 덜 노골적인 탈선에서도 우리는 대규모 두려움에 의해 시작된 방어적 움직임이 종종 무고한 사람들에게 영향을 미치고 고통을 확산시키는 것을 볼 수 있다.

I 씨의 경우 지금까지는 첫 번째 위험만 관련되며 이는 처음부터 두려움에 저항해야 하는 좋은 이유이다. 세 번째 위험에 대한 힌트는 그녀가 남편의 사랑에 대한 증거나 상사의 인정을 끊임없이 요구한다는 점에서 볼 수 있다. 그녀의 귓가에 두려움이 속삭인다. "당신은 사랑받고 있나요? 고마워하나요? 당신은 '누군가'인가요, 아니면 '아무것도' 아닌가요? 그런 속삭임을 진지하게 받아들이는 사람은 누구나 안심할 수 있는 사람을 찾는다.

프랭클의 가장 독창적인 아이디어 중 하나는 불안으로 고통받는 사람들을 두려움(비합리적인 두려움)으로 인해 유발되는 유령으로부터 분리하기 위해 인간의 자기와 거리두기 능력을 활용하는 것이었다; 환자를 두려움으로부터 멀어지게 하는 방법. 두려움과 떼려야 뗄 수 없는 일체감을 느끼는 사람들, 실제로 두려움에 거의 집착하는 사람들은 완전히 두려움에 정복당한다. 그러나 그들이 영적으로 두려움에서 벗어나 두려움으로부터 유익한 거리를 둠과 동시에, 그들은 두려움을 물리칠 수 있고, 지시하고, 조롱하고, 소환하고, 내던져 버리고, 발로 짓밟고, 한 마디로 모욕을 줄 수 있다. 그들은 적, 특히 패배한 적(비합리적인 두려움)에게 할 수 있는 모든 것을 할 수 있다. 비합리적인 두려움은 그 사람이 감당할 수 있을 만큼 작아진다.

쇤펠트: 이제부터 I 씨는 '*메뚜기*'를 괴롭히는 사람이 되고, 그녀는 그것을 유쾌하게 비웃는 법을 배우게 된다. 나는 그녀와 함께 연습하면서 그녀가 두려워하는 상상의 대상에게 명령을 내리도록 지시하였다. 우리는 메뚜기에게 이미 너무 약해졌기 때문에 구석에 있는 의자 밑에 쪼그리고 앉아있으라고 조롱한다. 메뚜기는 전성기에는 하루에 거의 열 번씩 I 씨에게 공황 발작을 일으켰으나 지금은 5번의 공격을 가하는 것도 어려워한다. 이것으로 부족하다! 두렵게 하는 능력을 잃은 메뚜기는 무슨 힘이 있을까? 메뚜기를 확실히 조롱해야 한다. 그렇지 않으면 문이 열릴 것이다! 우리는 효율성을 높이기 위해 일일 계획을 세웠다. I 씨는 나와 세션을 마친 후 무엇을 할 계획인가? 그녀는 여기서 20분 거리에 있는 슈퍼마켓에서 쇼핑을 하고 집에 가려면 10마일을 운전해서 가야 한다. 이것이 메뚜기를 위해 우리가 세운 계획이다. 쇼핑 센터 입구에서 바로 모든 장식을 갖춘 1등급 공황 발작을 제공해야 한다. 정확히 그 장소, 10피트 전후가 아니다. 세심한 작업이 필요하다! 그리고 그것은 단지 워밍업일 뿐이다. 집으로 10마일을 여행하는 동안 메뚜기는 3마일마다 일련의 세 번의 공격으로 약간의 공황 발작을 일으킬 것이다. 오늘은 그것으로 충분하지만 내일 아침 식사 때 새로운 지시가 주어질 것이다.

I 씨는 자신의 의도와 너무도 반대되는 이 (역설적인) 농담을 어떻게 해야 할지 몰랐지만 미소를 참을 수 없었다. 나는 메뚜기에 대해 '그녀에게 지시를 내렸다'. 만약 메뚜기가 저절로 움직이지 않는다면, I 씨는 메뚜기를 옷깃으로 잡고 차창 밖으로 걸어 놓아야 한다. 메뚜기가 너무 우울해 보이면 검은색 다리를 밝은 색으로 칠할 수 있다. 난쟁이같이 작은 생물도 유행을 따라야 한다. 메뚜기는 어디든 I 씨를 따라야 하며 그녀로부터 2피트 정도

뒤에서 복종하는 자세를 유지해야 한다. 단지 부부 침대만 출입이 금지된다. 거기에는 I 씨의 남편만이 허락되는 곳이다. 침대. 메뚜기가 없는 영역이다. 다리가 많은 짐승은 밤에 문 밖에서 기다려야 한다.

I 씨는 감탄하면서 미소를 멈추지 못한다. 그녀는 기대하는 반면 조금 의심스러워하지만 메뚜기 이야기에 기꺼이 동참하였다. 그녀는 상황을 뒤집고 자신이 두려워하는 것을 장난스럽게 바라는 기술을 습득한다. 이제 *그녀가* 책임자이다. 그녀는 자신의 두려움을 무시하고 명령을 내릴 수 있으며, 이때 유머를 많이 사용하여 수행해야 한다. 그녀가 조금만 웃으면 이미 승리한 것이다. 그녀의 메뚜기와 같은 괴물은 이것을 전혀 견딜 수 없다. 메뚜기는 한순간에 오그라들었다.

I 씨는 잠시 망설이다가 용감무쌍하게 의자 아래에 있는 메뚜기를 모아서 차 뒷좌석에 있으라고 명령한다. "네가 예의바르지 않고 순종적이지 않다면 배기관에 집어넣을 거야." 그녀는 중얼거리며 차를 몰고 간다.

루카스: 나는 I 씨처럼 이 이야기를 읽는 독자들도 치료에 대한 유머러스한 접근 방식에 대해 의아해할 수도 있다는 것을 알고 있다. 처음에는 역설적 의도 방법이 유용하고 긍정적인 결과로 이어질 것이라고 믿기 어렵다. 그러나 나는 그렇게 될 것이라고 확신할 수 있다. 인간에게는 감정의 팔레트보다 훨씬 더 많은 것이 있다. 특히 (가장 아름다운 형태의 사랑처럼) 영의 가치에서 비롯된 것이 아닌 정신적 욕구와 조건적 영향에서 비롯된 감정은 이 주장에 이의가 없는 경우에만 효과를 낼 수 있다. 어떤 감정은 부적절하기 때문에 부정되어야 한다. 이러한 감정은 삶을 더 즐겁게 하는 데 기여하지 않는다. 예를 들어 누군가 갈증을 느낀다면 이는 수분 보충이 정말로 필요하다는 뜻이다. 갈증을 느끼면 술을 마실 수도 있다. 그러나 알코올 중독

자가 술에 목말라 한다면 이는 단지 중독의 징후일 뿐이다. 술을 더 많이 마시는 것이 좋을 것 같은 느낌이 들지만 *사실은 그렇지 않다*. 그러므로 그 감정이 알코올 소비로 이어지도록 허용해서는 안 되며, 이는 그 감정에 저항해야 함을 의미한다.

두려움의 감정도 마찬가지이다. 실제 위협을 경고하는 현실적이고 적절한 불안감이 있으며 이에 대해 우리는 이의를 제기할 수 없다. 그러나 적절하지 않은 불필요한 공포감도 있다. 그들에게 굴복하거나 그들의 거짓 경고가 타당하다고 생각해서는 안된다. 역설적인 의도의 도움으로 연출된 드라마는 금세 그 두려움의 허상을 드러낸다. 조롱하는 마음으로 위협적인 결과에 용기 있게 맞서면 나쁜 일은 일어나지 않을 것이다. 유일한 결과는 존재하지도 않는 다모클레스의 검 아래서 너무 오랫동안 움츠러들어 두려움에 이끌려 어떻게든 넘어지는 노예의 해방이다.

쇤펠트: 2주 후에 I 씨가 다시 방문하였을 때 내가 가장 먼저 물어본 것이 그녀가 메뚜기를 데리고 왔는지 여부였다. 수년간 그녀를 괴롭혀 온 공황발작을 줄일 수 있는 용기와 유머를 찾았는지, 심지어는 공황발작을 떨쳐버릴 수 있었는지 매우 궁금하였다. I 씨는 웃으며 무슨 일인지 모르겠다고 대답하였다. 그녀는 실수로 메뚜기를 모퉁이 의자 밑에 두고 와서 내가 말한 대로 메뚜기가 그녀의 차에 들어가지 않은 것 같다고 생각하였다. I 씨는 지난 세션 이후 *단 한 번의 공황 발작도* 겪지 않았다. 그녀는 죽음에 대한 두려움을 전혀 경험하지 못했고 매일 밤 푹 잤으며 메뚜기의 흔적도 전혀 없었다! 그녀는 이해하지 못했으며 그녀의 남편도 마찬가지로 놀랐다. 그녀는 단 한 번의 치료적 대화로 공황발작이 사라질 것이라고 상상할 수 없었지만, 그녀는 공황 발작이 사라진 것에 매우 안도감을 느꼈다. 그녀는 2주 전에도 내 제안에 대해 여전히 의구심을 갖고 있었다고 인정했다. 그럼에도 불구하고

그녀는 그것을 시도해보기로 결정했다. 그녀는 두려움을 의인화하여 코믹한 대화를 나누며 메뚜기를 무자비하게 놀리기도 했고, 실제로 메뚜기는 사라졌다. I 씨는 "내가 잃을 게 뭐 있겠어?"라고 생각하면서 농담도 했다.

정말 기뻤다. 나는 프랭클의 이 치료 방법(역설적 의도)을 효율적으로 적용하는 데 익숙하지만 종종 환자에게는 반복적인 지시와 많은 훈련이 필요하고 일부 환자들은 많은 인내, 연습 및 격려가 필요하다. I 씨는 특별히 예외였다. 하지만 내일이든 20년 후든 어느 시점에 그녀의 두려움이 다시 나타날 수 있다는 점을 솔직하게 알려주어야 한다. 그녀는 이러한 가능성을 자신 안에 갖고 있다. 하지만 이제 그녀는 그러한 두려움을 없애는 방법도 알고 있다. 만약 두려움이 다시 일어나 그녀를 위협한다면, 그녀는 즉시 그들을 쫓아낼 수 있다. 그녀가 지난 몇 주 동안 배운 내용을 통해 그녀는 유머와 역설을 사용하여 모든 메뚜기 후손을 영구적으로 멸망시킬 수 있는 능력을 갖추게 되었다. 기본 연습을 다시 반복해야 한다.

1. 두려움이 과장되는 경우를 주목한다.
2. 그들과 거리를 두고 우스꽝스러운 이름을 지어준다.
3. 다시는 그러한 두려움에 위축되어 움츠러들지 않는다.
4. 오히려 미소를 지으며 숨어 있는 곳에서 두려움을 끌어내어 대화를 나눈다.
5. 두려움이 당신에게 겁을 주고 싶은 것이 정확히 무엇인지 물어본다.
6. 대답이 무엇이든 즐겁고 유쾌하게 받아들인다("당장 죽을 수 있다고 날 협박하는 거야? 좋아, 오늘 나는 세 번 연속으로 죽을 거야. 네가 먼저 죽고, 그 다음 내가 죽고, 그 다음엔 너, 그 다음엔 나, 그럼 너 먼저 죽어봐, 내가 바로 따라할 테니!")
7. 진지하게 받아 들일 가치가 없는 일은 진지하게 받아들이지 않는다. 현실은 비합리적인 문제가 없어도 충분히 어렵다. 평온함과 명랑함

은 이러한 문제를 빠르게 종식시킨다.

나는 I 씨가 매우 자랑스럽다. 일부 여성들은 보석과 모피를 갖고 있지만 그녀에게는 그보다 더 소중한 것이 있다. 그녀는 '자신에게서 나오는 모든 것(그리고 자신의 약점)을 참을 필요는 없다'는 경험을 했다. 자신에 대한 승리만큼 기분 좋은 일은 없다.

1년 후, 나는 그녀에게서 진심으로 고맙다는 감사메일을 받았다. 1년이 지났고 그 효과는 계속되었다. 메뚜기는 더 이상 모습을 드러내지 않았다! I 씨는 행복하고 안도감을 느낀다.

나 역시 안도감을 느꼈다. 그러나 별로 놀라지는 않았다. 나는 로고테라피 방법이 장기적으로 효과가 있다는 것을 알고 있다. 환자가 그들의 '머리카락을 잡고 늪에서 빠져나오는' 방법을 배우면 더 이상 치료사가 필요하지 않다.

로고테라피스트에 의한 사례 연구

강박적 사고

루카스: 생명체로서 우리는 여러 가지 제약을 받는다. 생존하려면 먹고 마셔야 하고 숨을 쉬어야 한다. 지나치게 덥거나 추운 온도는 피해야 한다. 여러 제약목록은 길고... 죽음은 언제나 위협적이다. 동물과 식물도 다르지 않다. '사느냐 죽느냐?'라는 평생의 질문은 결국 존재하지 않는 것이 우세할 때까지 계속된다.

그러나 우리 인간에게는 또 다른 차원이 존재한다. 빅터 E. 프랭클Viktor E. Frankl이 오랜 전통적 사고에 따라 불렀던 *영적 차원*noëtic(spiritual) dimension이다. 그것은 우리를 제한하는 자연적 제약 사이에서 자유를 향한 창을 열어주기 때문에 영적 자유의 차원이라고도 말할 수 있다. 그곳에서 우리는 영적으로 자유로운 결정을 내리고, 개인적인 목표를 설정하고, 자신이 선택한 행동을 수행하고, 자신의 의견을 채택하고, 의미를 찾고, 가치 판단을 내리고, 선택하지 않은 무언가 또는 누군가를 믿을 수 있는 공간을 갖게 된다. 이 창에서 우리는 식물과 동물의 후손 *그 이상인* 영적인 고향을 가진 자녀들이다.

결과적으로 우리는 '창'에서 제약을 받으면 항상 강하게 저항하며 대항한다. 어릴 때 우리의 영이 서서히 깨어나면서 우리는 우리를 통제하려는 부모의 시도에 저항한다. 성인이 돼서는 상사나 어떤 권력이 우리에게 너무 많은 것을 강요하면 분개한다. 어느 국가나 국민을 독재로 탄압하면 국민들은 충성심을 잃게 된다. 강압은 결코 사회적 평화를 창출하거나 유지하는데 적합한 수단이 아니었다. 그것은 인간 정신의 타고난 권리를 좌절시키고 반항하게 만든다.

특히 비극적이고 불쾌한 형태의 강박은 *자기 강박*self-compulsion이다. 인간은 자연과 영을 신비롭게 결합시키기 때문에 생물학적 또는 심리적 중독이 창 안으로 들어와 그것을 방해하기 시작할 수 있다. 질병은 종종 인간의 행동 반경을 좁히지만 어떤 질병은 영의 자유를 정면으로 공격한다. 여기에는 *중독*addiction과 *강박장애*obsessive-compulsive disorder가 포함된다. 신경 과정과 정서적 '협박'을 통해 인간의 의지에 접근하여 점차적으로 그것을 무너뜨린다. 남은 것은 종종 반항할 수 없는 비참한 인간 잔해뿐이다. 인간의 영은 거의 차단되어 역할을 하지 못한다. 그리고 이것은 비존재가 존재보다 우위에 있다는 것을 의미한다.

영적 자유를 제한하는 치매와는 달리, 중독과 강박장애는 치료 및 회복이 가능하다. 하지만 쉽지 않다! 치료사에게도 쉽지 않고, 환자에게도 쉽지 않다. 중독에 빠지는 데는 시간이 걸리지 않지만, 중독에서 다시 벗어나려면 거의 무한대인 '영의 도전적 힘'과 다시 회복하기 위한 불굴의 노력과 인내가 필요하다. 강박장애를 앓고 있는 사람들도 상황은 비슷하다. 종종 유전적 소인으로 인해 청소년기 이후 그들의 생각은 항상 같은 진부함에 시달리고, 추상적인 두려움의 무게에 짓눌려 있었고 자신의 강박적인 생각에서 자신을 방어하는 방법을 배우지도 못했고 시도조차도 하지 못한 미끄러운 비탈길에 서 있는 경험을 해왔다. 영적인 '창' 앞머리는 절박한 감정의 폭풍 속에서 열렸다 닫히기를 반복한다.

쇤펠트: 심리치료 상담에서 강박장애는 흔히 가장 어렵고 힘든 과제 중 하나이다. 나는 그것을 증명할 수 있다. 그러나 그 반대의 경우가 있을 수도 있다. 프랭클의 독창적인 방법 덕분에 단 한 번의 로고테라피적 개입으로 환자를 고통에서 해방시키는 경우도 있다. 나는 최근에 이런 경험을 두 번 연속으로 했는데, 그 일이 어떻게 일어났는지 설명하고자 한다.

사례보고 1:

23세 여성 J 씨는 눈물을 흘리며 절망에 가득 차서 '모든 것이 두렵다'고 말했다. 그녀는 어린 소녀였을 때도 두려워했다. 예를 들어 밤에 잠에서 깨면 겁이 난다. 이 경우, 그녀는 부모님의 침대로 가는 것이 허용되었고, 이는 안정을 되찾게 해주었다. 그녀는 여전히 걱정을 많이 하고 있는데, 이제는 더 이상 껴안을 수 있는 보호 동굴이 없다. 예를 들어, 운전 중에 그녀가 어지러움을 느낀다면 어떻게 될까? 때때로 그녀는 이 무서운 가능성에 너무 골몰해서 실제로 약간 어지러울 때도 있다.

몇 주 전에 J 씨는 나쁜 경험을 했다. 그녀는 친구들과 파티를 하고 있었는데 그중 한 명이 주머니에서 담배 한 개를 꺼내 친구들에게 건네주었다. 모든 사람이 그것을 피우지는 않았지만 그녀는 세 번 피웠다. 왜냐하면 그것이 완전히 편안하고 평온함을 준다고 들었기 때문이다. 그녀는 이런 여유로움을 한 번 느껴보고 싶었다. 마약의 영향으로 다른 사람들은 낄낄거리고 우스꽝스러워질 뿐이었지만, 그녀에게는 마치 공포영화 속에 있는 것처럼 끔찍한 환영이 보였다. 그 이후로 그녀는 그 공포를 다시 마주하게 될까 봐 두려웠다.

그녀는 2주 전에 가장 가까운 친구가 비극적인 오토바이 사고로 사망했다고 했다. J 씨는 유치원 때부터 그녀를 알고 있었다. 두 사람은 같은 직업을 가졌지만 다른 도시에 살았다. 이런 이유로 그들은 거의 매일 서로 전화통화를 하였다. 이 말을 들을 때 이 젊은 여성의 가장 큰 슬픔은 친구의 갑작스러운 죽음으로 보였다. 그 이야기를 하면 울기 때문에 먼저 이 심한 충격에 대해 이야기하자고 제안하였다. 그러나 그녀는 이 제안을 거절하였다. 그녀의 *가장 큰 문제*는 조인트(담배에 대마를 섞어서 직접 말아 피우는 담배)에 대한 생각을 멈출 수 없다는 것이었다. 조인트를 세 번 피운 것 때문에 더이상 생각을 통제할 수 없게 된 것일까? 그녀는 인생에서 다시는 마약에 손을 대지 않을 것이다. 나는 그녀를 괴롭히는 끔찍한 생각에 대해 물었다. "나는 누군가에게 끔찍한 일을 할 수 있다는 생각을 처음으로 했어요. 그 이후로 그 생각이 나를 괴롭혀서 마음에서 지울 수가 없어요." 동시에 그녀는 동물은 물론 누구에게도 해를 끼치고 싶지 않다고 맹세하였다. 그녀는 딱정벌레도 밟지 않을 것이다. 그럼에도 불구하고 그녀의 머릿속에는 "*어쨌든* 넌 할 수도 있어!"라는 생각이 멈출 수 없는 회전목마처럼 맴돌았다.

루카스: 모든 불안과 강박장애의 한 가지 징후는 환자를 사로잡는 생각의 *불균형*이다.

단순히 생각의 불균형이 있는 것이다. 일반인도 지나친 우울함, 지나친 두려움, 지나친 주의, 지나친 관심 등의 증상이 눈에 띄게 과도하다는 것을 금방 알아챌 수 있다. 상실에 대한 반응은 그다지 명확하지는 않지만 또한 중요하다. 위에서 내 동료가 소개한 사례에서 매우 명확히 알 수 있다. J 씨는 가장 친한 친구를 잃은 것에 대해 별로 슬퍼하지 않는다. 그리고 그녀는 자신의 관심사, 직업, 자신이 속한 사회 집단에 대해 거의 언급이 없다.

이러한 정신 장애(예전에는 신경증이라고 불림)가 평상시에는 쉽게 발생하고 재난이 닥치면 사라지는 경향을 보이는 것은 분명하다. 지진이나 홍수로 집을 잃거나 자신과 가족이 지독한 빈곤의 삶을 살아야 한다면, 나쁜 경험을 떠올리거나 예상할 에너지가 거의 남아있지 않다. 과도한 불안감을 느낄 여유가 없다. 빅터 E. 프랭클은 이를 다음과 같이 비유로 표현했다.

"...외부의 고통과 위기 상황이 일반적으로 신경질환 발병률 감소를 동반한다는 것은 경험적으로 아는 사실이며, 개인에게도 삶에서 요구되는 다양한 형태의 긴장은 심리적으로 건강한 영향을 미치는 경우가 종종 있다. 나는 항상 이것을 낡은 건물이 무거운 하중에 의해 지탱되고 강화될 수 있다는 사실과 비교한다."[1)]

젊은 나이에 친구가 사망한 것은 J 씨에게 부담을 주었지만 이것이 그녀에게 요구의 형태를 취하지는 않았다. 만약 그녀가 친구의 장례를 치르고, 유산을 관리하고, 아파트를 팔아야 했다면, 조인트에 대한 생각은 아마도 잊혀졌을 것이다. 그러나 치료사는 이런 종류의 요구를 '처방'할 수 없으며, 이 요구가 진정한 필요에 의해 발생하는 경우에만 도움이 된다. 탈숙고dereflection라는 로고테라피 방법이 있는데, 이는 환자에게 맴도는 생각의 중심을 제거하여 그 생각을 중단시키는 방법이다. 아쉽게도 이 방법만으로는 강한 두려움을 없애기에는 충분하지 않다. 이를 위해 효율적이며 즉각적으로 효과가 있는 방법(우리는 이미 배웠다), 즉 역설적 의도 방법이 있다. 의

1) Viktor E. Frankl, Theorie und Therapie der Neurosen, UTB Ernst Reinhardt, München, 2007, p. 144.

심할 바 없이 내 동료가 바로 그 방법을 활용할 것이다.

그러나 강한 두려움이 사라지고 나면 회복 중인 환자에게 가장 좋은 방법은 탈숙고를 많이 하는 것이다. 그들의 '낡은 건물'은 많은 다채로운 프로젝트와 의미 있는 요구로 단장되어야 한다. 그래야 신경증 성향이 뒷문을 통해 다시 들어올 기회가 없다. 고통에서 회복된 앤 플렉Anne Fleck은 다음과 같은 아름다운 문장을 썼다. "당신이 인생에서 승자인지 알 수 있는 유일한 방법은 다른 사람들을 위해 헌신하면서 자신을 잊는 것이다."[2] 나는 이 문장에 박수를 보낼 수밖에 없다.

쇤펠트: 나는 J 씨에게 그녀가 약물의 효과가 아니라 강박적인 생각을 경험하고 있다고 알려주었다. 강박적인 생각은 그것을 밀어내려는 우리의 욕망에 의해 증폭된다. 그러나 압력이 역압을 낳는 물리학의 원리처럼, 압력을 가하면 가할수록 역압이 더 강해진다. 당신이 싸우면 상대방도 반격한다. J 씨는 이렇게 설명하였다. "너무 무서워서… 너무 끔찍해서 이러는 거예요!"

J 씨가 자신의 강박적인 생각을 없애고 싶어 하는 것은 분명하지만, 이 상황의 논리에 대해 생각해보겠다. "강박적인 생각을 밀어내고 싶은 욕망이 오히려 증상을 더욱 악화시킨다면, 어떻게 해야 강박적인 생각을 없앨 수 있나요?" "밀어내지 않아야 하나요?" J 씨가 소심하게 물었다. "네, 정확히 맞습니다." 내가 대답했다. "그리고 더 나아가서 모든 것을 완전히 바꿀 수 있어요. 심지어 그것을 원해야 합니다! 가장 암울한 생각으로!"

---

2) 잡지 Melchior No. 9/2018, Ch-6300 Zug/ Switzerland에서 발췌.

J 씨는 "전 할 수 없어요!"라고 저항했다. "어쩌면 당신은 해낼 수도 있어요." 나는 그녀를 격려하였다. 또 다른 점이 있다. 강박관념은 *두 가지*에 기반을 두고 있다. 즉, 어떤 대가를 치르더라도 그것을 밀어내려는 욕구와 그 뒤에 숨어 있는 거대한 두려움이다. 논리적인 대응은 무엇일까? 두려움도 이겨내야 한다. J 씨는 이것을 이해한다. 그렇다면 두려움을 순식간에 종식시킬 수 있는 방법은 무엇인가? 가장 문자 그대로의 의미에서, 웃기게, *진심으로 비웃는 것*이다! 두려움은 비웃음을 견디지 못하고 거의 파괴된다!

이제 우리가 해야 할 일은 이 두 가지 무기, 즉 투박한 집착에 대한 역설적인 바램과 건전하고 유머러스한 과장을 동시에 사용하는 것이다. 이렇게 말할 수도 있다: "당신의 어두운 생각은 뭐든 가져와요... 그러면 기분이 좋아질 거예요! 우리 지구는 인구 과잉이라서 오늘은 부엌칼로, 내일은 밧줄로, 다음 날은 쥐약을 써서 뭔가 조치를 취해야 해요. 손에 잡히는 대로 다 죽여버릴 거야!" J 씨가 웃었다. 좋은 신호이다.

여러 가지 가능성을 상상하는 재미가 쏠쏠하다. 과장해서 말하자면 J 씨는 '정말 나쁜 여자가 되는 것'이다. 그녀는 진심으로 웃는다. 이런 터무니없는 과장이 그녀의 건강한 부분을 자극하는 것처럼 보였다. 그녀는 쾌활한 성격을 가지고 있음에 틀림없다. 이 우스꽝스러운 상상은 곧 그녀의 강박적인 생각을 잠재울 수 있게 해줄 것이다. 마지막으로, 그녀는 강박장애를 앓고 있는 모든 사람들이 궁금해하는 질문을 했다. 이 모든 강박적인 생각은 어디에서 오는 것일까요? 왜 이런 끔찍한 상상이 *저*를 괴롭히는 걸까요?

조인트를 세 번 피운 것이 강박적 사고compulsive thoughts의 직접적인 유발요인은 아닐 수 있다. 하지만 J 씨의 유전적 성향이 있을 수 있다. 현대 유전연구에 따르면 신체적 특성뿐만 아니라 심리적 성향도 유전된다는 사실이 밝혀졌다. 우리 모두는 불안정성에 대한 특정 성향, 즉 위험 요인을 갖고 있다. 평생 우리와 함께하는 위험 요소에 대해 부모님께 불평해야 하는가? 부모들도 조상의 유전자의 영향을 받았을 뿐이다. 가장 현명한 방법은 우리 자신이 가지고 있고 주변환경에서 찾을 수 있는 보호 인자를 강화하고 보강해서 이러한 위험 요소를 억제하는 데 사용하는 것이다.

루카스: 내 동료가 여기서 말하는 것을 예전에는 '강박적 성격 구조anankastic character structure'라고 불렀다. 이 용어는 더 이상 사용되지 않지만 적절한 대체 용어는 없다. 이러한 성향을 가진 사람들은 일반적으로 신뢰성, 질서에 대한 사랑, 청결함, 정확성의 탁월한 모범이 된다. 그들은 모든 일을 모범적으로 처리하고 싶어하며, 모든 것이 100% 만족스러워야 하고, 조금이라도 일이 꼬이면 강박적 궤도로 쉽게 빠져든다. 그들의 자발성은 강한 양심의 가책으로 인해 방해받지만, 그들이 행동할 *때*는 고의적이며 의도적으로 행동한다. 어느 정도의 완벽주의는 직업적인 장점이 될 수 있다. 강박적 성향을 가진 사람들은 근무시간을 준수하는 직원, 주의 깊은 운전사, 세심한 장인, 정확한 치과 의사이며, 그들은 완전히 신뢰할 수 있는 기분 좋고 유쾌한 사람들이며 범죄 행위에 빠질 가능성은 거의 없다. 그러나 이러한 특성이 과도해지면 청결은 강박적으로 씻게 되고, 질서에 대한 사랑은 질서에 대한 집착이 되며, 일반적으로 정당한 행동 패턴은 갑자기 끔찍한 범죄를 저지르거나 저지를 수 있다는 악몽 같은 두려움으로 변질될 수 있다.

불완전함에 대한 두려움에 사로잡힌 그들은 강박적 행동의 형태로 나타나는 통제 메커니즘을 통해 자신을 구하려고 노력한다(이 강박적 행동은 그들을 구하는 대신 더 깊은 수렁에 빠뜨린다). 그들은 먼지를 없애기 위해 손가락을 닦고, 집을 떠나기 전에 모든 가전제품의 전원이 꺼져 있는지 열 번씩 확인하거나, 자신이 경범죄를 저질렀는지 아니면 실수로 그랬는지를 끝없이 고민한다. 그들은 *원하지 않는 일을 하지 않는* 내부 보안이 완전히 결여되어 있으며, 이를 전문용어로 '부적절한 증거 감각inadequate sense of evidence (Frankl)'이라고 한다. 위의 예에서 J 씨는 이미 이 단계에 위험할 정도로 근접해 있다.

이런 유형의 성격은 '제발' 잘못된 일을 하고 싶지 않은 도덕적으로 민감한 사람들에 속하기 때문에, 그들에게 역설적인 의도 선언으로 가장 부도덕한 악몽에 맞서도록 지시하는 것은 위험하지 않다. J 씨와 같은 사람들은 유머러스하게 세상에 불필요한 사람들을 제거하기로 결정한다 해도 실제로 주변 사람들에게 총을 쏘거나 찌르지 않는다. 단지 그들의 영혼이 병적인 생각의 불필요한 안정기에서 해방되는 것뿐이다. 그들은 외출준비를 완벽히 하기 때문에, 집을 떠날 때 난로나 촛불을 켜두지 않으며, 큰 화재를 남기려는 역설적인 의도를 적용하면 보호받을 수 있다.

쇤펠트: 나는 J 씨에게 "당신의 강박적인 생각이 어디서 왔든, 언제 나타나든 상관없습니다. 단지 그 생각을 놀려주면 될 뿐이지요."라고 말해주었다. 불안증과 강박증은 서로 어깨를 나란히 하는 형제와 같다. J 씨는 제때에 두 사람을 알아보도록 주의를 기울여야 한다. 비참한 우울은 언제 시작되는가? J 씨는 이제 우울을 발견하자마자 새로운 방식으로 인사해야 한다. "안녕! 우울 양, 잘 있었니? 강박 군! 또 만나서 반가워. 내가 너희들을 포옹하고 뽀뽀해 줄게!" 우울 양과 강박 군은 이런 환영을 견디지 못한다. 그들은 신음소리를 내며 굴복할 것이며 이러한 대화를 할 준비가 되어 있다. 우리는 유머와 과장으로 가득한 대화를 연습하였다. J 씨는 이제 자신의 감정의 노예에서 감정의 주인으로 변신한다. *그녀*는 불행한 형제자매들이 할 수 있는 일과 하지 말아야 할 일을 결정한다. 우리의 치료 세션은 재미있고 J 씨의 얼굴은 밝아졌다. 그녀는 이 방법을 좋아하였다.

나는 그녀의 강박증은 태어난 지 몇 주밖에 안 된 아기였을 때 제때에 조치를 취하는 것이 매우 현명한 일이었다고 설명하였다. 이로 인해 제거하기가 훨씬 쉬워졌다. 그녀는 웃는 것을 좋아하며 유머는 그녀의 가장 강력한 무기이다. 나는 또한 그녀의 *실제 의지*가 이 패러디에 영향을 받지 않을 것이라고 확신한다. 실제로 그녀는 누구에게도 해를 끼치고 싶지 않다. 그녀의 인생을 안내하는 *것은 바로* 그녀이다. 이와 같은 조잡한 집착은 항상 사람의 가장 높은 가치관을 공격한다. 왜냐하면 이것이 가장 악화되기 쉬운 부분이기 때문이다. 그러나 이러한 강박적인 생각은 속임꾼이다. 결코 일어나지 않을 환상을 만들어낸다. 그래서 사람들은 그들을 놀릴 수 있다.

일주일 후 J 씨는 이미 많이 좋아졌다고 말했다. 강박적인 생각은 줄어들었고 거의 완전히 사라졌다. 나는 기뻤다. 그녀는 이것을 어떻게 이루어냈는가?

"글쎄요, 당신 말대로예요. 저는 아무 것도 억누르지 않았고 단지 모든 것을 과장했을 뿐이에요. 강박 군이 제가 다른 사람들에게 해를 끼칠 것이라고 협박했다면 저는 그에게 이렇게 대답했어요: "네 말이 맞아. 점심 식사 후에 나는 톱니 모양의 부엌칼을 들고 모든 문을 두드리고, 문을 여는 사람에게 목을 잘라도 되는지 정중하게 물어볼 거야. 강박 군은 이에 대해 아무 말도 하지 않았어요. 한번은 그가 버스에 올라탔을 때, 저는 승객을 한 명씩 베어내는 환상으로 강박 군을 재빨리 묵살해버렸어요."

그녀가 이렇게 능숙한 대응을 할 수 있었던 비결은 무엇이었을까? 그녀는 두려움을 조장하는 것이 비현실적이며 자신의 실제 의지와 일치하지 않는다는 것을 깨달은 것이 핵심이었다고 강조했다. 이를 통해 그녀는 용기를 내어 재미있는 반응으로 강박 군과 맞설 수 있었다. 나는 그녀를 칭찬했고 재발방지를 위한 안전장치로서 역설적 의도 방법의 주요 요점을 다시 한번 말해주었다. 어느 날 우울 양과 강박 군이 다시 무례하게 그녀의 생각 속에 나타날지도 모른다. 그러면 그녀는 어떻게 해야 할까? 물론, 그녀는 손을 비비며 "만세, 이제 새로운 농담을 할 시간이다!"라고 외칠 것이다.

J 씨는 더 이상 이 주제에 관심이 없고 나보다 더 빨리 목록에서 지워버렸다. 이제 그녀는 자신의 삶의 다른 부분을 되돌아보고 친구의 비극적인 죽음을 애도할 마음의 준비가 되었다.

몇 주 후, 그녀는 예정된 후속 세션에 참석하였다. 그녀의 강박적인 생각은 완전히 사라졌고, 문자 그대로 *우리 둘 모두 더 이상 이야기할 필요가 없었다*.

루카스: 2018년 가을, 독일의 한 건강보험회사는 독일 내 약 백만 명의 어린이가 정신적 어려움으로 인해 치료가 필요하다는 통계를 발표했다. 동시에 예멘 내전으로 인해 백만 명 이상의 어린이가 영양실조로 사망했다는 뉴스도 전해졌다. 이 두 가지 통계를 나란히 놓고 보면, 독일 어린이들은 배고프지 않은 것만으로도 행복하고 감사하지 않을까 하는 의문이 들지만 이것은 아이러니한 질문이다. 육체와 정신에 적절한 영양을 공급받지 못하는 어린이는 모두 가난하다.

치료가 필요한 선진국 어린이들이 실제로 놓치고 있는 것이 무엇인지 생각해 보자. 통계에 따르면 그들은 피로, 불안, 우울증 등 복합적인 원인으로 고통받고 있다. 여기에는 여러 가지 이유가 있을 수 있다. 그중 두 가지에 초점을 맞추고자 하는 이유는 자유와 강박 사이의 극과 극을 잘 보여주기 때문이다.

원인 1:

아이들은 스마트폰 사용에 매우 능숙하지만, 동시에 스마트폰에 대한 의존도도 매우 높아졌다. 스마트폰은 '시간 먹는 하마'이다. 아이들이 하루에

3~5시간씩 스마트폰을 사용하다 보면 다른 것들은 뒷전으로 밀려나게 된다. 여기에는 운동, 함께 놀기(얼굴을 맞대고), 마음으로 교감하기, 충분한 수면 등이 포함된다. 충분한 운동이나 수면을 취하지 않는 것은 신체적, 정신적 건강 모두에 좋지 않다. 함께 얼굴을 맞대고 놀지 않는 것은 사회적 적응에 결코 좋지 않다. 그리고 공부하는 시간이 줄어들면 학교 성적이 저하되고 이는 자신감을 저하시킨다. 학습의욕이 있는, 즉 야망이 있고 성실한, 아이들은 '시간 먹는 하마'로 인해 학교 과제를 수행하는 데 상당한 어려움을 겪는다. 이러한 요구는 최근 수십 년 동안 증가하지 않았지만 이를 충족하기 위해 하루 사용할 수 있는 시간은 놀라울 정도로 감소했다.

원인 2:

사회적 능력을 키우려면 아이들은 서로 부딪히며 갈등을 해결하는 방법을 배워야 한다. 여기에는 학교 운동장이나 거리에서 서로 말다툼을 하는 것도 포함된다. 그러나 소셜미디어에서는 이러한 갈등이 끝없이 계속될 수 있다. 그리고 이러한 갈등은 인터넷에서 혐오발언과 트롤링trolling으로 발전한다. 아이들이 탈출할 수 있고 안전하며 안심할 수 있는 친밀한 가정 내 공간은 더 이상 존재하지 않는다. 부모가 아이를 안아주고 위로할 시간과 마음의 여유가 있다면 좋은 일이지만, 부모도 아이와 마찬가지로 시간적 압박과 피로에 시달리는 경우가 많다. 그렇다면 피로, 불안, 우울증이 증가하고 있다는 사실에 놀랄 사람은 누구일까?

유머는 널리 퍼져 있는 이 문제를 해결하는 데 제한적인 도움이 된다. 그러나 인간의 자유에 대한 이러한 공격을 견딜 수 있게 해주는 또 다른 자원이 있는데, 그것은 바로 *자발적인 포기*voluntary renunciation이다. 대규모 심리치료를 시행한다면, 최고의 기회를 제공할 수 있는 곳은 (빈곤한 국가가 아닌) 선진국일 것이다. 전자 서핑 시간을 줄이면 혜택을 볼 수 있는 것은 어린이들만이 아니다. 많은 중독자들이 중독성 물질을 영웅적으로 포기하는 것만으로도 회복될 수 있다. 강박장애를 앓고 있는 사람들은 완벽을 향한 모든 노력을 단호하게 포기함으로써 대부분 회복될 수 있다. 미세플라스틱으로 인해 먹이사슬이 파괴되어가고 도시의 대기질이 악화되는 상황은 전 세계적으로 과도한 폐기물, 불필요한 운전 등을 포기하려는 의지가 널리 확산된다면 지구 종말론적 예측을 불식시킬 것이다. 이러한 가정이 환상이라는 것을 알고 있지만, 강박문제를 다룸에 있어서는 자발적인 포기가 가장 중요하다. 가장 끔찍하고 불필요한 제약은 사람들이 스스로에게 부과한 제약이다. 영적으로, 사람은 무언가를 포기하는 대가로만 강박을 억제할 수 있다!

여기서 잠깐 여담을 나누었다. 다시 상담사례와 이에 대한 내 동료의 치료적 접근을 살펴보겠다.

쇤펠트: J 씨는 운이 좋았다. (다소 두려운)강박적인 생각이 최근에야 떠올랐기 때문이다. 그녀는 프랭클의 유용한 방법을 즉시 활용하여 도움을 얻었고, 많은 환자들처럼 깊이 뿌리내린 강박관념에 맞서 싸울 필요가 없었다. 그녀는 또한 역설적인 의도가 어떻게 작동하는지 즉시 이해했다. 강박적 고통은 재미와 유희가 되었고, 즉시 무력해졌다.

사례보고 2:

약 9개월 전, 64세 K 씨가 상담을 받기 위해 나를 찾아왔다. 그는 젊었을 때부터 테니스를 좋아했고 평생 열정적인 테니스 선수였다. 주말에는 지역 테니스 클럽에서 청소년 팀을 지도했다.

K 씨는 수면 장애 때문에 나를 찾아왔다. 그는 저녁에 침대에 누워 테니

스 생각을 하며 최근 그랜드슬램 테니스 대회의 결과를 기억하려고 필사적으로 노력했다. A는 B를 상대로 3:1로 이겼고, C는 D를 상대로 2:5로 이겼다. 그는 청소년 팀이 치른 모든 경기 결과를 마음속으로 리허설하기도 했다. 만약 결과를 기억하지 못하면, 잠이 오지 않는다고 말했다. 아침이 되어서야 지쳐서 잠들었고, 다음날 내내 피곤하였다. "숙면을 할 수 있는 처방이 있나요?"

강박장애를 앓고 있는 사람들은 자신의 강박 행위를 숨기는 경향이 있다. 그들은 영적인 자유 속에서 살지 않기 때문에 스스로를 부끄러워하며, 그들의 '비상식적인 행위'에 절대 공감하지 않는 주변 사람들에게 자신의 강박행위를 말하는 것을 더욱 부끄러워한다. 이러한 이유로 강박장애를 앓고 있는 사람들은 자신의 특이한 행동을 보다 수용 가능한 형태로 만들기 위해 모든 종류의 교묘한 속임수를 고안한다. 그들은 자신의 불행을 설명하기 위해 탈진, 따돌림, 우울증과 같은 단어를 사용할 수 있다. K 씨의 수면문제 또한 고통의 직접적인 *원인*이 아니라 *결과*일 뿐이라고 생각했지만, 그는 밤에 잠을 자지 못하는 것에 대해서만 이야기하고 싶다고 했다.

수면장애에 대한 그의 두려움을 완화시키기 위해 내가 그에게 가장 먼저 말해준 것은 잠을 많이 자지 않는다고 너무 걱정할 필요가 없다는 것이었다. 몸은 똑똑해서 나중에 필요한 최소한의 수면을 취한다. 또한 감소된 수면 양을 보상하기 위해 더 깊은 잠에 빠지게 된다. 질이 양을 대체한다. K 씨는 안도의 한숨을 내쉬며 당황함을 가라앉혔다.

둘째, 나는 그의 유머 능력을 테스트함으로써 그의 강박장애의 근본 원인을 확인하고 싶었다.

평생의 열정을 생각하면 테니스 경기에 대한 회상은 이해가 되지만, 지난 경기의 결과를 매일 밤 기억해야 하는 것은 시련이지 기쁨이 아니라고 나는 말했다. 43:27이나 105:0과 같은 환상적인 테니스 결과를 유쾌하게 만들어 이 시련을 게임으로 만드는 것은 어떨까요? K 씨는 별로 감동받지 않았다. 그는 어려워했다. 그는 숫자를 바꾸거나 숫자를 가지고 놀 수 없었다.

셋째, 그의 상상력을 자극하기 위해 '탈숙고적 우회dereflective detour'를 시도하였다. 그는 밤에 자신과 기억력 대결을 할 수 있을까? K 씨는 확실히 한때 그에게 안정감을 주었던 장소에 대한 좋은 추억을 갖고 있었을 것이다. 풀밭에 누워 꽃 위에 펄럭이는 나비를 바라보며... 해변에 앉아 부서지는 파도를 바라보며... 평화와 내면의 고요함을 느끼며... 깨어 있는 시간에 이 장소들을 다시 방문하고 구체적으로 상상할 수 있다면, 그는 곧 예전과 같은 평화로 가득 차게 될 것이고, 테니스 점수의 고통에서 벗어나게 될 것이다. K 씨는 망설였다. 그의 열정은 늘 지루한 풍경보다는 흥미진진한 경기에 대한 것이었다. 그를 진정시키는 유일한 것은 그의 몸이 '어떻게든' 충분한 수면을 취할 것이라는 나의 확신뿐이었다.

루카스: 밤마다 경험하는 K 씨의 기억 범위를 긍정적인 방향으로 확장하자는 내 동료의 제안은 훌륭하지만, 강박적인 생각은 부드러운 방법으로는 극복할 수 없다. 영적 피난처로서 내면의 평화와 휴식과 관련된 '꿈나라'는 낮 동안 스트레스가 심한 사건에 대한 지나친 회상으로 인해 발생하는 '일반적인' 수면 장애에 가장 효과적이다. 그러나 강박 패턴에 맞서려면 노골적인 조롱의 형태로 적극적인 반항이 필요하다. 단단한 절벽은 망치와 정으로 깨질 수 없고 다이너마이트로만 깨뜨릴 수 있는 것처럼, 강박적 사고의 힘도 역설적 의도의 도움을 받아야만 깨뜨릴 수 있다.

이러한 장애를 겪지 않는 사람들은 강박장애가 실제로 얼마나 강력한 정신적 힘으로 작용하는지 전혀 모른다. 그들은 자신의 강박 충동의 통제를 받는 사람들이 본인의 삶을 살아있는 지옥으로 만들 것이라고 상상할 수 없다. 또한 사람들은 이러한 강박적 충동이 허리케인처럼 지성적인 사람들에게도 영향을 미쳐 그들의 이성적인 마음을 실질적으로 마비시킨다는 사실도 이해하지 못한다. 사람들이 자신의 의지를 상상의 두려움에 굴복시킨다는 것은 그들에게는 이해할 수 없는 일이다. 반면에 환자의 이야기를 들어보면 강박행동이 얼마나 파괴적인지 볼 수 있다. 그들은 강박행동을 *계속하고 계속해야 한다고* 주장한다. 일요일에는 모든 쇼핑 영수증을 꼼꼼하게 합산해야 한다. 세균에 감염될 경우를 대비해 속옷은 2시간마다 갈아입어야 한다. 방금 밀봉한 패키지를 열어서 조심스럽게 포장된 내용물에 깨진 유리가 있는지 확인해야 한다. 불행의 전조이기 때문에 인도에 있는 검은 돌을 밟아서는 안된다. 망상에 빠져 테이블과 의자의 모서리를 물어버릴 경우를 대비해 테이블과 의자의 모서리를 천으로 감싸야 한다... 나는 지난 상담경험을 통해 이러한 종류의 말을 수없이 많이 들었다.

최대 15분 동안 대화를 나눈 후에 나는 '반드시'라는 단어를 더 이상 용납하지 않았다. 환자들은 진실에 경의를 표하기 위해 어휘 선택을 바꿔야 했다. 그들은 다음과 같이 인정해야 했다: "나는 영수증을 합산하고, 포장을 다시 해야 한다고 *잘못 믿고 있다*..." 이것은 (아직) 그들을 치유하지는 못하지만, 말은 생각의 표현이기 때문에 말하는 방식을 수정하면 생각하는 방식에 영향을 미친다. 또한 환자들이 *잘못된 믿음*으로부터 거리를 두려는 동기를 강화한다. 누가 속고 싶어하나요? 환자를 어두운 믿음으로 이끈 '사기꾼'은 쉽게 식별될 수 있었다. 그러나 '강박 군'은 이어지는 개입에서 은유적으로 의인화되고 패러디되었다.

1900년 전 마루스 아우렐리우스가 '당신의 삶의 행복은 당신의 생각의 질에 달려 있다'[3]고 기록했을 때, 그는 아마도 강박장애를 생각하고 있지 않았을 것이다.

쇤펠트: 6개월 후 K 씨는 다시 상담을 요청했다. 그의 생일날이 내가 급하게 예약할 수 있는 유일한 날이었다. 그의 절망은 너무나 컸다. 몇 주 동안 그는 잠자리에 드는 것조차 두려워하며 불안해했다. 그의 수면 문제는 더욱 악화되었다. 이제 그는 밤에 모든 테니스 경기결과와 함께 상위권 선수를 모두 '반드시' 나열해야 했다. 그는 모든 토너먼트 우승의 정확한 날짜와 시간을 '반드시' 알아야 하였다. 더욱이, 낮에 중요한 숫자를 듣게 되면 밤에 그 숫자를 '반드시' 외워야 한다. 이제는 텔레비전으로 방송되는 복권 번호와 인근 도시의 시장 선거 결과도 기억한다. 그는 숫자에 대한 기억력이 뛰어났지만, 이제는 오늘의 주식 시장 지수 수치가 확실하지 않으면 '반드시' 일어나서 불을 켜고 옆방으로 가서 수치를 찾을 때까지 잘 정리해 둔 신문을 살펴본다. 신문에서 이 수치를 찾지 못하면 잠을 자지 못한다. 그래서 그는 하루 종일 영국의 최신 정치 여론조사 결과, 유가, 전복된 배에 타고 있던 난민 수 등 몇 페이지에 달하는 수치 목록을 작성하고 잠자리에 들 때 이 목록을 가지고 간다. 숫자가 기억나지 않으면 적어 놓은 목록에서 찾을 수 있기 때문이다. 때때로 그는 평화롭게 잠들 수 있지만 곧 또 다른 질문에 시달릴 것이기 때문에 안도감은 짧다. 그랜드 슬램에서 A와 B가 함께 경기했을 때 결과는 어떠했나? 그의 고통은 끝이 없다. "이건 사는 게 아니에요!"라고 불평한다. "더 이상 견딜 수 없어요!"

3) Lower Austria의 Bad Vöslau 건강 휴양지에서 발행한 2016년 달력에서 발췌

이제 그에게 솔직하게 이야기할 시간이었다. 나는 환자에게 강박적 사고의 위험과 성장에 대해 알려주고 유머로 강박적 사고를 환영함으로써 제거할 수 있다는 사실을 알려주었다. 그러나 가장 중요한 교훈은 이것이다: 그 자체가 강박적인 생각이 아니라 단지 그런 강박적인 생각을 *가지고* 있다는 것이다! 그는 건강한 영적인 사람(!)이며, 이제 우리는 그가 *가진* 병리적 경향을 의인화하여 테니스 전문가처럼 그의 (내면의) 상대와 용감하게 맞설 수 있도록 해야 한다. 이 짜증나는 상대, '강박 군'는 누구일까? 음… K 씨의 설명에 따르면, 그는 '복권 번호를 외우지 못하면 잠을 잘 수 없다!'라고 적힌 새빨간 플래카드를 들고 돌아다니는 흉칙한 협박범이다. 그 협박범은 위협을 통해 관심을 끌려고 노력하는 초라한 작은 괴물이다. 협박이 그의 방법이며, 그는 이미 이 수법으로 K 씨와의 경기에서 여러 번 승리했다. 하지만 K 씨는 전세를 역전시킬 수 있다. 이 교활한 작은 난쟁이와 그의 우스꽝스러운 플래카드에 어떻게 반응하는지는 K 씨에게 달려 있다. 그는 라켓을 내려놓고 이렇게 대답할 수 있다. "물론이죠, 강박 군! 저는 항상 당신을 위해 봉사하고 있죠. 즉시 가서 요청하는 모든 번호를 찾아드리겠습니다!"라고 답한다. 그러나 이렇게 대답하며 맞받아칠 수도 있다: "당신이 숫자를 읽지 못할 만큼 바보라면 그건 *강박 군 당신의* 불운이죠. 나는 당신에게 말해주고 싶지 않네요!"

K 씨에게 *선택권*이 있다는 중요한 사실에 대해 더 이야기하겠다. K 씨는 자신의 영혼 속에 이런 끔찍한 상대가 살고 있다는 사실에 대해서는 아무것도 할 수 없다. 불행히도 이것은 그의 타고난 성향의 결과이다. 그러나 그에게 일어난 일을 스스로 허용할지 여부는 *그의* 결정이다. 그는 항복할 필요

도 없고 자신이 협박당하는 것을 허용할 필요도 없다. 그는 조롱하는 미소로 누가 주인인지 보여줄 수 있다. 협박범은 그들이 원하는 것을 제공하지 않고 *그들의 위협에 용감하게 맞서는 경우에만* 무력화될 수 있다. 그렇다면 강박 군은 무엇으로 K 씨를 위협하는가? 잠 못 이루는 밤? 좋아요. 이제 그는 위협을 능숙하게 막아낼 수 있다: "강박 군 그거 아시나요? 내가 죽으면 잠잘 시간은 충분하답니다. 그때까지는 이불의 포근한 따뜻함을 즐기고, 편안하게 몸을 펴고, 걱정 없이 꿈을 꿀 겁니다. 만일 잠을 잔다면 그 꿈이 그리워질 거니까..."

우리는 협박범과 그의 화려한 현수막의 집요한 압력에 맞서기 위해 '방어적 타격법defensive strokes'을 연습하였는데, 지금까지는 매우 효과적이었다. 앞으로 이 현수막을 들고 있는 작은 괴물(협박범)과 유머러스한 대화를 하는 것으로 바뀔 것이다: "이 멍청한 놈아, 너는 숫자도 기억하지 못하지만 내게 구걸하러 올 필요는 없어. 내가 모든 숫자를 쓰레기통에 버릴 테니까. 가서 가져가고 싶으면 마음껏 가져가. 하지만 뚜껑이 닫히지 않도록 조심해야 할 걸! 그렇지 않으면 냄새나는 쓰레기통 안에 앉아 있어야 해!" 이런 작은 농담이 재미있었는지 K 씨는 점점 더 대담하게 상대를 괴롭혔다: "내 아파트에 다시 방문하려면 파란색 허가 신청서를 10장 작성해서 허가신청을 해야 해. 그리고 나와 대화하기 전에, 양치질도 제대로 해야 할 거야!" 마침내 K 씨는 편안한 웃음을 지었다. 성공적인 치료 결과를 향한 큰 진전이었다.

우리는 이제부터 다시는 그 작은 놈이 자신을 신문 진열대로 보내는 것을 허용하지 않기로 동의하였다. 그는 자신의 아파트에 떠돌아다니는 모든 숫자를 없앨 것이다. 수년 동안 그 작은 놈은 K 씨를 무의미하게 괴롭혀왔으나 65세부터는 '강박이 없는' 새로운 삶이 시작될 것이다. *이것은* 그의 최고의 생일 선물이 될 것이다. 그는 다시는 협박범 강박 군 앞에서 자신을 우스꽝스럽게 만들지 않을 것이다. 오히려 그는 *강박 군을 우스꽝스럽게 만들 것이다*.

루카스: 환자가 사는 곳이나 정서적 뿌리가 있는 곳에서 환자를 만나는 것은 정해진 규칙이다. K 씨는 테니스에 대한 뿌리깊은 열정을 가지고 있으므로 그에게 테니스 경기의 은유metaphor를 사용하여 운명과 자유의 변증법the dialectic of fate and freedom을 설명한 것은 현명한 조치였다. 상대방의 샷은 '운명'이며 공이 어떻게 날아오는지는 자신이 통제할 수 없다. 이 점에서 우리는 두려움이나 강박적인 생각에 사로잡힌 환자만큼이나 무력하다. 테니스 경기에서 상대가 *왜* 특정 샷을 하는지는 부차적인 문제이다. 중요한 것은 공이 자신을 향할 때 어떻게 반응하느냐이다. 우리의 자유는 *우리가* 스스로 수행하는 움직임에 있다. 그것은 우리의 인식과 이해, 팔과 손의 우아한 움직임, 공정한 플레이에 대한 헌신, 경기에 대한 즐거움에 있다. K 씨 같은 베테랑이라면 이 비밀을 쉽게 이해할 수 있을 것이다. 그는 강박적인 생각을 진지하게 받아들이는 것은 경기에서 가만히 서있는 것과 같다는 것을 이해했다. 강박적인 생각에 굴복하는 것은 경기를 포기하는 것과 같다. 그것은 영원한 패배를 의미한다. 65세의 나이에 그는 강박적 사고에 지쳤다.

만일 어떤 전문가가 내 동료의 두 가지 사례 연구를 비교한다면, 즉시 눈에 띄는 것이 있을 것이다. K 씨의 강박적 사고는 한 측면에서 이례적이다. 대부분의 강박장애 환자들은 주로 *죄책감*의 형태로 개인적인 실패를 두려워한다. J 씨의 경우 이러한 두려움은 명백했다. 그러나 두려움은 숨겨질 수 있다. 예를 들어, 강박적으로 씻는 것은 박테리아에 대한 병적인 두려움의 결과일 수 있다. 이러한 두려움은 다른 사람을 감염시킬 수도 있다는 끔찍한 생각으로 인해 종종 악화된다. 또는 쇼핑 영수증을 합산하려는 충동은 누군가의 돈을 가로챘다는 것에 대한 두려움 때문에 유발될 수도 있다. 강박장애보다 불안장애가 더 흔하게 나타나는 것은 잠에 대해 걱정하는 K 씨처럼 자기 자신과 자신의 안녕에 대한 두려움이 큰 경우이다.

그러나 아마도 K 씨는 자신이 청소년 팀을 지도하기에 적합한 사람인지에 대한 죄책감을 잠재적으로 가지고 있었을 것이다. 청소년들은 자신의 우상과 지도자의 행동을 모방하며 롤모델을 찾는 등 감수성이 매우 예민하다. 따라서 청소년들을 지도한다는 것은 큰 책임이며, 이 책임감을 견디기 위해서는 충분한 정신적 안정이 필요하다. 우리는 K 씨가 팀에 미치는 영향력 때문에 *적어도* 이러한 안정감을 얻기 위해 노력했다고 생각한다.

의사이자 철학자인 프랭클은 두려움과 강박을 가장 근본적인 두 가지 임상 현상으로 묘사했는데, 그 이유는 그것이 자유와 책임이라는 두 가지 인간의 기본적인 가능성에 해당하기 때문이다.

"오직 자유로운 존재만이 두려워할 수 있습니다. [출판사 주: 프랭클은 생리적 두려움이 아니라 나쁜 결정에 대한 두려움을 언급하고 있다.] 그리고 책임감 있는 존재만이 죄책감을 느낄 수 있습니다. 이로부터 자유와 책임이 부여된 존재는 두려움과 죄책감의 가능성에 대한 정죄를 받는다는 결론이 도출됩니다."[4)]

쇤펠트: 일주일 뒤 K 씨가 다시 방문했을 때 그는 놀라운 소식을 가지고 왔다. 마지막 세션이 끝난 후 그는 숫자 시트를 모두 없앴고, 일주일 내내 밤 동안 잊어버린 숫자를 찾지 않았으며, 가장 놀라운 점은 매일 밤 어려움 없

4) Viktor E. Frankl, Theorie und Therapie der Neurosen, UTB Ernst Reinhardt, München, 2007, p. 150.

이 잠들었다는 것이었다! 나는 매우 기뻐하며 무엇이 그에게 그토록 큰 도움이 되었는지 물었다. 과연 무엇일까? 역설적 의도법! K 씨는 자신의 숫자 강박을 나약하고 늙고 주름진 '그놈'으로 의인화했으며 건방지게 응대하기 시작했다. 그놈이 클럽의 테니스 결과에 대해 묻자 그는 "직접 가서 물어보시지 그래요!"라고 대답했다. 그놈의 또 다른 긴급 요청에 대해 K 씨는 로또 번호가 이미 매립지에 묻혔다고 대답했다. 그의 재치 있고 경쾌한 답변이 그를 구했다. 그의 강박적인 생각은 즉시 사라졌다.

때때로 밤에 몇 가지 숫자가 그의 마음 속에 떠오르지만 그것은 허용된다. 금지된 것은 오직 그놈에게 집착하는 것이다. 왜냐하면 이것은 그놈이 다시 반갑지 않게 끼어드는 것을 의미하기 때문이다. 그리고 그것은 엄격히 금지되어 있다. 그가 작성한 10개의 신청서는 어디에 있나? 그 신청서 없이는 어떤 허가도 받을 수 없다!

우리는 상담 세션을 순조롭게 진행했으며 K 씨의 비합리적인 두려움에 대한 흔적은 더 이상 없다. 물론, 나는 '그놈'이 노쇠했음에도 불구하고 아직 죽지 않았고 예상치 못하게 다시 나타날 수 있다는 사실에 대비해야 한다고 말해주었다. K 씨는 항상 경계하겠다고 약속하였다. 게다가 그는 자주 웃을 수 있는 무언가를 사용할 수도 있다고 하였다.

그의 말이 맞다: 웃음은 건강하고 우리를 고양시킨다! 그러나 때때로 잘 웃기 위해 정신적 문제를 경험할 필요는 없다!

로고테라피스트에 의한 사례 연구

죄책감

루카스: 누구도 실수를 인정하는 것을 좋아하지 않기 때문에 죄책감이라는 주제를 다루는 것을 좋아하는 사람은 없다. 사람들이 일상 생활에서 이 주제를 다룰 때는 일반적으로 *다른 사람에게* 책임을 전가하는 경우가 많다. 어떤 문제나 불행에 대한 책임이 누구에게 있는지 묻고, 유죄로 추정되는 상대방에 대해 불평하는 것은 매우 흔한 일이다. 반면에 *나 자신이* 무엇을 더 잘할 수 있었는지에 대한 질문은 거의 하지 않는다.

그럼에도 불구하고 사람들은 자신에게 개인적인 결함이 있다는 것을 알고 있으며, 때때로 많은 용감한 사람들이 자신의 약점을 해결하려고 시도한다. 달성된 성공은 화려하지는 않지만 존재한다. 상당한 노력을 기울이면 나쁜 습관을 없애고, 실수로부터 배우고, 자신의 윤리적 기준을 조금씩 높일 수 있다. 인류 역사의 흐름을 살펴보면 이를 의심할 만한 이유를 찾을 수 있다. 그러나 우주적 관점에서 볼 때 우리 종은 이제 막 요람에서 나왔고 여전히 카인과 아벨의 길을 따라 더듬거리고 있다는 사실을 기억해야 한다. 결정적인 집단적 변화는 아마도 우리가 상상하는 것보다 더 오랜 시간이 걸릴 것이다.

여기서는 집단보다는 개인에 집중해보겠다. 사람들이 의식이 있고 어느 정도 성숙 단계에 도달한 이상, 그들은 우리가 과소평가해서는 안 되는 선택의 자유를 가지고 있다. 우리는 이를 비과학적인 논리로 설명하려고 해서는 안 된다. 인간을 선택적 정보를 공급받고 그에 따라 반응하는 자동 장치로 생각하는 것은 위험하다. 20세기에 정신분석은 인간의 행동을 '자동적인' 것처럼 보이게 만들었다. 정신분석학적 관점에서, 어린 시절의 부정적인 경험과 억압된 강한 욕구가 결합하면 부정적인 행동으로 이어질 수밖에 없다. 이에 대한 책임은 '죄인'의 어깨에서 벗어났고 그들의 삶의 환경 탓으로 돌렸다. 21세기 의학계에서는 유전 프로그래밍과 생리적 뇌 과정을 언급한다. 의지의 자유가 없다면 죄책감도 없다는 것은 아주 간단하다. 그러면 가해자나 피해자나 예외없이 모든 사람이 피해자가 된다.

이 결론이 우리에게 도움이 되지 않는다는 것은 명백하다. 그렇기 때문에 여기서 우리는 인간이 비록 무제한은 아니지만 항상 자유와 책임을 갖는다는 로고테라피적 인간 개념을 전제로 진행할 것이다. 또한 질병이나 나이와 관련된 자유와 책임에 제한이 있다는 사실도 부정하지 않는다. 그럼에도 불구하고 지구상의 거의 모든 사람들이 공유하는 정의의 상식에 따라 로고테라피는 자유 의지freedom will의 존재를 확증한다. 결정을 내릴 수 있는 개인의 자유와 결정에 대한 책임은 그러한 결정이 잘못되거나, 부당하거나, 잔인할 수도 있고, 고통을 초래할 수도 있음을 의미한다. 개인은 이러한 결과를 미리 인지할 수도 있지만, 종종 돌이켜보면 나타난 그 결과를 통해 명확히 아는 경우가 많다.

여기서 중요한 차이점이 있다. 결정의 모호한 성격을 *미리 파악하느냐, 아니면 사후에 파악하느냐*에 따라 큰 차이가 있다. 불법 행위에 대한 법적

처벌도 이에 따라 달라진다. 개인이 자신이 내리려는 결정이 부정적인 결과를 가져올 것이라는 것을 미리 알고 있다면 이러한 결과는 결정의 일부로 받아들여진다. 반대로, 옳은 일을 하려고 선의로 행동했는데, 부정적인 결과가 뒤따른다면, 이는 의도된 결과라고 할 수 없다.

로고테라피는 의미의 문제를 이론과 실천의 중심에 두는 의미 중심 심리치료의 한 형태이므로, *진정한(실존적) 죄책감*genuine[existential] guilt*에는 선택의 자유*freedom of choice*와 의미에 대한 인식*awareness of meaning*이 모두 필요하다*고 주장한다. 선택의 자유는 선택freedom of choice의 여지가 없다면 유죄가 될 수 없기 때문이다. 예를 들어, 운전 중 의식을 잃고 사고를 낸 운전자는 사고에 대한 책임을 질 수 없다. 이러한 행동은 선택하지 않았고 통제할 수 없었기 때문에 그 결과가 아무리 불행하더라도 사고를 피할 수 없었다. 의미에 대한 인식에도 비슷한 것이 적용된다. 의미가 존재하지 않는다면 의미에 대한 위반이 있을 수 없다. 왜냐하면 의미 있는 대안에 대한 인식이 없기 때문이다. 예를 들어, 명백한 경고 표지판이 있음에도 불구하고 등산객이 발파 구역에 들어왔을 때 이 사실을 몰랐던 철거 전문가에게는 발파가 시작되어 등산객이 부상을 당해도 책임을 물을 수 없다. 폭발을 지연시킬 의미 있는 이유가 없었다. 따라서 죄책감에 대한 로고테라피적 정의는 다음과 같이 공식화할 수 있다: *(진정한) 죄책감은 (인식된) 의미에 반하는 (자유로운) 선택이다*.

로고테라피에서 '진정한genuine' 또는 '실존적existential' 죄책감을 이야기하는 이유는 무엇일까? 이에 대해서는 좀 더 자세히 설명할 필요가 있다. 사람들은 부적절한 죄책감, 더 정확하게는 죄책감이 전혀 아닌, 적어도 *자신의* 죄책감이 아닌 불행한 상황으로 인해 고통받기도 한다. 그들은 선택의 자유나 의미에 대한 인식, 또는 둘 다 결여된 불행한 상황에 처해있다. 예를 들어, 의식을 잃은 운전자가 일으킨 사고나 철거 전문가가 시작한 폭발로 인해 인명 피해가 발생했다면, 이 '무죄한 원인 제공자들'은 스스로를 비난할 수 있으며, 이러한 *부당한 비난*은 평생 그 사람들을 구름처럼 따라다닐 수 있다. 죽은 사람을 애도하는 것은 잘못된 것이 아니며 모든 인간은 애도받을 자격이 있다. 하지만 이러한 경우에는 부적절한 죄책감이 우선시되어서는 안된다.

반복하자면, 사람을 괴롭히는 죄책감은 정당하거나 정당하지 않거나, 이성적이거나 비이성적일 수 있다. 죄책감은 잘못된 결정을 내렸다는 책임감에서 비롯될 수 있다. 그러나 그것은 또한 부적절하다고만 생각되는 지나치게 예민한 정신의 잘못된 산물일 수도 있다. 임상적으로 우울하거나 강박증을 앓고 있는 사람들을 치료해 본 정신과 의사라면 누구나 잘 알고 있듯이, 죄책감은 정신 건강장애의 증상일 수도 있다. 그러한 경우, 죄책감은 종종 혼란스러운 마음의 표현이거나, 당사자에게 잘못이 있다고 망상 속에서 상상하는 경우가 아닐 수도 있다.

이러한 상황을 더욱 복잡하게 만드는 것은 다양한 형태의 죄책감이 존재한다는 점이다. 선택의 자유와 의미에 대한 인식은 부분적으로 결여될 수 있지만, 모든 죄책감 중 하나를 면제하기에는 충분하지 않다. 아마도 차 안에서 쓰러진 운전자는 사고가 발생하기 며칠 전부터 자신의 건강 상태가 좋지 않다는 것을 알아차렸을 수도 있다. 그 때 즉시 병원을 방문했다면 도움이 되었을 수도 있다. 아니면 의사가 운전을 금지했을 수도 있다. 충분한 성찰을 통해 회색 영역이 드러날 수 있다. 거기에는 아직 사용하지 않은 *자유의 공간*space of freedom이 있었을 것이다. 다른 상황에서는 *의미에 대한 인식*을 높일 수 있는 정보를 얻을 수 있었을 수도 있다. 철거 전문가는 철거 전에 지역 등산단체에 연락해 해당 지역에 등산 계획이 있는지 확인할 수도 있었을 것이다. 사이렌을 울리거나 작은 시험 발사를 했다면 방랑자들이 위험 구역에서 벗어날 수 있었을지도 모른다. 많은 불행한 상황은 돌이켜보면 이와 같은 질문을 불러일으킨다. 그러나 인간의 자유는 전능하지 않고, 인간의 지식은 전지하지 않다. 따라서 우리는 매순간마다 '최선의 지식과 양심'에 따라 행동할 수밖에 없으며, 선한 의도에서 항상 좋은 결과가 나온다는 보장은 없다는 사실을 겸허히 인정해야 한다. '의도는 우리의 것이지만, 결과는 신의 것이다.'라는 프랭클의 현명한 말이 있다. 안타깝게도, 아무리 좋은 의도를 가지고 있어도 비극적인 결과를 항상 막을 수는 없다.

이제 심리치료사, 특히 로고테라피스트logotherapist의 실제 상담사례를 살펴보겠다. 내담자는 죄책감으로 인한 고통을 이야기한다. 내담자는 혼란스러워하는가? 아니면 그를 갉아먹는 양심의 가책이 진짜인가? 어떻게 하면 그의 고통을 덜어줄 수 있는가? 이제 내 동료가 자신의 상담사례를 소개한다.

쇤펠트: "아이의 죽음에 대한 책임은 나에게 있습니다." 세션이 시작될 때 내담자 L 씨가 말했다. L 씨는 43세의 몸집이 작은 여성으로, 자신을 짓누르고 있는 끔찍한 생각들에 대해 조용한 목소리로 나에게 말했다. 그녀는 현재 생활복지사이며 젊을 때부터 중증 장애 아동에 대해 관심이 많았고 장애아동센터에 일자리도 잡게 되었다. 그 센터에서는 장애수준에 따라 아동들을 10명씩 한 그룹으로 구성하였다. 모두 지속적인 관리가 필요한 아동들이었다. L 씨는 자신의 일을 사랑하며 자신에게 큰 의미가 있는 장애 아동들과 함께 있는 것을 즐겼다.

우리의 대화는 어린 에바Eva에 관한 것이었다. 그녀는 다섯 살이었고 시각 장애인이었고 휠체어에 의지하고 있었고 낮은 저음만 말할 수 있었다. 최근 몇 달 동안 에바는 계속해서 고열에 시달렸다. 감기 때문에 열이 난 적도 있지만, 감기에 걸리지 않았어도 종종 열이 났다. 중증 장애 아동은 때때로 의사가 설명할 수 없는 고열을 경험한다. 이런 어려운 일들을 겪으면서 에바는 죽을 고비를 여러 번 넘겼다. 그러다가 여름이 되자 마침내 그녀는 회복세로 돌아서는 것처럼 보였고 더 이상 열이 나지 않았다.

8월 어느 날 더위를 피해 몇몇 아이들과 함께 시원한 아침 공기를 즐기러 나가기로 결정했다. L 씨는 휠체어에 탄 에바를 근처의 작은 공원으로 데리고 갔다. 다른 센터 직원들이 에바와 함께 있었고 아이들과 농담을 하고 있었는데 갑자기 에바의 휠체어가 넘어졌다. 지난 몇 주 동안 폭우로 인해 길 일부가 쓸려 나갔고 작게 패인 구덩이들이 있었다. L 씨는 그 사실을 간과했고, 바퀴 중 하나가 그 안으로 들어갔다. 휠체어가 넘어졌고, 에바는 바닥에 쓰러져 공포에 질려 비명을 질렀다. L 씨는 즉시 어린 에바를 가슴에 안고 센터로 달려가 의무실로 향했다. 에바는 울고 있었지만 팔에 긁힌 자국만 약간 있었고 신속하게 반창고를 붙였다. 하지만 실제 부상보다 갑작스러운 추락으로 인한 충격이 더 컸을 수도 있다. 에바는 전문적인 보살핌을 받았으며 부드러운 말로 긴장을 풀도록 도와주자 곧 작은 침대에서 잠이 들었다. L 씨는 오랫동안 그녀와 함께 앉아 있었고, 그 어린 소녀는 조용하고 규칙적으로 숨을 쉬고 있었다.

그날 오후에는 다시 열이 났다. 그녀의 부모님은 평상시와 같이 센터에 와서 에바와 함께 지냈다. 저녁까지 열이 꾸준히 오르긴 했지만, 부모는 에바가 큰 병원에 가는 것보다 24시간 진료를 받을 수 있고 의료 시설이 잘 갖춰진 센터에 있는 것이 더 낫다고 생각했다. 그들은 에바를 병원에 데려가는 것을 거부했다. 그들은 그녀의 건강 상태가 심각해지면 생명 연장 조치를 원하지 않는다는 데 동의했다.

같은 날 자정에 에바는 열이 났지만 조용하고 안전하게 부모의 품에 안겨 숨을 거두었다. 사랑하는 딸을 잃는 고통에도 불구하고, 부모는 에바의 죽음을 평안하게 받아들일 수 있었다. 그들은 에바의 생존 가능성이 낮다는 것을 오랫동안 알고 있었기 때문에 사별을 예측하고 있었다. L 씨의 경우는 그렇지 않았다. 아침에 발생한 사고로 인해 에바가 사망했다고 볼 수도 있는가? 충격으로 인해 그 불쌍한 소녀가 다시 열병을 앓게 된 걸까? 휠체어가 넘어지지 않았다면 아이는 아직 살아있을까? 누구도 이러한 질문에 대답할 수 없다. 그러나 이 생각들은 그 이후로 L 씨를 괴롭혀왔다. *그녀가 에바의 죽음에 책임이 있을까?*

루카스: 사람들은 각기 다른 성격 성향을 가지고 있으며 이러한 성향을 다양한 방식으로 발전시킨다. 성격 성향은 그 자체로 중립적이며 긍정적인 목적과 부정적인 목적 모두에 사용될 수 있다. 예를 들어, 범죄 본능은 범죄 경력을 쌓는 데 사용될 수 있지만, 검사나 경찰의 역할로 범죄자를 추적하는 데에도 사용될 수 있다. 대담함이나 수줍음과 같은 타고난 성향도 마찬가지이다. 대담함은 무감각함과 도덕적 인식의 부족으로 이어질 수 있지만 평정심과 결단력을 갖게 할 수도 있다. 수줍음은 자제력과 지나치게 꼼꼼한 성향을 갖게 할 수도 있지만, 사람을 조심스럽고 신중하게 만들 수도 있다. 궁극적으로 우리의 성향 자체보다는 타고난 성향을 어떻게 사용하고 통제하느냐에 따라 달라진다.

L 씨와 같은 환자는 의심할 여지없이 불안정하고 불안하며 모든 일을 완벽하게 하고 싶어하고 지나치게 걱정을 많이 하는 성향이 있는 사람들의 범주에 속한다. L 씨가 좀 더 강인한 정신을 가진 보호자라면 아마도 에바의 죽음을 운명으로 '받아들이고' 센터에 있는 다른 아이들에게 관심을 돌렸을 것이다. 하지만 그렇다고 해서 L 씨의 반응이 완전히 비정상이거나 병적이

라는 뜻은 아니다. 그녀는 특히 민감한 양심을 가지고 있으며, 이는 좋은 점으로 보아야 한다. 그녀는 중증 장애아동과 불우한 환경에 처한 아이들에 대해 무한한 애정을 갖고 있으며, 이에 대해 경탄할 수밖에 없다. 그녀는 존경받을 만하고 품위 있고 친절한 사람이다. 그녀가 피해야 할 유일한 위험은 완벽주의에 빠지거나 완벽하게 성공하지 못할 때마다 자신을 비난할 수도 있다는 점이다. 과도하게 예민한 양심의 소리(과민증)는 양심이 둔한 경우와 마찬가지로 의미에 반하는 것이다. 건강한 책임감은 바로 이 두 극단 사이에 있다.

쇤펠트: 우리는 무슨 일이 일었는지 다시 한 번 살펴보았다. 추락의 순간이 에바에게 큰 타격을 입혔다는 것은 의심할 여지가 없다. 그러나 사고가 소녀에게 너무 큰 영향을 미쳐 다시 열이 올랐을 가능성은 거의 없다. 그러나 중증장애아동의 경우에는 장담할 수 없다. 하지만 한 가지 확실한 것은 에바는 넘어진 후 즉시 최적의 방법으로 보살핌과 치료를 받았다는 것이다. 그녀는 애정과 사랑으로 둘러싸여 위로와 보호를 받았다. 에바는 말로 표현할 수 없었지만, 곧 잠이 들었다는 사실은 그녀가 얼마나 빨리 다시 침착해지고 편안해졌는지를 증명한다.

L 씨는 에바에 대해 더 자세히 말해 주었다. 2년 전, 에바는 비명을 지르며 몸부림치는 상태로 센터에 입소했다. 집에서는 부모가 결코 같은 수준으로 제공할 수 없는 의학적으로 전문적이고 자기 희생적인 보살핌의 도움으로 에바의 건강상태는 많은 진전이 있었다. 그녀는 처음으로 웃는 법을 배웠다. 그녀는 분명히 자신의 삶을 즐겼다. 얼마나 멋진 일인가! L 씨는 "에바는 더 오래 살았으면 좋았을 거예요. 에바의 죽음이 내 책임인가요?"라고 말했다.

우리는 함께 로고테라피적 관점(법적 또는 종교적 맥락을 넘어서는)에서 죄책감을 어떻게 평가할 수 있는지 생각해보았다. 죄책감에 대해 말하려면 두 가지가 전제되어야 한다. 1. 자유 의지freedom will에 의한 결정, 2. 의미에 대한 명확한 인식. 사람이 기꺼이 그리고 의도적으로 노력하고 결정한 것은 무엇이든 그에 대한 책임이 있다. 사람이 성취한 모든 좋은 일들과 이에 반해 세상에 초래한 모든 좋지 않은 일들. 그러나 책임을 지기 위해서는 자신이 선택한 것이 의미에 어긋나는지 여부도 알아야 한다. 고통을 야기하지는 않는지. 누군가의 삶을 어둡게 만들지는 않는지. 다른 사람에게 부담을 주는 것은 아닌지. 이러한 의도는 진정한 죄책감의 전제 조건이다.

L 씨는 이러한 기준을 이해하고 있으며, 우리는 그녀가 걷는 동안 발생한 불행한 사건에 이 기준을 적용하였다. 분명한 것은 그녀는 사고가 발생하는 것을 결코 원하지 않았다. 아이들 및 동료들과 함께 즐겁게 이야기를 나누며 공원을 산책하면서 땅이 이렇게 울퉁불퉁해졌는지 전혀 몰랐다. 그렇다면 그녀는 의도적으로 '의미에 어긋나는' 선택을 한 것일까? 그녀는 그렇지 않다고 인정했다. 우리는 이 점을 명확히 하였다. 아이가 넘어지면서 열에 더 취약해졌다 하더라도 그것은 사실이다. 실제로 사고가 발생하지 않았고 아이가 더 빨리 사망했을지라도 마찬가지이다.

루카스: L 씨는 예민할 뿐만 아니라 영리한 여성이기 때문에 죄와 무죄 사이에 '과실'이라는 것이 있다는 것을 잘 알고 있다. 내 동료가 올바르게 주장했듯이 이것은 *지식*knowledge, 즉 의미에 반하는 행동을 했을 수도 있다는 *인식*awareness과 관련이 있다. 세심한 주의를 기울이거나(또는 적극적으로 정보를 얻음으로써) 이러한 지식을 증가시킬 수 있다. 예를 들어, L 씨가 대화에 집중하지 않고 지형을 살피는 것에 더 주의를 기울였다면 움푹 패인 구멍을 제 때 발견할 수 있었을 것이다. 돌이켜보면 그런 일들에 대해 추측

하기는 쉽다. 살아가면서 우리 모두는 수없이 소홀하거나 부주의하게 행동하지만 나쁜 일은 일어나지 않는다. 우리는 아마 천 번도 더 넘게 재난을 피해왔을 것이다. 그러나 천 번째에는 운이 나쁠 수도 있다.

그러므로 인간이라는 존재는 나약함과 불완전함을 수반하며 모든 (의도적이지 않은) 실수와 실패를 피하는 것은 거의 불가능하다는 것을 공개적으로 인정하는 것이 좋다. 우리는 주의를 기울이고 가끔씩 발생하는 재난을 '개인적인 죄책감'이 아니라 '인류의 본질적인 결점'으로 받아들이도록 *노력할 수 있다*. 우리가 할 수 있는 일이 또 있다. 우리가 솔선하여 선한 일을 하고 다른 사람과 환경을 위해 에너지를 사용하는 것을 그 누구도 그 무엇도 막을 수는 없다. 로고테라피는 긍정적인 내면의 태도와 신중한 선행을 통해 죄책감과 과실의 균형을 맞추는 탁월한 제안을 제공한다. 의도적이든 의도하지 않았든 우리가 뭔가 나쁜 일을 일으켰다면, 이는 우리 삶의 균형을 맞추기 위해 특별히 더 사랑스럽고 건설적인 것을 저울 반대편에 올려놓아야 할 좋은 이유를 제공한다.

쇤펠트: 로고테라피에서 흔히 그렇듯, 나는 환자의 주의를 자신의 자아에서 다른 곳으로 돌리도록 하였다. 그녀의 이야기에서 그녀 자신의 중요성은 네 번째에 불과하다. 이야기에서 가장 중요한 인물은 에바와 에바의 부모이다. 우리는 이 세 사람을 생각해보았다. 부모는 아이가 오래 살지 못할 것이라는 것을 알고 있었다. 의사는 열 발작이 점차 심해질 것이며 에바의 생존 가능성도 지속적으로 감소할 것이라고 설명했다. 그녀의 아버지와 어머니는 이 문제를 받아들였고, 에바가 남은 시간을 즐길 수 있게 해 준 센터에 감사했다. 그들은 딸의 죽음을 큰 슬픔으로 받아들이면서도 갈등이나 절망은 없었다. 그리고 에바는? 그녀는 죽을 때까지 매일 정성 어린 돌봄과 사랑을 받으며 지낼 수 있었다. 불행하게도 세상의 모든 아이들이 에바와 같

은 세심한 돌봄과 사랑을 받을 수 있는 것은 아니다.

나는 L 씨에게 지금 에바가 우리 대화를 들을 수 있다면 뭐라고 말했을지 물어보았다. L 씨는 "모든 일에도 불구하고 내 삶은 아름다웠어요."라고 말했을 거라며 대답하였다. 아이는 심한 질병과 발열에도 불구하고 평온하게 임종했기 때문이다. 너무나 많은 사람들이 해마다 비참한 환경과 고독 속에서 살아가야 한다. 나는 L 씨에게 다시 물었다. 에바가 우리와 함께 여기 있다면 뭐라고 말할까요? L 씨는 "팔을 넓게 벌리고 우리를 향해 큰 눈을 돌릴 거예요. 누군가 거기에 있다는 것을 알면 항상 그렇게 했어요"라고 자연스럽게 말했다. 그러면 L 씨는 어떻게 할까요? 그녀는 용서를 구했을 것이다. 그러면 에바는 다음에 무엇을 할까요?

L 씨는 나의 다음 제안에 대해 당황한 듯 고개를 저었다: 아마도 에바는 이렇게 생각할 것입니다. 모든 사람은 자신의 행동을 후회해야 합니다! 나는 죽었습니다. 이제 다른 사람들이 고통받게 해주세요! L 씨는 이 생각을 단호히 거부했다. 에바는 결코 그런 말을 하지 않을 것입니다. 전혀 에바답지 않은 말이에요. 나는 또 다시 에바가 다음과 같이 생각할 수도 있다고 제안했다: "적어도 L 씨는 엄청난 죄책감을 느껴야 해요! 그래야 제가 행복해질 거예요!", "아니요 그렇지 않아요!" L 씨는 내 말을 가로막았다. "에바는 절대 그렇게 생각하지 않을 거예요!" 나는 다른 제안을 해보았다. 아마도 에바는 "제 죽음이 L 씨의 삶에 큰 불행을 초래하는 것을 원하지 않아요!"라고 생각할 것입니다.

우리는 오랫동안 이러한 가능성을 고려했다. L 씨는 에바가 끔찍한 슬픔의 원인이 되는 것은 이 아이의 다정한 성격과 양립할 수 없다고 확신하였다. 그녀가 한 인간의 삶에서 불행의 원인이 되는 것은 용납되지 않는다. 그렇다! 자신의 죽음으로 L 씨의 정신적 균형을 깨뜨렸다는 부담을 에바에게 지워서는 안 된다. 그렇다면 에바의 어떤 흔적과 기억을 간직해야 할까? 고통스럽고 비합리적인 죄책감? 아니면 에바의 감싸 안는 팔과 미소? 끝없는 자책으로 에바에 대한 아름다운 기억을 가려야 할까?

L 씨는 한동안 침묵을 지키다가 심호흡을 하고 물었다. "하지만 이렇게 하면 너무 쉽게 실수를 모면해버리는 것은 아닌가요?"

루카스: 이 시점에서 경험에 의해 관찰된 잘 알려진 사실 한 가지를 말해보겠다. 물론, 사람들은 죽은 사람과 대화할 수 있다. 이 때 그들은 관 속에 있는 시신에게 말하는 것이 아니라, 그들이 알고 있던 *사람*에게 말하는 것이다. 이 사람이 지금 '어디에' 있는지는 죽음으로 인해 공간과 시간은 소멸되기 때문에 우리는 이해할 수 없지만, 살아있는 존재로서 우리는 공간과 시간 밖에서 생각할 수 없다. 그럼에도 불구하고 죽은 사람과의 내면의 대화를 상상할 수 있으며, 그 사람과 특별한 영적 친밀감을 느끼는 순간에는 마치 '허공에서' 받은 것처럼 강렬하게 느껴지는 응답을 상상할 수도 있다. 흥미로운 점은 그러한 '상상 대화imaginary dialogues'에 대한 모든 보고 내용을 보면 망자와의 상상 대화 내용은 마치 사후에서는 좋은 것만 중요시되는 것처럼 자비롭고 이해심 많고 온화하다는 것이다. 이런 현상을 단순한 희망적 사고로 해석하는 것은 지나친 비약이다. 살아있을 때 망자와 사이가 좋지 않았던 경우에도 '상상 대화'의 경우에 청취자들은 자비로운 반응만을 보고한다. 따라서 L 씨가 자기비판적인 성격에도 불구하고 에바가 최선을 다했음에도 죄책감으로 자신을 괴롭히는 것을 원하지 않는다고 주저 없이 단언하는 것은 놀라운 일이 아니다.

이것이 L 씨가 "너무 쉽게 실수를 모면해버리는 것은 아닌가요?"라는 질문에 대해 내 동료가 로고테라피적 접근으로 답할 수 있는 방법이다. L 씨의 모든 (상상된?) 죄책감에서 그녀를 용서할 수 있는 사람은 *단 한 명*, 에바뿐이다. L 씨가 에바가 자신의 불행을 원하지 않을 것이라고 확신한다면, 그 문제에 대한 *권위자가 말한 것이다*.

쇤펠트: 다음 세션에서는 철학적 토론을 계속하겠다. 잘못, 실수, 주의력 부족도 긍정적인 결과를 가져올 수 있다. 이에 대해서도 주의를 기울여야 한다. 예를 들어, L 씨는 깊은 후회를 통해 새로운 변화를 갖게 되었다. 그녀는 휠체어가 뒤집힌 것을 끊임없이 후회하면서 다시는 같은 실수를 반복하지 않겠다는 다짐을 하게 되었다. 다른 장애 아동들도 이 경험을 통해 혜택을 받을 것이다. 다시 한번, L 씨의 관심은 자신에게서 멀어졌다. 그녀가 돌보는 다른 아이들은 어떻게 될까? 에바에 대한 자기 비난에 끊임없이 사로잡혀 있다면 그녀는 과연 다른 아이들을 제대로 돌볼 수 있을까? 에바의 죽음에만 몰두한다면 현재 맡고 있는 돌봄 업무에 관심을 기울일 수 없다. L 씨의 후회와 자책이 자신에게 의지하는 사람들을 특별히 잘 돌보겠다는 결심으로 바뀌면 센터에 있는 다른 아이들에게 도움이 되지 않을까?

L 씨는 아직도 가끔 자신을 용서하기 어렵다. 에바의 부모는 그녀를 비난하지 않으며 에바도 그녀를 탓하지 않는다. 자신을 그렇게 가혹하게 비난하는 사람은 L 씨 자신뿐이다. 나는 그녀에게 조건을 정하고 삶에 대해 질문하는 것은 우리의 몫이 아니라 삶이 우리에게 조건을 설정하고 질문을 던지는 것이라고 주장한 빅터 프랭클에 대해 이야기해 주었다. L 씨는 인생에서 큰 실수없이 하루하루를 살아갈 수 있기를 바랐고, 그저 작은 실수만 용납하고 싶었다. 하지만 이제 삶이 그녀에게 요구하는 것은 바로 이것이다: "불행한 순간에 당신은 의도치 않은 실수를 저질렀고, 그 실수가 해가 될 수도 있고 아닐 수도 있습니다. 어떻게 대처하시겠습니까?" 네 어떻게요? 의미 있게? 아니면 의미가 없게?

나는 그녀와 함께 모든 가능성을 적어보았다. 그녀가 인생에 줄 수 있는 대답 중 하나는 "나는 다시는 행복하지 않을 것이다"이다. 이 답변은 가능하지만 의미가 있을까요? 그렇지 않다. 왜냐하면 이 대답은 세상의 고통을 증가시키기 때문이다. 고통을 심화하지 않는 가능한 대답은 무엇일까? 아마도 고통을 줄이는 대답일지도 모른다. 우리는 가능한 답변을 한데 모았다. L 씨는 센터에 있는 다른 아이들에게 돌아온다. 그녀는 아이들에게 더 많은 관심을 기울여야 한다. 그녀는 자신의 마음을 살펴본다. 이 아이들에 대한 그녀의 감정은 변하지 않았다. 그녀는 여전히 그들을 사랑스럽게 돌보고 있다. 어쩌면 이것이 인생이 그녀에게 던지는 질문에 대한 최적의 대답이 아닐까? 만약 그녀가 스스로에게 이렇게 말할 수 있다면 어떨까? "내가 좀 부주의했어요. 이제 휠체어 사고를 예방하기 위해 뭔가 필요한 주의사항을 추가해야겠어요... 이런 사고가 없었더라면 *미처 깨닫지 못했을 일이니까요*."

이 아이디어는 그녀를 매료시켰다. 그녀는 잠시 생각하다가 한 가지 생각을 떠올렸다. 아이들을 돌보는 업무 외에도 센터에서 수행해야 하는 기술적인 의료 업무가 점점 더 많아지고 있다. 대부분의 경우 이러한 업무는 그녀를 당황스럽고 불안하게 만들기 때문에 그녀는 가능한 한 이러한 업무를 피해왔다. 하지만 그것은 좋지 않다고 그녀는 인정한다. 이는 그녀가 자신의 의료적 대처기술을 향상시키고 동료의 업무량을 줄일 수 있는 업무 영역이 될 것이다. 그것은 또한 '회복'을 위한 매우 좋은 기회가 될 것이다. 또한 과거에는 의료적 대처에 '전혀 유능하지 못했던' 그녀가 앞으로는 '조금 더 유능해질 수 있는' 좋은 '보상' 기회가 될 것이다. 이러한 기술적인 의료 업무는 센터에 있는 아이들에게도 중요하다. 그렇다면 이런 방식으로 사랑의 봉사를 확장하는 것은 어떨까? L 씨는 용기를 내어 이렇게 말했다. "해보겠습니다. 지금까지 기피해 왔던 기술적인 업무를 수행할 수 있도록 의료기술을 완벽하게 익히겠습니다!"

루카스: 로고테라피의 접근 방식은 (상담에서 흔히 하는 것처럼) 심리적 '변명'을 통해 진정한 죄책감을 최소화하는 것이 아니라 의식적인 보상을 제공하는 것이다. 인간의 양심은 속이기 어려운 민감한 도구이다. 그러나 분명한 의도와 정직한 노력으로 제공되는 보상을 통해 이러한 문제는 완화될 수 있다. 놀라운 것은 보상이 피해를 입은 당사자나 사물에게 이익이 될 필요는 없다. 물론, 피해를 복구할 수 있다면 이는 다른 모든 조치보다 우선되어야 한다. 그러나 안타깝게도 에바의 이야기처럼 항상 그런 것은 아니다. 양심의 소리는 우리에게 이 경우에 포기하지 말고 다른 영역에서 '보상'하라고 요구한다. 세상에는 언제나 환한 빛을 필요로 하는 사람들이 존재하며, 우리는 그들에게 눈을 돌려야 한다. 죄책감을 새로운 인간애적 행동에 동기를 부여하는 데 사용하는 것보다 더 아름답고 고귀한 반응은 없다. 죄책감이 자아의 지속적인 정화 및 변화와 결합된다면 이것은 의심할 여지없이 *최상의* 방법이다.

나의 이전 환자 중 한 명은 자신의 비극적인 삶을 다음과 같은 말로 마무리한 적이 있다. "나에게 일어난 모든 일은 제가 젊은 시절부터 죄책감을 키워왔기 때문입니다. 이 죄책감에 대한 깨달음(지식)은 저를 더 나은 사람으로 변화시켰습니다. 제가 한 일을 보상할 수는 없었지만 나중에 제가 한 모든 선한 일들은 이 깨달음의 결과 일뿐입니다."[1] 이것은 인생이 그녀에게 던진 질문에 대한 모범적인 대답이 아닐까? "당신은 실수를 했는데… 이제 어떻게 할까요?"

그러나 내 이전 환자(치정에 얽힌 범죄로 유죄판결을 받은 환자)와 제 동

1) Elisabeth Lukas, Auch dein Leiden hat Sinn, Logotherapeutischer Trost in der Krise, Herder, Freiburg/Br., 1994, p. 140.

료의 환자 사이에는 큰 차이가 있다. 이 사례보고를 근거로 나는 개인적으로 L 씨가 유죄라고 전혀 생각하지 않는다. 오히려 그녀는 직업상 요구되는 것보다 중증 장애 아동들에게 훨씬 더 헌신적이다. 그녀는 부주의한 여성도 아니다. 그녀의 성향은 지나치게 조심하는 것이다. 하지만 안타깝게도 그녀는 원초적인 두려움에 지배당하고 있으며, 기본적인 신뢰를 회복하기까지는 시간이 좀 걸릴 것이다. 이 원초적인 두려움primal fear이 끊임없이 그녀의 귀에 속삭이고 있다. "당신은 분명 죄가 있어요." 이것이 바로 죄책감이 단지 상상일 뿐이고 존재하지 않을 수도 있다는 사실에도 불구하고 내 동료가 보상이라는 치료적 개념을 올바르게 적용한 이유이다. 이를 통해 두 가지를 달성했다. 1. 원초적 두려움에 대한 약간의 저항이 생겨났고, 2. 원초적 두려움이 마침내 명백히 드러났다.

원초적인 두려움은 많은 베일을 쓰고 있다. 실수를 할 수도 있고, 창피를 당할 수도 있고, 비난과 비판을 받을 수도 있고, 비웃음을 당할 수도 있고, 지위, 평판, 건강, 직업을 잃을 수도 있고... 이러한 두려움은 계속 이어진다. 원초적인 두려움은 항상 무언가를 생각한다. 그것은 결코 위협적인 환상으로만 끝나지 않는다. 원초적인 두려움은 즉시 L 씨의 대담한 계획을 공격하여 그녀를 위한다는 미명하에 그것을 망친다. 대담한 계획은 두려움에겐 위험한 일이다.

쉰펠트: L 씨는 곧 다시 실의에 빠졌다. 그녀는 센터에서 기술적인 의료 업무를 수행하는 방법을 배우고 싶지만, 막상 그렇게 하려고 할 때면 찾아오는 긴장감과 공황 발작을 어떻게 극복할 수 있을까?

나는 그녀를 도울 수 있다. 원시사회에서 인류에게 두려움은 중요한 보호 요소였다. 위험에 처하면 맥박수와 근육 긴장이 증가하고 아드레날린이

혈액으로 분비되어 더 큰 경계심을 갖게 했다. 이로 인해 원시사회 인간들은 야생 동물과 싸우거나 도망칠 수 있었고, 나무 위로 올라갈 수 있었다. 위험에 노출되면 유사한 정신신체적 반응이 우리 안에서 일어난다. 위험이 우리 마음으로만 생각되는 경우에도 이런 일이 발생한다. 예를 들어, L 씨는 어려운 기술적 의료 업무를 실패할 위험과 연관시키기 때문에 이를 시도하면 아드레날린이 분비되고 근육이 떨리기 시작한다. 그녀는 싸움과 도피 중 하나를 선택해야 한다. 도피는 도망쳐서 업무 수행을 거부함으로써 반격하는 것을 의미한다. 지금까지는 이것이 그녀의 전략이었다. 하지만 그녀는 싸울 수도 있었다. 하지만 과장된 두려움에 어떻게 맞서 싸울 수 있을까? 나는 *유머*라는 엄청난 무기를 공개하였다. 두려움은 용기를 완전히 소멸시키기 때문에 용기보다 더 나쁜 것이다.

내가 한 제안은 미소를 지으며 "정말 반가운 에너지가 솟구치네요!"라고 말하며 두려움을 조롱하는 것이다. "내가 새로운 업무에 집중할 수 있도록 도와주실 수 있어요! 지금 바로 시작해서 이 문제를 최적으로 해결하고 싶으니 당신이 도와주세요!"라고 말하는 것이다. L 씨는 이 접근 방식에 즉시 호감을 보였다. 그녀는 이 방법을 시도하고 싶어하였다. "기운이 솟는다면 불안감도 사라질 거예요!" 나는 L 씨가 내 제안을 받아들여 기뻤다. 횔체어 사고로 인해 L 씨가 기술적인 어려움을 더 용감하게 이겨낼 수 있다면 정말 좋을 것 같다. 에바는 이러한 발전의 원인이 된 것을 자랑스럽게 생각할 것이다.

한 달 뒤 L 씨는 재발했다. 그녀가 에바의 죽음을 촉발했을지도 모른다는 생각이 다시 그녀를 사로잡았다. 우리는 휠체어 사고에 대해 다시 하나씩 논의하였다. 여전히 의사는 확실한 병인을 찾지못했다. 절대적으로 확실한 사실은 그 소녀가 사랑과 안전한 울타리 안에서 평화롭게 임종을 맞이했다는 점이다.

루카스: 공감empathy은 정말 신이 주신 선물이다. 다른 사람의 마음을 공감하고 그들의 마음 상태를 인식할 수 있는 사람들은 항상 사회성이 뛰어나며 도자기 가게에서 황소처럼 행동할 가능성은 거의 없다. 그들은 동료 인간에 대해 사려 깊고 관용적이며, 그들의 실패에 대해 판단하지 않는다. 일부 사람들이 지나치게 낙관적으로 주장하는 것처럼 '모든 것을 이해하는 것이 모든 것을 용서하는 것'이라는 말은 사실이 아니지만, 공감을 통해 많은 오해가 본격적인 갈등으로 비화하기 전에 완화될 수 있다.

공감은 다른 사람의 감정을 반영하는 특별한 능력이다. 이를 통해 상대방이 무엇을 느끼고 있는지 파악하고 자신의 감정을 바탕으로 상대방에게 무슨 일이 일어나고 있는지 결론을 내릴 수 있다. 예를 들어, 공감 능력이 뛰어난 사람들은 모욕이 자신에게 해로우며, 자신과 상호 작용하는 사람들에게도 상처가 된다는 것을 본능적으로 알고 있다. 자신과 다른 사람 사이에 유사점을 발견하면 즉시 상처를 주는 행동에 제동을 걸 수 있다. 그러나 모든 일이 그렇듯이 동전에는 또 다른 면이 있다. 자신의 감정을 바탕으로 다른 사람에 대해 결론을 내리는 것은 공감 능력에도 불구하고 본질을 놓치는 해석이 나올 수 있다. 정신분석에서는 이러한 잘못된 해석을 '투사projection'라고 한다. 비슷한 상황에 처한 다른 사람에게 자신의 감정을 투사하는 것일 수 있지만, 경험하는 방식은 다르다. 투사는 종종 무의식적으로 이루어진다.

L 씨가 에바의 공원에서의 사고와 늦은 오후 발열이 발생한 것을 지속적으로 연관시키는 것은 전문가의 시각으로 볼 때 투사가 일어나고 있음을 시사한다.

우리는 L 씨가 불안에 취약하다는 사실을 발견했다. 만일 그녀가 움직이는 차량에서 떨어졌다면 매우 놀랐을 것이다. 그녀는 그러한 트라우마에서 회복하는 데 시간이 좀 걸렸을 것이라고 생각할 만큼 자신을 잘 알고 있다.

비록 그녀의 부상이 미미하더라도 며칠, 또는 몇 주 동안 그녀에게 심각한 영향을 미쳤을 것이다. 어쨌든 앞으로 몇 시간 동안은 분명 그랬을 것이다. 따라서 L 씨는 에바도 그랬을 것이라고 결론을 내린다.

이 결론은 타당하지 않다. 장애 아동은 회복을 시뮬레이션하지 않는다. 에바가 울음을 그치고 진정되어 쉽게 잠들었을 때, 우리는 에바가 다시 안정을 찾았다고 가정할 수 있다. 또한 에바는 시력상실이 있었기 때문에 갑작스럽고 예상치 못한 접촉, 즉 땅에 떨어지는 것과 같은 일에 심한 충격을 받기보다는 적어도 보이지 않는 물체의 모서리와 가장자리에 부딪히는 데 익숙했다고 가정할 수 있다. L 씨의 기록에는 에바가 삶의 마지막 날 오후까지 심각한 괴로움을 겪었을 것이라는 암시가 전혀 없다. *정말 괴로워했던 사람은 에바가 아니라 L 씨였다.* 에바의 마지막 열병 발병이 이전 발병과 달랐다는 증거도 없다. L 씨 자신과 의사의 의견에 따르면, 감기에 걸렸던 한 번의 상황을 제외하고 에바의 발열은 모두 외부 유발 요인 없이 발생했다 (이것은 *심리적 유발요인이 없었다*).

L 씨는 결국 에바의 죽음에 대한 자신의 괴로움이 너무 커서 공황 상태에 빠져 근거 없는 죄책감 이론을 만들어냈다는 사실을 깨달아야 한다. 그러나 나는 그녀가 자신에게 매우 적합하고 훌륭하게 업무를 수행하는 사랑스럽고 공감을 잘하는 직업여성으로 남을 수 있도록 동요와 불안을 매우 조심스럽게 줄여야 한다는 점을 강조하고 싶다.

쇤펠트: L 씨는 기로에 서 있었다. 그녀는 에바의 죽음에 책임이 있을 수도 있다는 생각을 피할 수 없다. 하지만 그녀는 그 생각에 어떻게 대응할지는 선택할 수 있다. 그녀는 그것에 굴복하고 자발적으로 영구적인 고통과 후회 상태에 들어갈 수 있다. 그러면 그녀는 업무를 지속하는 데 필요한 힘

을 잃게 될 것이다. 장기적으로 보면 센터에 있는 아이들은 모든 아이들과 마찬가지로 돌보는 사람의 기분에 따라 미세하게 조정되기 때문에 그녀의 고통을 인식하게 될 것이다. 이렇게 되면 에바의 기억은 영구적인 그림자가 될 것이다. 그러나 L 씨에게는 다른 길이 열려 있다. 그녀는 두려운 생각에 휘말리는 것을 거부할 수 있다. 그녀는 자신의 죄책감에 대한 생각을 단호하고 일관되게 거부할 수 있다. 그녀는 삶에서 점점 증가하고 확산되는 고통에 종식을 선언할 수 있다. 그것은 어려운 길이 될 것이다. 이런 종류의 저항에는 그다지 즐거움이 없다. 그러나 그녀가 자신이 무엇을 위해 이런 일을 하는지 안다면 효과가 있을 것이다. 이러한 우울한 생각을 멈추는 것이 에바의 기억에 대한 적절한 찬사가 될 것이다. 이러한 생각에 종지부를 찍어야만 그녀는 자신의 전적인 관심이 필요한 센터에 있는 다른 아이들을 위해 전념할 수 있을 것이다.

L 씨는 이 두 가지 길 중 하나를 선택해야 한다. 그중 어느 것을 선택할지는 오직 그녀만이 결정할 수 있다.

몇 주 후, 우리는 작별 인사를 했다. L 씨는 지난 몇 주 동안 '기술적 의료 분야' 업무를 해왔다고 말했다. 그녀는 기계를 점검하고 장비를 관리했고 동료들은 고마워했다. 훌륭하다! 이것은 에바의 기억을 중심으로 자라나는 좋은 유산의 일부이다. 해당 센터에서는 기술 의료 장비 사용에 능숙한 생활 복지사를 확보했다.

L 씨는 또한 스테판Stefan이라는 새로운 아이가 센터에 새로 입소했다고 말했다. 태어난 지 9개월이 되었는데, 아직 갓난아기처럼 생겼다. 그 소년은 태어날 때 숨을 쉬지 못하였다. 10분 만에 가까스로 소생했지만 스스로 숨을 쉴 수는 없었다. 부모는 무거운 마음으로 어린 스테판을 센터로 보내 완

화 치료를 받기로 결정했다. 그의 어머니는 매일 그의 침대 옆에 앉아 있다.

L 씨는 자신의 진로에 대해 분명한 결정을 내렸다. 그녀는 이 아이를 위해서라도 남아 있는 정당하지 않은 죄책감unjustified feelings of guilt을 없애야 한다는 것을 알고 있다. 이제 그녀는 스테판을 위해 그녀의 모든 힘과 정신을 집중해야 한다. 스테판뿐만 아니라 다른 모든 아이들을 위해서도. 이 중증 장애 아동들은 모두 심각한 건강 문제를 가지고 있지만 지구상의 어떤 아동들보다 더 많은 보호를 받고 있다. 나는 L 씨에게 이렇게 말했다: "다른 어느 곳보다 당신이 근무하는 센터에 사랑이 넘치는 것 같습니다. 저는 당신이 아이들을 돌보는 사랑에 대해 생각하게 돼요." 그녀는 고개를 끄덕였고 나는 전혀 예상치 못한 대답을 들었다. "그렇습니다. 우리는 이 아이들에게서 많은 것을 얻습니다! 이곳은 정말 특별한 곳이에요!" 그녀는 그곳에서 일하는 것이 행복하다.

나는 모든 돌봄 업무에 종사하는 분들을 존경하며 특히 L 씨에게서 많은 것을 배웠다.

로고테라피스트에 의한 사례 연구

트라우마

루카스: 전 세계적인 추세에 따르면 앞으로 폭염과 가뭄이 더 많아질 뿐만 아니라 이주와 난민들도 점점 더 많아질 것으로 예상된다. 이는 인구 증가와 거주 가능 공간 감소로 인한 당연한 귀결이다. 산업 도시에서 저렴한 주택을 찾기가 점점 더 어려워지는 것처럼, 살기 좋은 쾌적한 지역을 찾는 것도 점점 더 어려워질 것이다. 수백만 명의 사람들이 비참한 정치적, 경제적, 기후변화로 인한 상황을 피하기 위해 필사적으로 국가 간 이동을 할 것이다.

논리적으로 볼 때 피할 수 없는 결과는 수백만 명의 사람들이 *정신적 외상*을 경험하게 될 것이라는 점이다. 처참한 상황에서 도망친 사람들은 대부분 오랫동안 비참한 상황을 경험했을 것이다. 사람들이 집, 익숙한 문화, 소셜 네트워크를 떠나 미지의 세계로 모험을 떠날 수밖에 없는 상황은 분명 끔찍할 것이다. 그들 중 많은 이들에게 기다리고 있는 것 또한 매우 열악한 상황일 것이다. 그들은 거부당하고 원망받을 것이며, 운 좋게 다른 나라에 수용되더라도 트라우마를 극복하는 데 도움이 되는 치료를 제공받지 *못할*

것이다. 운이 좋아서 음식, 담요, 텐트, 심지어 약간의 의약품을 받을 수 있다면 다행인 것이다. 운명의 복권에 당첨된 사람은 교육을 받거나 일자리를 제안받을 수도 있다.

내가 이것을 언급하는 이유는 앞으로 우리 모두는 스스로의 노력으로 자신을 재건하거나, 정신적 폐허 상태로 몰락해야 하는 수많은 트라우마 환자들을 상대해야 한다는 사실을 분명히 알아야 하기 때문이다. 심리치료사로서 나는 그것이 무엇을 의미하는지 잘 알고 있다. 하지만 전시 세대에 태어난 나는 비슷한 트라우마를 겪었고 치료적 도움도 부족했던 유럽의 이 세대 사람들이 놀라울 정도로 성공적인 방식으로 그들의 꿈을 실현할 수 있었다는 것도 알고 있다. 이를 통해 인간은 육체적, 정신적 환경의 지배를 받지만 *영적 능력은 지배받지 않는다*는 프랭클의 '비극적 낙관주의tragic optimism'의 진실성에 대한 확신을 가질 수 있을 것이다. 인간은 모든 것을 새롭게 할 수 있는 도전적 힘defiant power을 가지고 있으며, 필요하다면 불사조처럼 잿더미에서 다시 일어날 수 있다.

문제는 요즘 이 사실을 모르는 사람들이 많다는 것이다.

쇤펠트: 36세 M 씨는 밤에 잠을 잘 못 자고 자주 깨는 문제로 나를 찾아왔다. 세 명의 어린 자녀들 때문에 밤에 잠에서 깨는 경우가 많아서 수면장애가 상당히 심하다고 하였다. 그러나 이 문제는 그녀가 나에게 온 이유를 설명할 때 처음으로 한 말일 뿐이다. 곧바로 그녀는 끔찍한 어린 시절을 보냈기 때문에 자신의 수면 장애는 놀라운 일이 아니라고 덧붙였다.

그녀의 어린 시절에 대해 좀 더 자세히 물어볼지는 아직 고려 중이다. M 씨는 이미 성인이 되어 가정을 꾸린 상태이다. 그녀의 어머니는 출생 직후 사망했고 그녀의 아버지는 1년 뒤 재혼했다. M 씨는 아버지가 재혼한 것이 세 어린 자녀를 돌봐줄 사람이 필요해서였다고 믿고 있다. 그러나 그녀의 계모는 아이들보다 예쁜 옷과 호화로운 생활에 더 관심이 많았다. M 씨는 삼촌에게도 성폭행을 당했다. 몇 년 전에 그녀는 뇌졸중으로 거의 죽을 뻔했고 이것은 전혀 예상치 못한 일이었다. 그녀의 어머니 가족 중에 뇌졸중 병력이 있었으므로 아마도 유전적 소인이 있을 것이다. 그녀는 신체 일부에 마비가 왔고, 몇 달 동안 물리치료와 혹독한 운동을 통해서 겨우 극복할 수 있었다. 이제 그녀는 또 다른 뇌졸중이 발생할 가능성을 최소화하기 위해 생활 방식을 엄격하게 관리하고, 건강한 식생활을 하며, 규칙적으로 운동해야 한다.

"내 인생의 모든 것이 잘못됐고 저는 너무나 많은 불행을 겪었어요."라고 M 씨는 계속 한탄하였다. 그녀는 사랑이 담긴 보호를 받고 어린 시절을 보내는 아이들이 부러웠는데, 자신은 이러한 돌봄을 받지 못했기 때문이다. 어렸을 때 그녀는 자신이 하고 싶은 일이 무엇인지 정확히 알고 있었다. 어릴 때부터 말을 무척 좋아했던 그녀는 말 농장을 운영하고 싶었다. 하지만 계모는 이런 그녀의 바람을 무시하고 슈퍼마켓에서 일하도록 강요했다. 처음에 그녀는 소매업이 마음에 들지 않았다. 나중에 그녀는 약국에 취직했는데 그 일이 더 나았다. 그녀는 여전히 그곳에서 만족스럽게 일하고 있지만, 아이들 때문에 일주일에 반나절만 일하고 있다. "내 인생은 모든 것이 잘못되었어요..."라는 것이 그녀가 자주 하는 불평이다.

루카스: 상대성 이론은 물리학에만 적용되는 것이 아니다. 심리학에서도 사실에 대한 평가는 *상대적*relative이며, 이러한 평가는 매우 *주관적*subjective이다.

그렇기 때문에 우리는 서로 다른 두 가지 고통의 상황을 비교하려고 해서는 안 된다. 지중해에서 반쯤 익사한 채로 떠밀려온 아프리카 난민의 관점에서 보면, M 씨는 남편, 아이들과 함께 시설이 좋은 아파트, 좋은 급여과 의료 서비스 및 연금을 받는 직장을 가지고 있으며 푹신한 침대에서 잠을 자며 이 모든 안락함을 잃을까 봐 걱정할 필요가 없는 안전한 곳에 살고 있다. 난민은 이 상황에 대한 평가가 *상대적*이라는 사실을 모를 수 있다. 우리는 심리치료를 할 때 이 점을 잊지 말아야 한다. 그럼에도 불구하고 우리는 환자의 관점을 바로잡아야 하는 경우가 많다. 환자의 관점은 잘못된 판단에 너무 가깝고 정신적 탈선의 길을 열어주기 때문이다.

그러므로 우리는 지금까지의 삶의 '모든 것'이 잘못됐다는 M 씨의 평가에 이의를 제기할 필요가 있다. 예를 들어, 뇌졸중에서 회복된 것은 기쁘고 감사한 일이다. 그녀의 활기차고 건강한 세 자녀도 훌륭한 선물이다. 자신의 선물에 감사하지 않거나 선물을 잃은 후에야 깨닫는 사람은 말할 수 없이 어리석을 뿐만 아니라 삶의 질을 스스로 박탈하는 것이다.

고통을 겪고 있는 환자들은 종종 자신의 삶에서 긍정적인 것들을 받아들이지 못하기 때문에 이들에게 사용할 수 있는 유용한 방법이 있다. 먼저 환자 *자신*이 긍정적인 방식으로 성공한 일을 보여준 다음, 자신의 운명의 긍정적인 측면을 조심스럽게 확인하는 것이다. 누가 진정한 칭찬을 싫어하겠는가? 칭찬을 받는 사람들은 칭찬받지 못하는 사람과 달리 항상 다른 사람이나 다른 것을 더 기꺼이 칭찬한다.

쇤펠트: 나는 M 씨의 말에 동의할 수 없다. 내 앞에 있는 여성은 심각한 질병을 용감하게 극복했다. 계속해서 불평을 늘어놓고 온 가족을 화나게 할 수도 있었지만, 오히려 힘든 재활 과정을 거치며 용감하게 자신의 운명에

맞섰다. 이 사실에 대해 그녀는 존경받을 가치가 있다! 그녀는 두 아들과 딸에게 훌륭한 모범을 보였다. 그녀는 자신의 독립적인 삶을 되찾는 대신 다른 사람들의 보살핌을 받도록 허용할 수도 있었다.

M 씨는 이에 대해 생각하고 동의하였다. 그녀는 불우한 어린 시절에도 불구하고 용감하게 살아왔기 *때문에* 많은 존경을 받을 자격이 있다. 이런 상황에서도 그녀는 모든 사회적 접촉을 피하지도 않았고 낙담하지도 않았다. 그 대신, 그녀는 자신에게는 허락되지 않았던 안전한 성장 환경을 자녀들에게 제공했다. 이것은 최고의 존경과 인정을 받을 가치가 있다!

M 씨는 이러한 관점에 놀랐지만 사실이라고 말했다. 그녀는 심지어 남편을 만난 것은 행운이었다고 덧붙였다. 그녀가 정말 좋은 결혼 생활을 하고 있고 훌륭한 자녀를 둔 것은 사실이라고 인정하였다. 그럼에도 불구하고 그녀는 인생에서 너무 많은 고난을 겪었기 때문에 종종 슬퍼한다. 그녀는 너무 일찍 순결을 잃었고, 나이보다 일찍 성숙해야 했고, 힘든 세월을 겪었다.

그렇다면 좋은 점뿐만 아니라 어려웠던 점도 자세히 살펴보겠다. 철학적으로 보자면 공평하게 분배되는 것은 없다. 아마도 그녀의 어린 시절이 다른 사람들의 어린 시절보다 더 어려웠을 수도 있다. 인간으로 태어난 이상 선택의 여지가 없는 일이 많다는 사실을 잠시 생각해 보았다. 우리가 결코 선택하지 않았을 불가피한 일이 항상 우리 앞에 직면해 있다. 그러나 우리가 자유롭게 선택할 수 있는 *선택이 하나* 있는데, 그것은 바로 주의를 어디에 집중할 것인지 결정하는 것이다. 예를 들어, 그녀는 과거의 황량한 삶에 관심을 쏟는 선택을 할 수 있다. 또는 자녀, 행복한 결혼 생활, 뇌졸중으로부터의 회복 등 더 만족스러운 일에 집중할 수도 있다. 이것은 그녀 자신의 결정이며, 그녀의 하루가 암울할지 아니면 부드러운 빛으로 물들지 결정할 것이다.

어떤 결정을 내리든, 그리고 우리가 좋은 일에 관심을 쏟는다 해도 *우리가 겪었던 고통은 여전히 고통으로 남아있다*. 누구도 우리에게서 고통을 가져갈 수 없다. 문제는 그것이 계속해서 우리에게 해를 끼칠 뿐인지 아닌지의 여부이다. 고통을 인내함으로써 우리는 종종 특정한 '고통에 대처하는 역량'(루카스)을 개발할 수 있다. 안락하고 편안한 삶을 통해서는 개발할 수 없는 기술을 습득하게 된다. M 씨는 내 말이 무슨 뜻인지 즉시 이해하였다. 그렇다, 그녀는 역경과 싸우는 법을 배웠다. 가족들에게 힘든 일이 닥칠 때면 그것을 헤쳐나갈 길을 찾는 사람은 항상 *그녀*이었다. 하지만 그녀는 이에 대한 대가가 너무 컸다고 말했다.

루카스: 과학자들은 트라우마 피해자들에 대해 수많은 연구를 수행해 왔다. 먼저 다음 사항에 주목해 보겠다. 연구에 참여한 사람들은 모두 트라우마에서 *살아남은* 사람들이다. 내가 이 점을 강조하는 이유는 끔찍한 사건(지진, 전쟁 등)으로 인해 그들의 삶이 죽음으로 끝날 수도 있었기 때문이다. 따라서 트라우마에서 살아남은 사람들은 지옥의 한가운데서 어느 정도 자비를 경험한 것이다. 살아남은 것에 감사하는지 여부는 그들에게 달려 있다. 그러나 사실 삶 자체는 트라우마 이후의 삶을 개별적인 방식으로 형성할 수 있는 많은 가능성을 제공한다. 자유가 열릴 때마다 의지는 점차 다시 깨어나 창의성을 발휘하도록 한다.

추가 관찰: 트라우마를 겪은 후 '이전의 삶'과 같은 사람은 아무도 없다. 트라우마는 사람을 변화시킨다. 어떤 방식으로 변화할까? 여기에서 말 그대로 서로 다른 영혼이 분리된다. 복수, 증오, 분노, 분쟁에 대한 의지가 지

배척이라면 삶의 상황은 과거의 그림자로 고통당하는 삶이 된다. 현재의 모든 방에는 트라우마가 항상 매복해 있을 것이다. 반면에 '의미에의 의지will to meaning'가 지배한다면 개인은 가치 있고 새로운 능력이 발달되는 방향으로 변화할 것이다. 고통받는 사람들은 민감해진다. 그들은 무엇이 아프고 얼마나 아픈지 잘 *알고 있다!* 그리고 이 사실을 *잘 알기에* 같은 고통이 다른 사람에게 퍼지는 것을 막기 위해 특히 더 노력한다.

독일 아우토반에서 최초의 긴급 호출 시스템을 발명한 기술자에게는 구급차가 너무 늦게 도착하여 고속도로에서 사고로 피를 흘리며 사망한 아들이 있었다. 뮌헨의 한 유명한 사회 교육 활동가는 자제력을 잃고 폭력 행위를 저지른 남성들을 위한 토론모임을 시작하는 등 가정 폭력에 맞서기 위해 많은 노력을 기울였다. 그는 아버지의 폭행으로 인해 한쪽 눈이 실명되었다. 고통받는 사람들이 다른 사람들에게 축복이 된 사례는 매우 많다. M 씨도 예외는 아니다. 그녀는 세 아이를 책임져야 했던 계모의 모범을 따르기보다 자신의 세 자녀에게 따뜻한 성장환경을 제공했다. 이는 다음과 같은 사실을 입증한다. 1. 누구도 자신이 경험한 행동 모델을 따르도록 강요받지 않으며, 2. 비극이 반드시 또 다른 비극으로 이어지는 것은 아니다. 비극은 내면의 승리를 위한 기회가 될 수도 있다.

안타깝게도 M 씨는 아직 내면의 승리를 이루지 못했다. 그녀의 '의미에의 의지'는 여전히 분노와 원한이라는 요소와 뒤섞여 있다. 내 동료의 치료 작업 중 일부는 이러한 요소를 제거하는 것이다.

쇤펠트: 다음 상담에서 M 씨는 최근 가족 구성원의 사망으로 인해 무산된 가족 모임에 대해 이야기해주었다. 그 이후로 그녀는 죽음에 대해 생각해왔고, 가까스로 죽음에 대한 생각에서 벗어날 수 있었다. 우리는 좋은 죽

음이란 어떤 모습일지 이야기한다. 이상적인 죽음의 모습은 충만한 삶을 살다가 평화롭게 떠나는 것이다.

그녀는 오늘 평화롭게 죽을 수 없다고 말한다. 그녀 안에는 너무 많은 분노가 타오르고 있다. 그것이 그녀의 평화를 망칠 것이다. 나는 무엇이 그녀의 분노를 계속 타오르게 하는지 물었다.

그녀는 *삼촌*이라고 설명했다. 그녀의 계모는 자기 중심적이고 사치를 좋아했다. 이 때문에 계모는 수년간 미국에서 생활한 뒤 독일로 돌아온 삼촌(M 씨 생모의 남동생)에게 관심이 많았다. 그는 스포츠카를 몰았고, 북해에 별장을 사서 멋지게 살았다. 이것은 M 씨의 계모를 매료시켰고, 그녀는 종종 그를 자신의 집에 초대했다. 그러나 삼촌은 계모나 두 조카에게는 관심이 거의 없었고, 당시 11살이었던 M 씨에게만 관심을 집중했다. 그는 작은 선물로 M 씨의 마음을 샀고 M 씨는 삼촌이 매우 고마웠다. M 씨는 새어머니와 아버지에게서 받지 못한 애정에 굶주려 있었고, 열심히 일해야 하는 아버지는 저녁에 쉬고 싶어했다. 반면에 삼촌은 M 씨와 많은 시간을 보내주었다. 그는 그녀를 근처의 말 농장으로 데려갔고, 휴일 동안 삼촌과 함께 북해로 여행하는 것이 허락되었다. 그녀는 정말 기뻤었다.

그러나 이 행복한 시간도 잠시뿐이었다. 북해 휴가 중 어느 날 저녁, 그녀가 샤워를 하고 있는데 갑자기 삼촌이 알몸으로 욕실에 나타났다. 그녀는 충격을 받아 그를 피했고, 차 안에서 삼촌이 자신을 만지는 것을 마지 못해 참았다. 집으로 돌아온 그녀는 계모에게 이야기했지만 계모는 그녀의 이야기를 전혀 믿지 않았다. 그녀는 이 고상한 남자가 그런 잘못된 행동을 할 수 있다는 것을 믿지 않았다. 결국 그녀는 삼촌 집에서 강간을 당했다. M 씨는 이 끔찍한 사건을 또렷이 기억하고 있다. 그녀는 얼어붙은 듯 침대에 누워

감히 자신을 방어하지도 못했다. 고통은 엄청났다. 그녀는 계모에게 들키지 않으려고 피 묻은 팬티를 숨겼다. 어떻게 그녀에게 *이것*에 대해 말할 수 있겠는가? 그런 다음 그녀는 배가 아픈 척하고 이틀 동안 침대에 누워 있었다. 그녀는 아무도 자신을 믿지 않을 것이라고 확신했다. 그러나 그녀가 '아프다'는 사실은 삼촌을 겁에 질리게 한 것 같았다. 아마도 그는 자신의 범죄가 드러날까 두려웠을 것이다. 어쨌든 그 이후로 그는 방문 횟수가 훨씬 줄어들었고 결국에는 완전히 멀리 떠났다.

"아무도 제 말을 믿지 않았을 것이고, 누구도 제 편이 아니었을 거예요! 그 사람은 신고된 적이 없어요!" M 씨는 눈물을 흘리며 외쳤다.

그 후 그녀에게 무슨 일이 있었는지 물었다. 그녀는 18세가 되자마자 집을 떠났다. 그녀는 친구와 작은 아파트에서 함께 살며 즐거운 시간을 보냈다. 그녀의 쾌활한 친구는 그녀가 외출할 때마다 M 씨를 데리고 다녔다. 곧 두 사람 모두 첫 남자 친구를 사귀게 되었다. 그들은 지극히 평범한 삶을 살았고 즐거운 몇 년을 보낸 후 M 씨는 현재의 남편을 만났다. 첫눈에 반했고, 지금도 변함이 없다.

나는 그녀에게 첫 자발적 성관계에 대해 물었다. 그녀는 대부분의 젊은이들이 처음에 그렇듯이 자신뿐 아니라 또래의 남자들도 서툴렀다고 말했다. 하지만 남편과의 관계는 행복한 공존으로 이어졌다.

루카스: 강간당한 것은 의심할 여지없이 M 씨의 삶에 충격적인 사건이었다. 그녀의 이야기에서 그녀가 가진 한 가지 의심이 있는데 이것은 다른 성격을 띠고 있다. 이 의심은 바로 그녀가 이 끔찍한 사건을 계모나 아버지, 선생님이나 그녀와 가까운 사람에게 알렸다면 그녀를 믿지 않았을 것이라

는 의심이다. 그러나 M 씨는 배가 아픈 척을 하며 가족을 속이기 위해 최선을 다했다. 그녀는 강간으로부터 자신을 보호하거나, 이를 신고할 엄두도 내지 못했다. 대신 그녀는 침묵 속에서 고통을 겪었다.

"아무도 내 편이 아니었어요! 그 남자는 신고된 적이 없어요!"라는 환자의 외침을 더 자세히 들여다보면 그 연관성을 알 수 있다. *가해자 외에는 누구도 그 행위에 대해 아는 사람이 없었기 때문에* 아무도 그녀의 편이 아니었다. *아무도 그의 범죄를 인지하지 못했기 때문에* 그 남자는 신고되지 않았다. 어쩌면 그녀는 지금까지도 슬퍼하고 있는 그 일을 그 때 예방할 수 있었을지도 모른다. 물론, 그녀는 이 사실을 스스로 인정하고 싶지 않다. 그래서 그녀는 이렇게 주장한다: "아무도 내 말을 믿지 않았을 거예요!"

해석에 신중을 기해야 한다. 어쩌면 이 사건은 실제로 수면 아래로 사라졌을 수도 있다. 하지만 피 묻은 팬티는 꽤 확실한 증거이다. 또한 우리는 아이의 입장에서 본 계모와 아이의 긴장관계에 대해서만 알 수 있다. 계모의 입장을 들을 수 있다면 우리는 분명 전혀 다른 이야기를 듣게 될 것이다. 세 자녀를 둔 홀아비와 결혼하는 것은 확실히 쉽지 않은 일이다. 특히 남편이 일 때문에 지쳐 있고 자녀를 돌보는 복잡한 일에 거의 도움을 주지 않는 경우에는 더욱 그렇다.

해석에 신중을 기해야 하지만, *한 가지* 분명한 것은 M 씨가 18번째 생일 이후 친구와 함께 즐거운 시간을 보내는 동안 아무도 그녀가 삼촌을 경찰에 신고하는 것을 막지 않았다는 사실이다. 삼촌은 모든 것을 부인했을 수도 있지만 당국은 확실히 범죄 혐의를 조사했을 것이고 이로 인해 그의 평판은 손상되었을 것이다. 그것은 적어도 M 씨에게 어느 정도 만족감을 주었을 것이다.

M 씨의 이야기에서 그녀가 가족 내 트라우마 이후에 '멋진 시간'을 단지 젊은 남자들을 알아가는 데만 사용했다는 점이 나에게는 이상하게 보인다. 예를 들어 어릴 때부터 느꼈던 말에 대한 사랑을 되살렸다면 훨씬 더 '멋진' 시간이 되었을 것이다. 왜 그녀는 자신이 원하는 말 사육사 직업을 추구하지 않았을까?

모든 인간은 살아가면서 의미를 찾을 수 있는 기회를 놓치는 경우가 있으며, 이를 스스로 인정하기란 항상 어렵다. 이러한 원치 않는 자기 인식self-awareness에 대해 가장 자주 사용되는 전술은 다른 사람의 실수와 누락을 지적하는 것이다. 심지어 자신의 실패를 다른 사람의 탓으로 돌리기도 한다. M 씨가 이런 종류의 산만한 방법을 사용했다는 것은 의문의 여지가 없다. 그녀의 내면에서 타오르는 분노 속에는 '자신에 대한 분노'가 아주 작은 알갱이로 존재할 수 있다.

쇤펠트: M 씨는 전문가인 나에게 어린 시절의 트라우마가 남아 있는지 물어보았다.

로고테라피에서는 그녀의 인간 본성을 여러 측면으로 본다. 그녀의 삼촌은 그녀의 몸과 정신을 손상시켰다. 이것은 무시해서는 안되는 중대한 사실이다. 그러나 *한 인간*으로서 그녀에게는 흠이 없다. 사람의 온전한 본질은 항상 건강하게 유지되며 삼촌은 그것을 만질 수 없었다.

부상당한 소녀의 몸은 치유된 지 오래다. 그녀의 정신도 치유되었다. M 씨는 만족스러운 아내이자 엄마로 성장했다.

그녀에게는 모든 것이 '다시 좋아질' 수 있다. 그녀의 삼촌에 대해서도 마찬가지이다. 강간범으로서의 그의 정체성은 결코 변하지 않을 것이며, 그것은 '선하게' 될 수도 없다. 그의 범죄는 진실의 기록에 저장되어 있고 그가 죽은 후에도 진실은 변함없을 것이기 때문이다.

M 씨는 심호흡을 내뱉었다. 반면 그녀의 계모는 어떠했는가? 그렇다, 그녀가 자신의 역할을 훌륭하게 해내지 못한 것은 안타깝다. 그녀는 많은 책임에 압도당했을 가능성이 있다. 아마도 그녀는 부유하고 친절한 삼촌이 어떻게 자신보다 열한 살 된 아이에게 더 관심이 있는지 이해하지 못했을 것이다. 그녀가 삼촌에 대해 잘못 이상화된 이미지를 갖고 있었을 가능성도 있다. 아니면 M 씨가 그동안 충족되지 못한 희망을 삼촌에게 두었을 수도 있다. 우리는 M 씨의 가족들의 입장과 그들의 관계에 대해 아는 것이 너무 적기 때문에 쉽게 판단할 수 없다. 그러나 우리가 아는 것은 M 씨가 어린 시절의 고통에도 *불구하고* 강한 성격으로 성장했다는 것이다.

"그럼에도 불구하고" - 이 자랑스러운 단어는 그녀의 삶의 많은 에피소드를 설명한다. M 씨는 미소를 지었다.

루카스: 내 동료는 두 가지 기본적인 로고테라피 개념을 치료 과정에서 성공적으로 풀어냈다.

1. 첫째, *사람의 온전함*the intactness of the person이다. 우리는 신체와 정신의 상처에만 취약할 뿐이다. 물론 이것은 상당한 취약성이며 신체적 또는 정신적으로 파괴될 수도 있다. M 씨는 어렸을 때 심한 상처를 입었고, 신체의 자가 치유력이 건강을 회복하기 위해 '작동'해야 했으며, 몇 년이 지난 후에야 그녀는 쾌활한 활동과 이성을 사랑할 수 있는 평범한 삶을 살아갈 수 있었다. 뇌졸중으로 인해 몸이 마비되고 정신이 우울해졌을 때

그녀의 자가 치유력은 두 번째 도전을 받았다. M 씨는 또한 세 번의 임신 과정에서도 자가 치유력이 필요했을 것이다.

그러나 이러한 유기적인 과정에 더하여 모든 인간은 영적인 존재이다. 이 영spirit은 인간에게 의지의 자유freedom of will, 의미에 대한 인식awareness of meaning, 자신을 형성할 수 있는 능력, 그리고 영광스러운 '영의 도전defiance of the spirit'(Frankl)을 부여하며, 이는 신체의 자가 치유력과 함께 M 씨가 어린 시절의 트라우마에도 불구하고 남편을 사랑하고 자녀에게 좋은 엄마가 될 수 있게 해준다. 인간의 영은 육체적인 질병과 결함에 의해 방해받고 심지어 차단될 수 있지만, 그 자체는 질병과 결함의 영향을 받지 않는 차원에 속한다. 그것은 빛과 같다. 깨진 램프에서는 빛이 나오지 않는다. 램프를 수리할 수 있으면 다시 빛이 나올 것이다. 전선이 녹거나 스위치가 고장났어도 빛은 여전히 빛이기 때문에 누구도 빛 자체가 고장났다고 주장하지 않는다. 마찬가지로 M 씨의 영은 그녀의 모든 부정적인 경험에 영향을 받지 않는다.

2. 둘째, M 씨는 *과거의 불변성*unassailability of the past에 대한 사실을 알게 되었다. 우리가 흔히 잘못 생각하고 있지만, 과거는 사라지지 않는다. 오히려 그것은 영원한 진실로 계속 존재하며 제거될 수 없다. 가능하지만 일어나지 않은 것만 (가능성의 공간에서) 사라진다. 반면에 일어난 일은 역사가 된다. 우리 과거의 경우 그것은 *우리의 역사*가 된다.

M 씨 삼촌의 경우, 가능했을 수도 있었으나 일어나지 않았던 사건들이 그의 인생 이야기에 빛을 발했을지도 모른다: 즉, 말 농장이나 북해로의 나들이를 통해 어린이 천국의 유산을 만들 수 있었으나 이러한 가능성은 사라졌다. 실제로 일어난 일은 그의 인생 이야기에 새겨져 모든 매력을 사라지

게 만들었다.

캐나다에서 열린 로고테라피 학회에서 학대 피해자들이 이 점에 대해 인상적인 토론을 한 적이 있다. 그들은 자신들이 겪은 고통은 '벗어날 수 있는 것'이라고 말했다. 그들은 여전히 예의 바르고 예민하며 쾌활한 사람으로 발전할 가능성을 갖고 있었고 앞으로도 그럴 것이다. 그들의 상황은 다른 사람들보다 더 어려웠지만, 그들의 역사는 여전히 이 모든 영광스러운 가능성을 제공했다. 반면에 학대자들은 항상 '피할 수 없는' 학대자였다. 그들은 회개할 수도 있고, 변할 수도 있지만, 그들이 행한 일에서 결코 벗어날 수는 없다. 세상(또는 그 너머)의 어떤 권력도 영원한 진리에서 어떤 것도 제거할 수 없다.

이상하게 들리겠지만, 이런 관점에서 보면 삼촌은 불쌍한 존재이다. 그 당시 소녀였던 M씨가 순수함을 잃은 것이 아니라 오히려 *삼촌이* 자신의 순수함을 잃었다. 그는 소녀에게 해를 끼친 것보다 자신과 자신의 삶에 더 많은 해를 끼쳤다. 그는 지상의 어떤 판결이 그를 벌할 수 있는 것보다 무한히 오랫동안 '벌'을 받을 것이다.

쇤펠트: M 씨는 삼촌에 대한 끊임없는 분노가 그녀에게 아무 도움이 되지 않는다는 것을 인정하였다. 불행히도 삼촌이 사망했기 때문에 그녀는 더 이상 그에게 책임을 물을 수 없다. 그는 그녀의 생각 속에 가시처럼 남아 거의 매일 그녀를 짓누르고 있다. 그녀는 삼촌을 용서해야 한다는 것을 너무나 잘 알고 있지만 그렇게 할 수 없다.

나는 그녀에게 용서는 큰 단어라고 말했다. 용서는 요구할 수는 있지만 결코 강요할 수 없는 관대한 내면의 태도를 말한다. 용서는 트라우마성 외상에 대한 기적의 치료제이자, 들쭉날쭉한 상처를 치유하는 연고이며, 범죄자에게는 자신을 개혁할 수 있는 기회이기도 하다.

하지만 아주 작은 것부터 시작해 보는 것은 어떨까? 분노를 내려놓는 것은? 분노의 짐은 그것을 짊어진 사람의 어깨에 있다는 것을 분명히 해야 하기 때문이다. M 씨는 이 사실을 바로 이해하였다. 그녀의 분노는 그녀의 생각 속에 있는 가시와 곪아 터진 상처처럼 그녀를 무겁게 짓누르고 있다. 그녀의 삼촌은 아무것도 느끼지 못한다! 혼자서만 계속 생각을 되풀이하는 건 미친 짓이다! 이제 이 희극을 끝내야 할 시간이다. *하지만 어떻게?*

나는 삼촌이 어디에 묻혀 있는지 아느냐고 물었다. 그녀는 삼촌의 무덤에 가본 적은 없지만 어디에 묻혀 있는지 알고 있다고 하였다. 그렇다면 나는 그녀가 용기가 있고 시간이 있다면 삼촌의 무덤에 방문하는 것을 권하였다. 그녀가 그의 무덤 앞에 서있을 때 삼촌에 대한 기억을 떠올려야 한다. 그녀는 다시 분노가 엄습할 경우를 대비해 이 일을 조심스럽게 해야 한다. 그녀는 집중해서 삼촌의 선하고 친절했던 모든 것을 기억하는 것부터 시작해야 한다. 삼촌이 소녀였던 M 씨를 어떻게 돌보았는지, 그의 재미있는 대화, 그의 선물. M 씨가 이의를 제기했다. "뭐라고요? 이 괴물의 좋은 면을 기억해야 한다구요?" "예, 그렇지 않으면 작동하지 않습니다." 괴물과 대화할 수는 없지만, 그것이 바로 그녀가 해야 할 일이었다. 삼촌이 그녀와 은밀한 동기 없이 장난스럽게 보냈던 좋은 시간, 즐거운 시간이 있었다. 이 역시 진실에 속하므로 숨겨서는 안된다. 비록 그에게 아주 작은 좋은 점이라도 있었다면, 그것이 바로 그녀가 기억에서 상기시켜야 할 바로 그 점이다.

그녀는 그의 무덤 앞에 서서 그와의 좋았던 기억을 상상하고 그의 이미지가 그녀 앞에 떠오르도록 해야 한다. 가슴 속의 감정의 파도가 가라앉을 때까지 기다려야 한다. 그가 그녀의 내면 앞에 서 있을 때, 그녀는 어린 시절의 공포, 면도날처럼 날카로운 고통, 그 이후로 그녀가 가지고 있던 모든 원한과 분노 등 모든 것을 그에게 말할 수 있다. 그녀가 지금까지 지고 있는 모든 짐을 그 앞에 내려놓아야 한다. 특히 처음에 두 사람 사이에 그토록 희망찬 순간이 있었기 때문에 그와 진정한 우정을 쌓았다면 좋았을 것이라고 말할 수도 있다. 그리고 그녀는 그에게 왜 이 우정이 그렇게 빨리 깨져야 했는지 물어볼 수 있다.

그는 이 모든 것을 들어야만 한다. 그녀의 독백이 끝나면 그에게서 답을 얻을 수도 있다. 결국 그는 그녀의 생각 속에 여전히 '살아있기' 때문이다. 그녀는 그가 강간범으로 죽었고, 그가 저지른 모든 공포를 무덤으로 가져갔다는 것을 기억해야 한다(그리고 그것은 그에 대한 진실의 일부로 남아 있다). 그 공포는 더이상 그녀에게 달라붙어 있지 않다.

"아니요, 그 사람은 더 높은 재판관 앞에 서서 답변을 해야 해요." 주의 깊게 듣고 있던 M 씨가 덧붙였다. 그녀는 갑자기 안도감을 느끼는 것 같았다. 삼촌이 그녀의 삶에 매일매일 유령처럼 돌아다니도록 허용해서는 안 되지요! 그녀는 고개를 절레절레 흔들었다. 그녀는 더 이상 삼촌이 자신의 곁에 있는 것을 원하지 않았다. "좋아요! 다녀오겠어요." 그녀는 묘지에 가서 자신을 오랫동안 괴롭힌 분노와 영원히 작별 인사를 할 것이다.

루카스: 여기서 내 동료는 '상상 대화imaginary dialogue'[1] 방법을 훌륭하게 적용했다. 경험에 따르면 죽은 사람과 대화를 나눌 수 있다. 사랑하는 사람을 잃었거나 멀리 떨어져 있는 거의 모든 사람들이 이 사람과 영적으로 대화할 수 있다. 영적인 차원은 공간과 시간을 쉽게 초월한다. 그러나 사랑하

1) Viktor E. Frankl의 절친한 친구인 Joe Fabry가 캘리포니아주 버클리에서 처음 개발했다.

지 않는 사람과 소통하는 일은, 당연한 말이지만 원하지 않으므로 거의 생각하지 않는다.

우리는 로고테라피를 통해 죽은 사람과 대화하는 것이 특히 두 대화 상대 중 한 명이 어떤 식으로든 상대방에게 상처를 입힌 경우 치유효과를 가져올 수 있다는 것을 알고 있다. 나 자신도 이런 유형의 대화에 대한 놀랍도록 좋은 사례를 경험한 적이 있다. 예를 들어, 몇 년 후 낙태를 후회하는 여성의 사례를 살펴보자. 태아와의 상상 대화를 통해 태아를 어머니의 마음으로 받아들이고 생명을 단축시킨 것에 대해 사과함으로써 마음의 평화를 얻을 수 있다. 한번은 목을 메어 자살한 19세 딸의 시신을 발견하고 "내 딸이 어떻게 나에게 이런 고통을 줄 수 있어."라고 끊임없이 울부짖으며 정신이 혼미한 어머니에게, 딸과 상상대화를 해보라고 조언한 적이 있다. 그 후로 어머니는 훨씬 더 차분해졌다. 그녀는 죽은 딸이 "엄마 잘못이 아니야."라고 털어놓았다고 했다. 나는 딸의 말이 옳았다는 것을 인정할 수 있었다. 의료 보고서에 따르면 딸은 심한 우울증을 앓고 있었고, 딸을 죽인 것은 딸의 의도가 아니라 이 질병 때문이었다.

이 예는 이러한 예외적인 상황에서 살아남은 당사자의 감수성과 통찰력이 민감해진 결과로 죽은 사람이 할 법한 말을 들을 수도 있다는 사실을 보여준다. 신비로운 방식으로 이러한 신호는 위안을 준다.

쇤펠트: 몇 주 후에 만났을 때 M 씨가 삼촌의 무덤을 찾았다고 말했다. 공동묘지에 있는 삼촌의 무덤은 구석진 곳에 있어서 상상대화를 하기에 전혀 방해되지 않는 곳이었다. 처음에 그녀는 삼촌에 대해 좋은 기억을 떠올리기가 매우 어려웠다. 수십 년 동안 그녀의 마음 속에 끊임없이 떠오르는 끔찍한 사건으로 인해 좋은 기억이 묻혀졌기 때문이다. 그러나 좋은 기억이

떠오르자 마자 M 씨는 삼촌과 솔직하게 터놓고 상상대화를 할 수 있었다. 눈물이 뺨을 타고 흘러내렸지만 더 이상 분노의 눈물이 아니었다. 그녀는 죄책감에 고개를 숙인 채 그녀 앞에 조용히 서 있는 삼촌을 보았다. 그녀는 한참을 서서 생각에 잠겼다.

집으로 돌아온 그녀는 처음에는 여행에서 얻은 것이 아무 것도 없다고 생각했다. 그러나 곧 그녀는 몇 가지 중요한 변화를 발견했다. 매일 아침 잠에서 깨어날 때마다 그녀를 괴롭혔던 찌르는 듯한 생각은 완전히 사라졌다. 이제 그녀는 더 활기차게 하루를 시작한다. 직장에서 그녀는 "오늘 정말 행복해 보여요!"라는 말을 동료들에게 자주 듣는다. 그녀의 동료들은 그녀 주변에서 편안함을 느낀다. 그녀는 이렇게 고백하였다. "이런 일은 전에는 없었어요. 평생 동안 저는 다시 상처받지 않기 위해 숨기고 스스로를 보호해 왔는데… 이제는 두려움 없이 마음을 열 수 있게 되었어요." 나는 정말 기뻤다. M 씨도 자신의 끔찍한 기억에서 벗어나게 되어 매우 기뻐했다.

M 씨가 나에게 소아성애가 어떻게 발생하는지 물었다. "왜 남자들은 그런 잔인한 행동을 저지르나요?" 나는 그녀에게 성향과 나쁜 환경이 모두 관련되어 있다고 설명했다. 우리 모두는 후천적이거나 유전적인 성향을 가지고 있다. 어떤 사람들은 중독이나 의존 성향이 있다. 반면 어떤 사람들은 정력이 강한 기질을 가지고 있다. 일부는 매우 집착하거나 억제되어 있다. 중요한 것은 나쁜 성향에 맞서고 유용한 재능을 개발하는 것이다. 나는 그녀에게 건축가와 건축 자재에 대한 프랭클의 비유를 이야기해주었다. 우리의 유전, 인상, 신체적 특성, 모든 사회심리학적 영향은 운명이 우리에게 던진 건축 자재이다. *영적인 사람*으로서 우리는 그 건축자재로 감옥이나 호텔, 빈민촌이나 대성당 등 무엇을 지을지 결정한다.

소아성애적 성향은 어려운 부담이다. 포르노 사진(인터넷에 전염병처럼 확산됨)을 보는 것은 영향을 받은 개인이 모든 윤리적 고려를 무시하고 어린이를 희생하여 자신의 욕구를 행동으로 옮길 때까지 압력을 가중시킨다. 우리는 M 씨의 삼촌이 소아성애자인지, 즉 그가 '정상적인' 성교를 거의 할 수 없었는지 여부를 알 수 없다. 어쨌든 그는 전문가의 도움을 구할 수도 있었을 것이다. 또한 '비정상적인' 성적 욕망에 압도된 사람들이 '가해자'가 되지 않기 위해 협력하고 예방 전략을 교환하는 자조 그룹을 통해서도 도움을 받을 수도 있었다. 그 누구도 기본적인 개인적 책임에서 자유로울 수 없다.

삼촌의 무덤 장면에서 주목할 만한 점은 그가 자신을 변호하지 않았고 (M 씨가 상상한 모습에서) 일어난 일을 과소평가하지 않았다는 것이다. 그는 *그저 고개를 숙인 채 침묵을 지켰을 뿐이다.* 죄책감을 느끼는 자세로 그녀 앞에 서는 것이 적절했다고 볼 수 있다. 그 이후 M 씨의 어린 시절에 대한 분노가 해소되었다는 것은 더욱 기쁜 일이다. 그녀의 영혼은 평화로워졌고, 그녀의 유쾌한 카리스마로 인해 그녀 주변의 사람들 또한 편안해졌다.

루카스: M 씨는 원래 수면 장애에 대한 도움을 받기 위해 내 동료에게 연락했다. 환자가 말한 것처럼 이러한 수면 장애와 M 씨의 어린 시절 트라우마 사이에 실제로 연관성이 있는지는 의문이다. 나는 개인적으로 이것은 설득력이 없어 보인다. 내 해석은 M 씨에게도 문제가 되는 우울 성향이 있다는 것이다. 트라우마에도 불구하고 36세가 된 그녀가 여전히 11살 때 있었던 일에 대한 생각에 사로잡혀 있는 것은 이례적이다. 그러나 결혼, 직장, 자녀, 뇌졸중 재활에도 불구하고 삼촌에 대한 생각에 끊임없이 사로잡혀 있다는 사실은 아마도 수면 장애의 원인이 아닐 것이다. 큰 일에서와 마찬가지로 작은 일에서도 M 씨는 가정 문제, 일상 뉴스, 미래 계획 등을 고민하는 경향이 있다. 그리고 언제 고민이 더 심해지는 시간적 여유를 가질 수 있었

을까? 그 때는 그녀가 저녁에 잠자리에 들 때나 한밤중 잠에서 깰 때이다.

이것은 편안한 수면과 양립할 수 없다. 편안한 잠을 자려면 긴장을 풀고 하루의 걱정을 떨쳐버려야 한다. 개가 '활력을 회복하기' 위해 규칙적으로 운동을 해야 하는 것처럼, 우리의 뇌도 규칙적으로 '회복하는 시간'이 필요하다. 꿈을 쫓으면 잠이 오게 되어 있다. 인지적으로 말하자면, 지나친 고민이나 생각은 수면을 방해할 수 있다.

내 동료는 과거에 대한 환자의 끊임없는 부정적인 생각을 능숙하게 해소했다. 다음으로, 그녀는 밤마다 잠을 설치게 하는 우울한 생각에 종지부를 찍어야 한다.

쇤펠트: 이제 M 씨가 처음에 언급한 불면증을 치료해야 할 때이다. 그녀는 보통 10시에 잠자리에 들지만 잠들기까지는 시간이 오래 걸린다. 새벽 2시쯤 깨서, 본래 일어나야 할 오전 6시 30분경까지 계속 뒤척이기도 한다.

나는 그녀에게 수면 시간이 가장 중요한 것은 아니라는 프랭클의 연구 결과를 말해주었다. 며칠 밤 연속해서 숙면을 취하지 못하면 신체는 그 후 더 깊은 수면에 들어가 스스로 회복한다. 이것은 몇 시간밖에 자지 못했지만 깊이 잠든 사람이, 오랫동안 누워있어도 선잠을 잔 사람보다 더 상쾌하게 일어남을 의미할 수 있다. 그러므로 그녀는 수면 시간에 대해 걱정할 필요가 없다.

나는 또한 수면에 관한 연구에서 얻은 흥미로운 사실도 그녀에게 소개하였다. 2018년 4월 4일 SZ 온라인 기사에서 밤새도록 잠을 잔다는 생각이 잘못된 믿음이라는 사실이 밝혀졌다. 레겐스부르크 지역 병원의 피터 가이슬러Peter Geisler는 저녁에 잠을 잘 때 사람들은 자신도 모르게 한 시간에 최대

10번까지 몇 초 동안 잠에서 깬다는 사실을 발견했다. 그의 견해에 따르면 이것은 불확실한 시대에 사람들이 위험이 다가오고 있는지 지속적으로 확인할 수 있는 생존 메커니즘이다. 그러나 잠에서 깨어나는 이 짧은 순간에 밝은 빛이 번쩍이거나 천둥소리가 지나갈 때, 아기가 비명을 지르거나 우리가 *걱정에 휩싸일 때*에만 잠에서 깨게 된다.

그러므로 우리는 걱정을 놓아버리는 방법을 알아야 한다. 걱정거리와 낯선 남자들은 그녀의 침대에 있을 자리가 없다고 농담한다. M 씨는 웃는다. 잠자리에 들기 전, 생각나는 크고 작은 걱정거리들을 가방에 묶어서 냉동고나 지하실에 넣어두어야 한다. 그녀는 아침에 걱정을 다시 풀겠다고 스스로에게 약속할 수 있으며, 밤은 더 중요한 일을 위해 예약된 '걱정 없는 구역'이다!

나는 역설적인 질문을 했다. "왜 잠을 자느라 밤을 낭비하나요? 잠은 지루하잖아요!" 또한 그녀에게 인생에서 가본 곳 중 가장 아름다웠던 곳을 말해 달라고 요청했다. M 씨는 남해의 한 섬에서 휴가를 보내는 중이었기 때문에 오래 생각할 필요가 없었다. 하얀 모래로 덮인 아름다운 백사장, 줄지어 늘어선 야자수, 맑은 물이 있었다. 훌륭하다! 이곳은 그녀가 상상 속에서 날아갈 수 있는 최고의 장소이다! M 씨는 바깥쪽 눈을 감고 내면의 눈을 크게 떠야 한다. 그녀는 섬 해안의 아름다운 하얀 모래가 어떻게 반짝이는지 보아야 한다. 손가락 사이로 모래가 빠져나가고 햇볕이 얼마나 따스한지 느껴야 한다. 그런 다음 잔잔한 파도 소리를 들을 수 있어야 한다. 파도가 오고 가고, 오고 가고, 오고 가고... 파도 사이로 불어오는 부드러운 바람을 느낄 수 있다. 그리고 고개를 들면 속삭이는 바람에 흔들리는 야자수 잎이 앞뒤로 계속 흔들리는 것을 볼 수 있다... "그만, 난 벌써 잠들었어요!" M 씨는 신기해하며 웃는다. "해변을 따라 조금만 걸어가면 조개껍데기를 찾을 수 있을 거예요."라고 나는 제안했다. "모래로 몸을 덮을 수도 있고, 야자수 그늘에 누워있을 수도 있고, 바다에 발을 담글 수도 있고... 재밌지 않나요? 지루한 잠보다 훨씬 좋죠! 밤에 침대에 누워있을 때 "왜 잠을 자려고 해! 꿈의 섬으로 가자!"라고 생각해보세요.

2주 후, 나는 M 씨가 그녀의 '섬'에서 어떻게 지냈는지 궁금하였다. 항상 효과가 있었던 것은 아니었지만, 그녀는 전보다 훨씬 더 편안하고 활기찬 아침을 맞았다. 수면 시간이 중요하지 않다는 사실을 안 것이 그녀에게 많은 도움이 되었다. 그녀는 더 이상 억지로 잠을 자려고 애쓰지 않아도 된다. 그녀는 또한 자신의 '섬'에서 꽃과 이국적인 숲을 발견했다. 바다를 탐험하거나 수영을 하면 피곤해진다고 그녀는 웃으며 말했다. 어쩌면 그녀는 잠을 많이 자지 않아도 되는 사람일지도 모른다. 그녀가 침대에 편안하게 누워 '걱정을 내려놓고' 그 대신 풍경을 상상하면, 완전히 회복된 느낌을 받고 아침에 활력이 넘치는 상태로 침대에서 일어날 수 있다. 그녀는 매우 고마워했다.

루카스: 환자를 위한 '꿈의 섬'을 만들려면 개인적인 선호도를 주의 깊게 파악해야 한다. 모든 환자가 섬이라는 아이디어에 반응하는 것은 아니다. 그러나 M 씨의 경우, 이 상상 섬의 형상화는 그 목적, 즉 '탈숙고'를 성공적으로 달성한 것으로 보인다. 중요한 문제나 긴급한 업무 등 어떤 것에 대해 *생각하지 말라고* 강제할 수는 없다. 지속적이고 원치 않는 생각은 차분하고 편안한 느낌을 주는 *생각을 하도록* 지시함으로써만 제거될 수 있다.

M 씨의 말에 대한 사랑이 여전히 내면에 잠재되어 있는지 살펴볼 수도 있었을 것이다. 그렇다면 갈기를 휘날리며 꼬리를 멋지게 올린 멋진 동물들로 가득한 상상의 말 농장도 이상적인 꿈의 농장이 되었을 것이다. 그녀는

풀밭에 앉아 문에 기대어 동물의 냄새를 맡으며 근육의 움직임을 관찰하고 발굽이 빙글빙글 도는 소리를 들을 수 있었다. 물론 이 상상 속 이미지에 위험이 전혀 없지는 않았을 것이다. 삼촌과 얽힌 말 농장에 대한 추억이 있으니 말이다.

그럼에도 불구하고 M 씨는 무고한 동물과 죄가 있는 사람을 구별할 만큼 나이가 들었다. 승마와 말 사육에 대한 그녀의 사랑이 나이가 들면서 완전히 사라진 것이 안타깝다. 하지만 그녀는 아직 젊다. 그녀의 미래가 어떻게 펼쳐질지 누가 알겠는가?

쇤펠트: 상담을 종료하면서 나는 M 씨에게 인생을 모자이크로 비유한 것에 대해 이야기하였다. 모자이크에는 어두운 돌과 밝은 돌이 모두 포함되어 있다. M 씨의 자녀, 친구, 남편은 밝은 돌 부분이다. 그녀가 트라우마를 딛고 용감하게 일어난 밝은 돌도 있다. 그 한가운데에는 새까만 돌이 놓여 있다. 이 돌이 중앙에 놓여있을 자격이 있을까? 아니다. 그녀는 그것을 한쪽으로 치워둔 지 오래되었다고 말했다. 물론, 한번 모자이크에 놓인 돌은 치울 수 없다(정확히는 없앨 수 없다). 하지만 돌 사이의 빈 공간은 그녀가 살아 있는 한 얼마든지 채울 수 있다. M 씨는 자신의 모자이크를 완성하기 위해 자신이 할 수 있는 가장 귀중한 돌을 기꺼이 선택한다. 그녀는 운명에 의해 추가된 어두운 돌과 함께 밝은 돌을 삽입할 수 있다는 생각에 신선한 충격을 받았다. 앞으로도 그녀는 불행에 흔들리지 않고, 밝은 색 돌을 추가할 예정이다.

그녀에게 아이디어가 있다. 그녀는 가족과 함께 나들이를 갈 때 다양한 색깔의 밝은 색 돌, 작은 깃털, 나뭇가지 등을 수집할 것이다. 그녀는 남편에게 두꺼운 테두리가 있는 액자를 만들어 달라고 부탁할 것이다. 이 액자에 그녀는 자신의 삶을 표현하는 모자이크인 콜라주를 만들 것이다. 그녀는 이 그림에서 무엇이 중요한지 신중하게 선택할 것이다. 결국 그녀가 주인인 건축물이다. 그녀의 콜라주 모양을 결정하는 것은 건축 자재가 아니라 그녀 자신이다.

M 씨는 어깨를 펴고 가벼운 발걸음으로 내 진료실을 떠났다.

'의미에의 의지'가 승리하면 어떠한 트라우마도 사람을 무너뜨릴 수 없다는 것을 다시 한 번 목격할 수 있었다.

로고테라피스트에 의한 사례 연구

슬픔의 고통

루카스: 우리 모두가 죽는다는 것은 불변의 진리이다. 그러나 우리는 살면서 이 사실을 모르는 것처럼 행동할 때가 많다. 우리는 모든 것이 영원히 지속될 것처럼 생각하고 행동하며 지속적인 삶의 질에 대해서만 생각한다. 적어도 설득력 있는 이유 없이는 자신과 사랑하는 사람의 죽음을 공개적으로 직면하는 사람은 거의 없다. 비참한 사건이나 갑작스러운 죽음이 우리를 그토록 뒤흔드는 이유가 바로 여기에 있다. 이 피할 수 없는 경험은 '영원한 지속'이라는 환상을 파괴하고 인간을 무릎 꿇게 만든다. 소유, 명예, 사회적 지위 등 모든 권력의 상징은 우리 앞에 놓여 있는 냉혹한 경계에서 사라진다. 우리가 현실을 직시하자마자 그 진리는 무척이나 끔찍한 것으로 느껴지며, 이 사실을 받아들이는 데는 시간이 걸린다.

그럼에도 불구하고 우리가 아직 살아있을 때(그리고 가능하다면 상황에 의해 강요받지 않고) 죽음이라는 주제를 마주할 수 있다면 좋을 것이다. 그렇다고 친척이나 친구를 잃었을 때 덜 힘들다는 뜻은 아니다. 슬픔의 고통은 피할 수 없다. 그러나 우리는 좀 더 바람직하고 덜 탐욕스럽게 살 것이며 다른 척도, 즉 우리가 상상하는 미래가 아닌 우리 *자신의 정체성*에 따라 삶의 기준을 정할 수 있을 것이다.

신경학자인 빅터 E. 프랭클Viktor E. Frankl은 권력의 상징과는 달리, 우리의 정체성(우리를 특징 짓고 자아를 형성하는 모든 특성의 총합으로 정의되는)은 죽음 이후에도 온전하게 남는다는 사실에 주목했다. 왜 그럴까? 예를 들어, 손주들과 따뜻하고 사랑이 넘치는 관계를 유지하고 있는 할머니를 생각해 보자. 그녀가 죽으면 어떻게 될까? 그녀가 따뜻하고 사랑이 많은 할머니였던 사실은 그대로 남아있을 것이다. 죽음은 분명히 그녀의 존재를 끝낼 수 있지만, 그녀가 누구였는지, 어떤 사람이었는지는 바꿀 수 없으며, 소급해서 그녀를 잔인하고 혐오스러운 할머니로 만들 수는 없다. 죽음은 현재를 살고 있는 우리의 삶의 질에 영향을 미칠 수 없으며, 역사적 진실을 지배할 힘도 없다. 진리에 속한 것은 영원한 진리가 되었으므로 우리의 정체성은 영원히 변하지 않는다. 이것은 모든 면에서 사실이다. 아무것도 남에게 베풀지 않고 오직 자신만을 위해 돈을 모으는 불쌍한 사람을 생각해 보자. *이것* 역시 이 진리의 영속성에 저장되어 그 개인의 정체성이 된다.

물론 다음과 같이 말할 수도 있다. "*내가 죽은 뒤에 무슨 일이 일어나든 알 바 없다. 내일 일은 내일 걱정하리*Après moi, le deluge. 지금부터 한 세기가 지나면 내가 누구였는지, 어떤 사람인지 아무도 알지 못할 거야…" 그것은 사실이다. 이 지구상에서는 모든 것이 잊힐 것이다. 모든 기념패와 역사책이라 할지라도 결국에는 모두 소멸한다. 그러나 잊힌 것조차도 진리의 기록에서는 사라지지 않는다. 그리고 어쩌면 이 세상 너머의 영역에서도 진실은 중요하지 않을까? 프랭클은 결국 모든 사람은 진리의 기록에 기록된 내용에 따라 자신만의 천국이나 지옥을 만든다는 견해를 가졌다.

이러한 생각의 흐름을 따라가다 보면, 인생에서 정말로 중요한 것이 무엇인지에 대한 질문이 새로운 양상으로 부각된다. 조만간, 아니 죽기 전에 포기해야 하는 소유물과 사치품을 쌓아 두는 것은 가치가 없다. 또한, 조만간은 아니더라도 죽는 순간에 헤어져야 할 사람들로부터 존경과 찬사를 받는 것은 영원한 가치가 없다. 궁극적으로 중요한 것은 죽음 이후에도 지속되는 것이어야 하며, 오직 *우리 자신과 우리가 어떻게 살았는지에 대한 진실*만이 이를 가능하게 한다. 그러므로 이 질문에 대한 유일하고 유효한 대답은 인생에서 중요한 것은 자신의 영혼 깊은 곳에서 스스로 만족할 수 있는 정체성을 가진 사람으로 자신을 만드는 것이다.

이런 관점에서 볼 때, 삶의 기간은 그다지 중요하지 않지만, 삶에서 실현되는 가치는 매우 중요하다.

쇤펠트: 한 사람이 나에게 전화를 걸어 연로하신 아버지를 돌보기 위해 간병인을 고용하고 있다고 말했다. 가족들은 이 간병인을 매우 좋아하게 되었다. 두 달 전에 그녀의 아들이 죽어서 지금은 가족 모두가 그녀를 매우 걱정하고 있다. 간병인은 고통의 연속이었다. 평소와 다름없이 아버지를 돌보고 있지만 거의 쓰러질 지경에 이르렀다. 상담예약을 잡을 수 있나요? 58세의 간병인 N 씨는 이렇게 내 상담실을 찾아왔다.

N 씨는 마음을 진정하려고 하나 흐르는 눈물을 조절할 수가 없다. 조금씩 다음 이야기를 하였다.

N 씨는 대도시 교외에서 성장해 학교를 졸업한 뒤 요식업에 종사했다. 결혼하여 임신을 했고, 아이 둘을 낳았다. 10년 후, 셋째 아이 톰Tom이 태어난 지 얼마 지나지 않아 결혼 생활이 파탄났고 남편은 그녀를 떠났다. 그녀

는 세 자녀를 키우며 열심히 일했고 싱글맘으로 수년 동안 고군분투했다. 그녀는 그 나라의 다른 지역으로 이주하기로 결정했다. 왜냐하면 그곳에 더 나은 전망이 있을 것이라고 믿었기 때문이다. 그러나 결과는 그렇지 않았고 그녀의 힘든 삶은 계속되었다. 그녀의 첫째와 둘째 자녀는 성인이 되자마자 각자의 가족을 꾸리고 먼 도시로 이사했다. N 씨는 시골에 자신과 막내 아들 톰이 살 작은 아파트를 구했다. 아파트는 저렴했지만 아늑했다. 톰은 대형 베이커리에서 견습생으로 일하기 시작했다. 버스와 기차로 장거리 출퇴근을 해야 했지만 전혀 불편해하지 않았다.

새로운 직업 활동 분야를 찾고 있던 N 씨는 노인 간병인 재교육 제안을 기꺼이 수락했다. 그녀는 노약자들과 함께 일하는 것을 좋아했다. 친절하고 상냥한 그녀의 성격과도 잘 맞았다. 장점은 이 교육과정은 1년이었기 때문에 N 씨는 자금이 넉넉하지 않았지만 교육비를 마련할 수 있었다. 자신의 미래를 위한 기회라고 생각했기 때문에 버스비를 아끼기 위해 매일 편도 1시간 30분 거리를 걸어서 교육센터에 다녔다.

이것이 그녀의 인생에서 잠시 행복했던 기간의 시작이었다. 해당 분야에는 숙련된 인력이 부족했기 때문에 그녀는 교육과정을 수료하자마자 바로 이동 돌봄 센터에 취직했고, 매일 훌륭하게 업무를 수행했다. 톰도 견습 과정을 성공적으로 마치고 베이커리 직원으로 채용되었다. 월급은 많지 않았지만 톰은 승진의 기회가 보장되는 자신의 직업을 좋아했다. 어머니의 도움으로 그는 직장 근처에 아파트도 얻을 수 있었다. 이 좋은 시간 동안 N 씨는 약간 저축한 돈으로 오랜만에 할인된 가격으로 온천에서 5일 동안 휴가를 보냈다. 정말 멋진 휴식이었다! 휴가 동안 매일 저녁 아들과 이야기를 나누었다. 휴가 셋째 날인 금요일에 톰은 위경련이 생겼다고 말했다. 경련은 심하지 않았지만 통증이 심해 직장을 나갈 수 없어 집에서 쉬게 되었다. 주말

쯤이면 회복되겠지 싶었다. 병원에 가보라고 말했지만 그는 통증이 그다지 심하지 않아서 병원에 갈 정도는 아니라고 했다. N 씨는 몇 가지 가정요법을 제안했다. 케모마일 차를 마시고, 뜨거운 물병을 배 위에 올려놓고 침대에 누워 있도록 했다. 이틀 후에 집에 돌아올 것이라고 아들에게 말했다.

다음 날, 톰은 전화를 받지 않았다. 여러 차례 문자를 보냈지만 답장은 없었다. 반나절이 지나자 그녀는 더 이상 걱정이 되어 견딜 수 없었다. 그녀는 톰의 형제자매 및 직장 동료들과 전화 통화를 했지만 그가 어떻게 지내는지 아는 사람은 아무도 없었다. 마지막으로, 그녀는 자신이 알고 있는 톰의 이웃에게 톰의 집에 가서 벨을 눌러달라고 부탁했고, 대답이 없으면 여분의 열쇠를 가지고 톰의 아파트에 들어가 그의 상태를 확인해달라고 요청했다. 얼마 지나지 않아 이웃이 그녀에게 전화를 했다. 톰은 거실에 죽은 채로 누워 있었다.

N 씨는 충격에 빠져 꼼짝할 수 없었다. 이웃 사람이 자신의 차로 그녀를 집에 데려다 주었다.

루카스: 사람이 전혀 이해할 수 없는 끔찍한 비극, 모든 인간의 감정이 충격으로 멎어버리고 무엇이 옳고 정의로운지에 대한 생각이 실종되는 끔찍한 비극이란 바로 이런 것이다. 그럴 수 없는 일이지만 실제로는 그렇다. 절대로, 절대로, 절대로 그것을 받아들일 수 없을 것이다. 당신은 결코 비극 이전의 당신이 될 수 없다. 회복이 불가능할 정도로 망가진 것이다.

인생의 과정에서 받는 보물도 마찬가지이다. 마치 계약에 따른 권리처럼 보이는 보물은 그 자체의 광채와 위대함, 공간과 시간 속에서 그 자체의 존재를 갖고 있으며 그 이상도 그 이하도 아니다. 겉모습은 기만적이다. 이러한 것들은 우리에게 '속한' 것이 아니며, 우리에게 항상 부여된 것이 아니라 일시적인 소유권일 뿐이다. 길이가 40cm인 보석 목걸이를 생각해 보자. 길이가 50cm, 60cm, 70cm가 아니더라도 착용자를 돋보이게 하고 기쁨을 준다. 아마도 착용자는 그것이 더 길기를 원할 수도 있지만 실제적 가치 때문에 그것을 버릴 가능성은 거의 없다. 우리 삶의 보물도 마찬가지이다. 대부분의 경우 우리는 더 큰 것을 원하지만, *주어진 크기대로 받았다*는 사실 그 자체가 멋진 선물이다!

N 씨는 아들 톰이라는 놀라운 선물을 받았다. 그녀가 아들을 낳지 않았더라면 아들을 키우는 데 그렇게 많은 노력을 기울일 필요가 없었을 것이다. 자신을 위해 더 많은 것을 살 수 있었을 것이고, 무엇보다도 지금 이 엄청난 슬픔을 겪지 않아도 되었을 것이다. 그게 더 나았을까? 만일 누군가 N 씨에게 이 질문을 한다면 그녀는 분명히 겁에 질려 부인할 것이다. "당연히 아니죠! 톰이라는 선물은 그만한 노력과 재정적 부담을 감수할 만한 가치가 있었으니까요!" 그렇다면 엄청난 슬픔의 고통을 감수할 가치도 있었을까? 톰이 태어나지 않은 것과 슬픔이 없는 것, 혹은 슬픔을 포함한 톰 중 하나를 선택할 수 있다면 N 씨는 무엇을 선택할까?

나는 상담실에서 사랑하는 사람의 죽음을 애도해야 하는 사람들에게 종종 비슷한 질문을 하곤 한다. 그들 중 누구도 죽은 사람을 반대하는 선택을 한 적이 없다. 그들 모두는 철저한 성찰 끝에 자신의 삶에서 그 사람의 존재가 얼마나 소중했는지, 즉 고인의 *실제적인 존재가치*를 인식하고 진심으로 감사를 표했다. 40cm 길이의 목걸이는 아무것도 없는 것보다 훨씬 더 가치가 있다. 마찬가지로 20년 동안 아들이 있었다는 것은 아들이 없는 것보다 무한히 더 큰 가치가 있다. N 씨가 회복할 수 없을 만큼 상처받은 것은 톰에 대한 사랑 때문도 아니고 톰이 자신의 곁에 있어준 것에 대한 기쁨 때문도 아니다. 이런 것들은 계속되어야 할 권리가 있다. 서두에서 말했듯이 죽음은 '영원한 지속'이라는 환상을 파괴한다.

쇤펠트: 비극이 일어난 지 두 달이 지났다. N 씨는 울며 흐느낀다. 톰에 대한 이야기를 해달라고 했더니 그녀는 나에게 놀랍도록 긍정적인 이야기를 들여주었다. 그녀의 두 큰 자녀에게는 현재 여러 어려움이 있다. 큰 아들은 이혼을 생각하고 있고, 딸은 직장을 잃고 현재 실직 상태이다. 그들과 달리 톰은 부지런하고 믿음직스러웠다. 그는 어머니에게 부담을 주지 않으려고 운전면허 시험 비용을 스스로 마련했다. 그는 유순했고 편안한 성품이라서 N 씨와 관계가 좋았다. 그는 쾌활한 기질을 갖고 있었고, 누구에게나 도움을 주고 인기가 많았다. "당신의 말씀을 들으니 거의 아들에 대한 기념비를 세우시는 것 같아요." 그녀는 고개를 끄덕였다. 그녀는 톰과 대화를 나눌 때 어떠한 어려움도 없었고 어떤 다툼도 없었다. 의견이 맞지 않으면 언제든지 대화를 통해 문제를 해결할 수 있었다. 톰과 의견을 조율하는 과정에서 어떤 적대감도 없었다. 마지막 전화 통화도 그랬다. "제 걱정은 하지 마세요." 톰이 복통으로 집에 누워 있을 때 그녀에게 한 마지막 말은 "제 걱정은 하지 마세요."였다.

나는 형언할 수 없는 고통 속에서도 이 모든 것이 축복이 아닐까? 하는 생각이 들었다. 두 사람 사이에는 거친 말이 오가지 않았고, 그녀의 슬픔을 어둡게 하는 표출되지 않은 분노도 없었다. 그녀의 고통은 오로지 자신이 겪은 상실과 관련이 있다. 아들과의 사별을 어렵게 하는 용서나 화해의 기회를 놓친 일은 없다. 친척의 죽음이 예기치 않게 발생하여 "용서해주세요"라는 중요한 말을 할 기회가 없었던 경우를 알고 있다. 이런 경우에는 화해의 가능성이 전혀 없었고, 이것은 부식성 산처럼 상실을 악화시켰다. 아들의 일생 동안 그와 조화로운 관계를 발전시키고 유지할 수 있었다는 점에서 보면 '불행 중 축복'이다.

N 씨는 눈물을 흘리며 동의하였다. 그녀는 강해지고 싶고, 새로운 삶을 살아야 한다고 다짐을 하지만, 항상 고통에 압도당하고 있다. 그녀는 자녀들이 무엇을 하든, 어떻게 살든 그 누구라도 울었을 것이다. 물론 그녀는 모든 자녀를 매우 사랑하지만 톰에게는 특별한 무언가가 있었다. 두 사람은 거의 평생을 함께 살았고 사이도 좋았다. 그녀는 가끔씩 일탈을 하는 두 자녀를 지켜보면서 힘들었지만, 톰에게는 자부심밖에 없었다. 톰은 그녀에게 세상에서 가장 소중한 존재였다.

루카스: 아들에 대한 약간의 회고적 미화는 잘못된 것이 아니다. 슬픔에 잠긴 어머니의 애통한 마음에 적절한 표현이다. 우리는 과거를 완전히 객관적으로 판단할 수는 없으며, 항상 현재의 관점에 의해 편향될 수 있다.

이것은 모든 역사가들이 직면하는 딜레마이다. 예를 들어 전투가 어떻게 끝날지 안다면, 경쟁하는 군대가 결과를 예견하고 좀 더 현명하게 행동했어야 했다고 생각할 것이다. 그러나 전투 당시 상황은 전혀 달랐다. 경찰이나 법정에서의 증언도 마찬가지이다. 사후 판단을 통해 내린 평가가 사건 발생 전에 세운 가정이나 계획과 일치하는 경우는 거의 없다.

심리 및 생물학 분야의 기억 연구 실험에 따르면 과거는 항상 착색 렌즈를 통해 본다고 한다. 심리치료를 받는 환자의 경우, 이러한 렌즈는 종종 어둡게 착색되어 있다. 환자들은 자신의 어린 시절이나 과거의 삶을 실제보다 더 암울하고 억압적이었다고 판단한다. 하지만 안타깝게도 과거에 있었던 '좋은 시절'의 다채로운 렌즈도 있으며, 기억처럼 순조롭게 진행되지 않은 경우가 더 많았을 뿐이다.

하지만 이런 현상을 감안하더라도 N 씨가 죽은 아들을 기리는 '비석'을 세운 것은 적절하다. 좀 더 정확하게 표현하자면, 톰은 *자신 스스로에게 훌륭한 기념비를 세운 것이다*. 우리는 이미 한 사람의 정체성이 역사적 진실의 기록에서 사라지는 것이 아니라 그 안에 안전하게 자리잡고 있음을 보았다. 그리고 거기에 '톰'이라는 이름으로 쓰여진 것, 무덤 너머에서 영원히 그에게 속한 것은 모두 사랑스럽고 즐거운 것이다. 어려서부터 근면하고, 화평하고, 쾌활하고, 신뢰감 있고, 배려심이 많은 사람의 정체성이다. 아버지 없이 성장했고, 때로는 삶에 지친 어머니 밑에서 자랐으며, 이사가 잦았고, 제한된 재정적 상황에 대처해야 했으나 사춘기와 사춘기 이후의 삶을 모두 평탄하고 모범적으로 살았던 사람이다. 불평이나 태만함 없이 열심히 일하여 자신의 실력을 입증하고, 동료직원들로부터 신망을 얻은 사람. 가족의 갈등을 건설적으로 해결하고 노모의 친구이자 버팀목이 되어준 아들. 우리 모두는 그녀의 아들을 아낌없이 칭찬할 수밖에 없다. 이 얼마나 성공적인 삶인가! 그리고 그의 죽음은 그녀에게서 이 사실을 조금도 빼앗지 못한다.

우리는 살아 있는 동안 이것을 기억해야 한다. '모든 행위는 그 자체로 기념비이다!' *우리*는 우리 존재에 어떤 기념비를 새기고 있는가?

쇤펠트: 나는 N 씨에게 그녀의 큰 슬픔과 큰 사랑 사이에는 연관성이 있다고 말해주었다. 각각은 서로를 암시한다. 죽어도 아무도 울지 않는 사람도 있다. 사망하면 친척들이 안도의 한숨을 쉬는 사람들이 있다. 그리고 누구에게도 영향을 미치지 않는 익명의 죽음도 있다. 그러나 그녀의 경우에는 깊은 사랑, 즉 '슬픔 속에서도 살아있는 사랑'이 있었다. 그녀는 프랭클이 말한 이 문구를 좋아한다: "2차 세계 대전 중 강제 수용소에 수감되어 있을 때 나는 최근에 결혼한 나의 젊은 아내가 아직 살아 있는지 알지 못했다. 그렇다고 해서 내가 아내와 내면의 대화를 나누는 것을 누구도 막지 못했다. 만

일 내 아내가 이미 죽었다는 사실을 알았다면 내 내면에서 아내와 더 친밀하게 소통하지 못했을 것이다."[1]

조심스럽게 나는 다음과 같은 생각을 해본다: N 씨는 가난한 여성이 아니다. 그녀는 '부자'이다. 그녀의 눈물 한 방울 한 방울이 그녀의 부를 나타낸다. 그녀는 아들과 함께 행복한 시간을 보내며 풍요로워졌다. 그녀는 인생이란 보물 상자에 큰 보물을 가지고 있다. 정말 가난한 사람은 그런 보물을 갖지 못한 사람, *사랑한 적이 없기 때문에 슬퍼할 필요가 없는 사람이다*. N 씨는 만약 그녀의 현재 고통이 이전에 겪었던 좋은 일만큼 크다면 그것은 오랫동안 지속될 것이라고 하였다. 아마 그럴지도 모른다. 그러나 그녀는 자신의 슬픔에 대해 자신을 방어하지 말고 그것을 환영해야 한다. 왜냐하면 슬픔은 자신이 죽은 아들과 불멸의 관계라는 표시이자 인봉이기 때문이다.

N 씨는 일 때문에 3주 후에야 나를 다시 찾아왔다. 이번에는 살짝 미소를 지었지만, 아직도 가끔 갑자기 눈물을 흘리는 경우가 있다고 고백했다. 그녀의 친구들은 그녀의 아파트에 톰을 생각나게 하는 것들이 너무 많기 때문에 이사를 가야 한다고 했지만 그녀는 원하지 않았다. 그녀는 자신의 아파트를 좋아하고 아들을 기억하고 싶어한다. 그녀는 톰이 독립을 하고 싶어 했기 때문에 아들이 살아있었다 해도 그녀는 여전히 현재 아파트에 그대로 혼자 살았을 거라고 했다. 우리가 이야기했던 내면의 부에 대한 헌사를 위해 그녀는 페인트 한 통을 사서 톰의 낡은 티셔츠(그녀와의 친밀함의 상징) 중 하나를 입고 그녀가 살 수 있도록 톰의 낡은 방을 다시 칠했다. 나는 그녀를 격려하였다. 이것은 정신적 '부활'을 향한 단계이다. 톰은 이런 그녀를 보

1) Frankl, V.E., Psychotherapy and Existentialism: Selected Papers on Logotherapy. New York: Simon & Schuster, 1967, p. 109.

며 기뻐할 것이다!

우리는 고통에 대해 이야기한다. 고통은 누구에게나 찾아온다. 많은 사람들이 고통을 피하고 싶어한다. '눈에 보이지 않으면 마음에도 보이지 않는다'고 생각하며 고통을 무마하기 위해 진정제와 수면제를 처방받는다. 그러나 고통은 사라지지 않고, 늘 다시 솟아오른다. N 씨는 더 대담하게 자신의 고통을 직시하고 감내하고 있다. 그녀는 아침 식탁에 아들의 사진을 올려놓고 견뎌낸다. 얼마나 멋진가! 이렇게 그는 '그녀와 함께' 남아 있다.

요약하자면, 톰은 그녀의 인생에서 보물이고, 그녀와 가까이 있고, 지금은 두 배로 안전하다. 첫째는 그의 매력적인 정체성과 함께 영원한 진실 안에서, 둘째는 그녀의 마음과 꺼지지 않는 어머니의 사랑 안에서이다. 그에 대한 그녀의 기억을 흐리게 할 갈등과 불화는 없다. 대신, 그녀의 애도는 *깊은 감사*라는 새로운 형태를 취할 수 있다. 영원한 지속에 대한 주장을 포기한 그녀는 톰과 같은 아들을 얻은 운명에 대해 감사할 충분한 이유가 있다.

루카스: 20세기의 잔혹한 전쟁에서 영감을 받은 과학자들은 외상후스트레스장애post-traumatic stress disorder와 그 치료 방법을 수년 동안 연구하면서 '회복탄력성resilience'이라는 인간의 뛰어난 재능을 발견했다. 사람들이 어떤 악몽속에서도 믿을 수 없을 정도로 잔인하고 악마처럼 변할 수 있는 것처럼, 상상 이상으로 고귀하고 천사처럼 변할 수도 있다. 사람이 오를 수 있는 높이에는 다른 사람을 위해 큰 희생을 치르거나, 피할 수 없는 고통을 개인적인 성취로 바꾸는 능력이 포함된다. 프랭클은 강제 수용소에서 경험한 많은 감동적인 사례를 소개했다. 인간의 영적 능력은 실로 경이롭다.

회복탄력성이라는 임상 용어는 극적인 경험을 영웅적으로 받아들이고 자신의 생존의 본질을 승리적인 방식으로 형성하는 능력을 의미한다. 어떤 사람들은 꿈이 드리우는 그림자에 면역이 되어있다. 그들은 끔찍한 일을 겪고, 좌절하고, 고통에 시달리지만, 다시 일어나 자신의 끔찍한 경험을 유익하게 활용하는 기술로 남은 삶을 이어간다. 전문가들은 무엇이 그들에게 그런 힘을 주는지 묻는다. 신에 대한 믿음인가? 동기를 부여하는 비전인가? 전능한 운명에 맞서는 도전적 힘power of defiance인가? 우리는 모른다. 지금까지 *단 한 가지* 공통된 특징이 확인되었는데, 이들은 모두 자신이 경험한 사건에 얽매이지 않고 '순간적 의미meaning of the moment'에 자신을 바칠 수 있다는 것이다.

중대한 사건은 항상 우리를 삶의 두 단계 사이의 문턱에 놓이게 한다. 삶의 처음 단계는 그 '계속성' 중 하나가 끊어졌기 때문에 일종의 종말을 맞이했다. N 씨의 경우, 아들과의 살아있는 접촉이 바로 그것이다. 삶의 새로운 단계에 진입하게 되면 먼저 테스트를 거쳐야 한다. 만약 테스트 결과 단절된 것에 의해 남겨진 공허함만 있다면, 새로 맞이한 삶의 단계는 매우 불행할 것이다. 이것은 과거에 있는 모든 불행과 앞에 있는 모든 불편함 때문에 *현재* 오랫동안 문턱에 서 있다는 것을 의미할 수 있다.

그러나 한 가지 분명히 해야 할 것은 *현재가 우리가 마음대로 사용할 수 있는 유일한 시간이라는 것이다*. 과거에 대한 분노, 원망, 아쉬움에 눈이 멀어 현재의 의미를 충분히 활용하지 못한다면, 그것은 과거가 되고, 우리는 기존의 슬픔에 더해 방금 지나간 현재의 실패를 한탄해야 할 미래와 마주하게 될 것이다. 그리고 모든 것은 지울 수 없는 진실로 흘러간다. 직설적으로 말하면, 오늘 *엉망으로 만든 것은 영원히 엉망이며 내일 후회하게 될 것*이라는 뜻이다.

트라우마에 시달리는 참전 용사들에 대한 연구에 따르면 그들의 심리적 상처는 스포츠 클럽에서 젊은이들을 지도하거나 자원 봉사를 통해 치유될 수 있는 것으로 나타났다. 교통사고 피해자에 대한 연구결과에서는, 재활을 통해 가장 크고 빠른 진전을 보인 사람들은 사고 원인에 대한 분노와 울분에 압도되지 않고 현재 상황에 적응하고 대처하는 데 집중한 사람들이었다. 이러한 사람들은 결코 일어난 일에 대한 슬픔을 망각하거나 간과하는 것은 아니다. 대신 슬픔을 새로운 접근 방식으로 통합하는 사람들이다. 현재의 삶이 더 높이 평가되고 그 어떤 것도 '자명한' 것으로 당연하게 여겨질 수 없기 *때문에* 현재를 더 신중하게 살아내게 된다. 이와 같은 일이 N 씨에게 일어나고 있었다. 그녀는 '순간적 의미'를 놓치고 싶지 않았다. 그녀는 자신에게 부과된 업무 일정을 감당하는 것 외에도 죽은 막내 아들의 침실을 새롭게 꾸미고 있다. 내 동료는 환자의 회복탄력성이 커지도록 지혜롭게 지원하여 환자가 반응성 우울증에 빠지지 않도록 보호하였다.

쇤펠트: 다음 세션에서 나는 유가족 부모 그룹 참여에 관하여 N 씨와 이야기를 나누었다. 자조 그룹self-help group은 많은 위로를 줄 수 있다. 자조모임은 혼자만의 고통이 아니라 비슷한 상황에 처한 사람들과 함께 살아가고 있다는 인식을 갖게 해준다. '고통은 나누면 반이 된다'는 것은 잘 알려진 사실이다. 또한 고통받는 개인은 같은 고통을 겪은 다른 사람들이 누구보다 자신을 더 잘 이해할 수 있다는 것을 알고 있다. 비슷한 일을 겪어보지 않은 사람들은 그들을 진정으로 이해할 수 없다. 고통을 겪지 않은 사람의 위로의 말은 언제나 공허하게 느껴지기 때문에 위기에 개입하려는 모든 사람이 어려움을 겪는다. 자조 그룹에서는 그것이 어떤 것인지 정확히 아는 사람들을 만날 수 있다.

유가족 부모그룹에서는 죽은 *자녀를 위해* 부모가 스스로 절망에서 벗어나야 한다는 원칙이 있다. 절망한다는 것은 부모에게 재앙을 초래한 책임을 죽은 자녀에게 지우는 것이다. 그러나 자녀는 언제나 그래왔던 것처럼 부모에게 기쁨의 원천으로 남을 수 있어야 한다. 두 달을 살았든, 20년을 살았든, 그들의 존재는 여전히 기쁨의 이유여야 한다! N 씨는 이 주장을 바로 받아들였다. 아들 톰은 어머니의 절망을 책임지기에는 너무 착한 아들이었다. 그는 기쁨의 이유가 되었을까? 백 번 그렇다!

N 씨는 불안에 떨었다. 톰이 그녀가 항상 우는 모습을 본다면 전혀 좋아하지 않을 것이라고 하였다. 그는 항상 그녀가 용감하게 성취한 일들을 높이 평가했다. 나는 지금도 톰은 마찬가지일 거라고 제안했다.

톰은 어떻게 생각할까 하는 아이디어가 치료와 어떤 연관이 있게 되었다. N 씨가 톰과 함께 매년 참석하는 연례 축제가 거의 끝날 무렵이었다. 프레즐과 구운 아몬드를 간식으로 먹으며 풍선을 사던 노점이 있었다. 그들은 매년 그곳에 가서 항상 즐거운 시간을 보냈다. 올해도 N 씨는 그곳에 갈까? 깊은 슬픔에 빠져 있는 그녀에게 박람회의 북적거림은 특히 상처가 되지 않을까? 그리고 아들이 죽은 지 6개월 만에 분주한 박람회에서 즐거운 시간을 보내는 모습을 보면 친구들은 어떻게 생각할까? 그럼 집에 있는 것이 더 나을까? 그녀는 망설였다.

톰이 여기 우리와 함께 앉아 있다면 어떤 조언을 해줄지 생각해보았다. N 씨는 짐작하기 어렵다고 말하였다. 그녀는 한참 고민하다가 마침내 마음을 정하였다. 톰은 그녀가 집에 숨어 있는 것을 원하지 않을 것이다. 그녀는 평생 동안 그녀에게 닥친 모든 운명의 타격과 그것이 초래한 어려움을 끈기로 극복한 강한 여성이었고, 그녀의 이런 모습은 항상 톰에게 깊은 인상을 남겼다. 그 어떤 것도 그의 '강한 엄마'를 능가할 수 없다. 만약 그가 오늘 우리와 이야기를 나눌 수 있다면 그는 자신의 '강한 엄마'를 되찾고 싶어할 것이다.

삶의 역경에 움츠러들지 않고 용감하게 맞섰던 어머니. 그래서 그녀는 톰이 그녀가 박람회에 가는 것을 기뻐할 것이라고 믿어 의심치 않았다.

그녀에게 더 나은 것은 무엇인가? 집에 만족스럽게 머무르는 것이다. 그것도 잘못된 것이 아니다! - 아니면 박람회에 가는 것? 갑자기 N 씨는 박람회에 가기로 결심하고 곧장 프레즐과 구운 아몬드를 파는 노점으로 향하였다. 그녀의 뺨에 눈물이 흐르든 말든, 그녀는 아몬드와 프레즐을 사 먹기로 결심하였다. 그녀는 또한 풍선 몇 개를 사서 톰에게 이렇게 말하였다. "내 아들아, 풍선을 너에게 날려 줄게!" 그런 다음 그녀는 집으로 돌아와 가슴이 아파도 톰에게 이렇게 말할 수 있을 것이다. "자 보렴, 엄마는 용감해지고 싶단다. 네가 세상에 태어나주어서 정말 기뻤단다. 앞으로도 내 아들을 위해서, 그리고 내 아들이 엄마를 자랑스러워할 수 있도록 계속해서 힘차게 살아낼 생각이야... 매 순간, 눈물이 날때마다 어려움 속에서도 너를 향한 내 사랑이 어떻게 살아 있는지 보렴."

루카스: 우리 인생에는 여러 단계가 있다. 우리는 완성된 존재가 아니며, 우리 인생은 항상 연약하고 미완성인 상태로 남아 있다. 우리는 어떤 상황에서도 가능한 의미를 추구하고, 찾고, 실현하기 위해 *정직하게 노력*할 수 있을 뿐이다. 보장은 없다. 우리는 우리가 의미 있다고 믿는 것이 실제로 의미가 있는지 확신할 수 없으며, 의미 있다고 인식한 것을 실현할 때 성공할 것이라고 확신할 수도 없다. 실패는 인간으로서 피할 수 없는 부분이다.

그러나 아마도 결과에 관계없이 그 '정직한 노력'만으로 충분할 것이다. 아마도 우리가 결국 만들어 내는 작은 조각들로도 충분할 것이다. 예술의 모든 분야에는 '미완성 작품'이 존재하며, 그 중 일부는 가장 아름답다. 그리고 예술에서 중요한 것은 작품의 완성도가 아니라 그것이 우리에게 무엇을 제공하는가이다.

때로는 명성, 부 또는 교육에 기반한 일반적인 가치 척도를 수정해야 할 필요가 있다. 훌륭한 제빵사 견습생 톰의 짧은 인생은 하나의 *작은 예술 작품*이었다. 그의 어머니는 슬픔을 견뎌내며 자신의 삶인 예술 작품에 소중한 디테일을 더하고 있다. 죽음이라는 주제를 생각하면서 N 씨의 이야기에서 다음과 같은 교훈을 얻으면 좋을 것 같다.

1. 우리가 가진 모든 것은 일시적인 소유물로 주어진 것이며, 이 땅의 그 어떤 것도 우리의 것이 아니다. 진정으로 우리에게 속한 유일한 것은 우리 자신에 대한 진실뿐이다.

2. 세상이 주는 기념비는 필요하지 않다. 왜냐하면 모든 사람은 살아가는 방식을 선택하여 자신만의 기념비를 조각하기 때문이다.

3. 인간의 삶이 담긴 예술작품은 사회적으로 바람직한 기준보다 더 높은 기준으로 평가된다.

이러한 진리를 알게 되면 우리는 영적으로 몇 단계 더 발전할 수 있다.

쇤펠트: 한 달 후 N 씨가 나를 다시 방문했다. 그녀는 유가족 부모 모임에 정기적으로 참석하고 있었다. 그녀는 이 그룹과 함께 묘지에서 진행된 추도식에 참여한 것에 대해 이야기했는데, 그것은 매우 감동적이었지만 매우 가슴아프기도 했다. 그러나 그녀는 이것을 그녀와 톰 사이의 끊을 수 없는 좋은 관계의 징표이자 인장으로 받아들인다.

그런 다음 그녀는 자신의 직업에 대해 이야기하였다. 가족 중 갓 태어난 신생아가 불치병 진단을 받은 한 가정이 있다. N 씨는 그 젊은 엄마의 상황에 공감한다. 자신이 돌봐 주던 92세 할머니가 병원에 가야 했다. 그곳에서 N 씨는 개인적으로 할머니를 방문했고, 그 노부인은 놀라움과 기쁨을 감추지 못했다. 분명히 N 씨는 현재에 완전히 몰입되어 있었다. 또한 '순간적 의미'는 그녀가 걱정하고 있는 두 명의 성인 자녀에게로 그녀를 이끌었다. 두 아이는 모두 어려운 상황에 처해 있으며 N 씨는 그들을 위해 옆에 있어 주기를 원한다.

나는 N 씨의 시야가 이제 다른 사람들의 고통까지 볼 수 있을 정도로 넓어졌다고 본다. 이것은 그녀에게 엄청난 도움이 되었다. 그녀를 쇠창살에 가두었던 큰 고통의 회오리에서 나오면서 삶의 의지가 생겨났다. 얼마나 긍정적인 치유 과정인가! 아들에 대한 그녀의 슬픔은 결코 사라지지 않을 것이다. 어머니의 사랑은 영원히 계속될 것이기 때문이다. 슬픔은 N 씨의 삶에서 사라지지 않는 동반자가 될 것이며 아들 톰에 대한 감사도 마찬가지일 것이다.

프랭클의 유명한 명언이 있다: '고통은 사람을 예지력 있게 만들고 세상을 투명하게 만든다.'[2] 나는 N 씨가 예지력을 얻었다고 믿기 때문에 안심하고 그녀와 상담을 종결할 수 있었다.

---

2) Viktor E. Frankl, Logotherapie und Existenzanalyse, Belz, Weinheim und Basel, 2010, p. 136.

로고테라피스트에 의한 사례 연구

용감한 오데트

쇤펠트: 빅터 E. 프랭클Viktor E. Frankl의 로고테라피는 개념적으로 매우 도전적이다. 그의 작품은 모두 심오한 철학적 원리에 기초하고 있다. 그의 심리적 개입, 인간 존재에 대한 개념, 인간 동기에 대한 이론은 모두 이 철학적 원리를 지침으로 철저하게 연구되었다. 그의 치료법은 표면적으로는 쉽고 자연스러운 것처럼 보이지만 항상 그 배경에는 탄탄한 이론적 근거가 있다. 이곳 밤베르크에서 내가 진행하는 프랭클의 독창적인 로고테라피 과정을 수강하는 학생들은 상당한 노력 없이는 프랭클을 제대로 이해할 수 없다는 것을 깨닫게 된다.

이것은 때때로 로고테라피에 대한 비난으로 이어지기도 한다. 교육받은 사람들만이 이해할 수 있는 인지적으로 어려운 시스템이라는 비평을 받기도 하는데, 이는 너무 피상적인 이야기일 뿐이다.

사실은 그 반대이다. 프랭클의 이론이 차별화되는 점은 인간 존재의 기본 윤곽을 명확히 했다는 점이다. 그는 심리적으로 안정된 삶과 치료적 기초로서 인간됨을 강조했고, 이를 중심에 두었다. 우리를 인간으로 만드는 것은 그가 영적 차원이라고 부르는 것이다. 이것은 양적으로뿐만 아니라 질적으로도 우리를 가장 영리한 동물과 구별시켜 준다.

이는 지적 능력이나 교육 수준에 관계없이 모든 인간의 핵심이며, 지적으로 까다로운 접근방식을 이해하기 어려운 사람들에게도 적용된다.

예를 들어, 나 자신도 어린이들에게 로고테라피를 사용하여 좋은 경험을 한 적이 있다. 독일 Bochum에 사는 나의 제자인 요한나 산다우Johanna Sandau는 한걸음 더 나아가 장애인에게 로고테라피를 적용하고 있다. 그녀는 직업상 예술가이자 미술치료사, 심리치료사, 로고테라피스트이기도 하다. 프리랜서로 활동하는 그녀는 정신 장애인들이 주거하는 요양원에 자주 방문한다.

'정신 장애mental disability'는 인지 장애 및 다양한 신체적, 심리적, 지적 제한에 일반적으로 사용되는 용어이다. 이러한 장애로 고통받는 사람들은 종종 혼자서는 정상적인 일상생활에 참여할 수 없는 경우가 많다. 그러나 이러한 장애는 로고테라피에서 영적 차원이라고 부르는 것에는 적용되지 않는다. 프랭클에 따르면, '영적 차원'은 모든 인간의 본질적인 구성 요소이다. 건강이나 질병에 관계없이 인간의 존엄성이다. '정신 장애'는 사고 과정과 행동에 영향을 미치는 대뇌 기능 장애 상태를 말한다. 그러나 로고테라피에 따르면 정신 장애를 겪는 사람들은 영적 장애를 겪고 있는 것이 아니다.

루카스: 프랭클은 영spirit이란 개념에 대한 서양의 오랜 전통에도 불구하고 '영적noëtic(spiritual)'이라는 용어가 모호하고 오해하기 쉽다는 사실을 알고 있었다. 독일어에서 영적인 것을 의미하는 'geistig'는 종종 '이성적rational'

이라는 의미와 동일시된다. 영어에서는 '영적'을 '종교적'으로 해석한다. 그러나 프랭클이 '영적'이라는 용어에서 의미한 것은 우리를 인간으로 만드는 특별한 특성이며, 내 동료가 말했듯이 인간에게 개인적인 존엄성을 부여하는 것이다. 이 특성은 우리가 젊든 늙든, 영리하든 어리석든, 깨어 있든 졸리든 상관없이 우리 존재에 필수적인 요소이다. 이러한 의미상의 혼선으로 인해 프랭클은 소수의 전문가에게만 친숙한 그리스어에서 유래한 '노에틱noëtic'이라는 용어를 자신의 저서에 사용하였다. 전문 용어가 널리 사용되는 것은 중요하지 않은 것 같다. 정말 중요한 것은 인종, 문화, 성별, 나이 또는 건강상태나 외적 또는 내적상태에 대한 편견없이, *모든 사람에 대한 무조건적인 존중이다*(이것은 우리 시대에 점점 더 중요해지고 있는 것 같다). *이러한 존중은 인간성*humanity*에 대한 인식을 바탕으로 한다.* 이 세상에서 우리를 진정으로 하나로 묶어주는 것은 프랭클의 말대로 우리가 인간이라는 것, 즉 영적noëtic 차원이다. 예를 들어 치료 과정에서 영적 차원을 일부 고려할 수도 있지만 총체적인 접근으로 영적 차원을 고려하는 것이 더 바람직할 것이다. 왜냐하면 이것이 없다면 우리는 서로의 목을 물어뜯는 늑대인간 무리에 지나지 않을 것이기 때문이다.[1)]

쇤펠트: 요한나 산다우는 장애인과 함께 일하면서 성공 사례 경험이 많다. 그녀의 관대한 허락을 받아 가장 감동적인 사례 중 하나를 소개하고자 한다.

이 이야기는 오데트Odette에 관한 이야기이다. 그녀는 27세의 젊은 여성으로, 관리감독을 받는 삶과 독립적인 삶 사이에서 고민하고 있다. 그녀는

---

1) Elisabeth Lukas and Heidi Schönfeld, Meaning-Centred Psychotherapy, Elisabeth-Lukas-Archive, Bamberg, 2019. "Florian, Fritz and Jürgen",pp. 173ff.

극도로 어려운 가정 환경에서 자랐고, 태아 알코올 증후군을 갖고 태어났다. 오데트와 똑같이 방치된 두 남매는 알코올 중독자인 부모가 자녀를 제대로 돌볼 수 없었기 때문에 태어나자마자 복지 기관에 입소되었다. 오데트는 경미한 지능 장애가 있으며 어느 정도 읽고 쓸 수 있다. 그녀는 특수학교에 다녔다. 10년 동안 학교를 다닌 후 그녀는 장애인을 위한 워크숍에서 직업 훈련을 받았다. 그곳에서 2년 동안 다양한 분야에서 훈련을 받았다. 목공을 제일 잘해서 오랫동안 이 일을 했다.

오데트는 자신이 다른 사람들과 다르다는 것을 잘 알고 있다. 그녀는 바로 눈에 띄는 작은 머리와 작은 코를 가지고 있다. 그러나 더 심각한 문제는 발달 장애이다. 그녀의 인지수준은 8세 정도 수준이지만 실제 기술적 역량은 그녀의 인지능력에 비해 더 발달되어 있다. 자립하거나 노동 시장에 진출하려는 다양한 시도는 모두 실패했다. 그 동안 그녀는 공동 주택에 거주하고 있으며, 이 공동주택의 각 거주자는 독립형 아파트를 갖고 있지만 전문 직원이 상주하는 더 큰 커뮤니티와 연결되어 있다.

임신 중 어머니의 음주로 인해 그녀의 뇌는 태아기에 손상을 입었고 그 영향은 두 가지로 나타났다. 오데트는 인지 장애와 심리적 불안정성으로 인해 감정의 기복이 심해져 종종 우울증에 빠지기도 한다.

오데트는 보호사로부터 다양한 종류의 자립훈련을 받는다. 그중 한 가지는 은행 계좌에서 소액의 돈을 인출하는 방법을 연습하는 것이다. 그녀는 ATM을 조작할 수 없다. 은행은 그녀와 같은 장애인이 돈을 인출할 수 있도록 직원이 상주하는 특별 창구를 마련했다.

은행 창구에서 돈을 인출하는 절차를 연습하기 위해 보호사가 오데트와 함께 처음으로 은행에 갔을 때 오데트는 은행 입구 앞에 멈춰서 공황발작을 일으켰다. 그녀는 두려움에 몸이 굳었고, 온몸을 떨며 입구를 향해 한 걸음도 나아갈 수 없었다. 그녀는 울고, 과호흡을 하며, 정신이 혼미해져 보호사는 오데트가 기절할지도 모른다고 생각했다. 보호사는 어쩔 수 없이 오데트를 집으로 데려갈 수밖에 없었다.

며칠 후, 오데트는 미술 치료 세션에서 이미 알고 지내던 요한나 산다우를 만났다. 그녀는 자신의 끔찍한 경험에 대해 흥분해서 말했다. 두 사람은 함께 앉아 대화를 시작했다.

오데트는 자신이 얼마나 두려웠는지, 은행 앞에 뻣뻣하게 서 있었던 것, 더 이상 한발짝도 내딛을 수 없었던 것, 쓰러질 뻔했던 순간과, 심장이 얼마나 심하게 뛰었는지 설명했다. 그녀는 자신의 공황발작 증상을 간단한 문장으로 설명하고, 다시는 은행에 가지 않겠다고 말하며 대화를 마무리했다.

요한나 산다우는 그 말을 듣고 은행에 들어가면 어떻게 될지 물었다. 오데트는 즉시 난색을 표했다. 그녀는 절대 그렇게 하지 않을 것이며, 다시는 그곳에 가지 않을 것이라고 두려움에 떨며 말했다. 그러나 요한나 산다우는 끈질기게 오데트가 건물 안으로 들어가면 어떻게 될지 다시 물었다.

은행은 무너질 것이라고 오데트는 주저 없이 말했다. 그리고 그것은 그녀의 잘못이 될 것이다. 모두가 충격에 빠진 채 그녀를 바라볼 것이다. 모든 것이 잘못될 것이기 때문에 그것은 그녀의 잘못이 될 것이다. 그러면 그녀는 돈을 받지 못할 것이다. 아마도 사람들은 그녀를 비웃을 것이다. 하지만 최악의 상황은 건물이 무너지고 그녀가 책임을 져야 한다는 것이다.

오데트는 이렇게 자신의 불안한 마음을 표현하면서도 이렇게 덧붙였다. "이게 다 말도 안 되는 소리라는 걸 알아요. 하지만 어쩔 수가 없어요. 생각을 하면 그런 일이 일어날 것 같아요. 거기 들어갈 수가 없어요."

요한나 산다우는 그녀에게 이 모든 것을 어떻게 알았는지 더 자세히 질문했다. 오데트는 즉시 "내 어깨 위에 악마가 있어서요."라고 대답했다.

루카스: 발달장애가 없는 사람을 상담하는 경우라면 이쯤 되면 고민이 될 것이다. 이것은 불안 장애의 범위를 벗어난 것은 아닌가? 정신병적 망상에 가까운 것은 아닌가? 진정제를 처방받아야 하는 건 아닌가? 하지만 오데트가 어린이의 인지 능력을 갖고 있으며, 그 결과 어린이와 같은 시각적 언어를 구사한다는 것을 알고 있기 때문에 그녀의 두려움으로 인한 상상은 신경증적 과잉반응으로 평가할 수 있다. 아마도 그녀는 건물이 무너지는 영화를 보고 이를 '은행'이라는 단어와 연관시켰을 것이다. 아니면 악마가 비슷한 위협을 가하는 동화를 들었을 수도 있다. 치료규칙은 처음부터 위협적인 방법을 사용하여 성급하게 시도하지 않고, 덜 무해한 방법으로 시작하는 것이다.

쇤펠트: 요한나 산다우는 뛰어난 치료 기법으로 오데트에게 미소를 지으며 다음과 같이 말함으로써 무시무시한 악마를 무해한 작은 괴물로 만들어 버렸다: 그럼 이렇게 말해주면 어떨까요? 작은 괴물이 다시 어깨에 쪼그리고 앉으면 "야, 거기 너, 지금 우리가 들어가면 큰 소리와 함께 천장이 우리 머리 위로 무너질거야!" 라고 말하는 거예요. 그러나 모든 것이 잔해로 변하고 아무 것도 남지 않도록 그대로 두세요. 건물 전체가 우리 주위 땅바닥에 널브러져 있고 모든 사람들이 우리를 멍청하게 쳐다볼 거예요. "오데트의 초능력을 조심해! 작은 괴물아! 오데트만 할 수 있어! 다른 사람은 할 수 없어!" 라고 말할 것이고 모두가 깜짝 놀랄 거예요!

오데트는 깜짝 놀랐다. 그녀는 잠시 의아한 표정을 짓다가 이내 웃음을 터뜨렸다.

전체 만남은 10분도 채 걸리지 않았다. 요한나 산다우는 그녀를 떠나며 이렇게 말했다: "곧 알게 되겠지만 정말 재미있을 거예요! 당신은 은행 파괴자 오데트가 될 것이며 모든 은행이 당신을 두려워할 거예요. 이 작은 괴물은 당신이 돈을 인출할 때마다 세 번 연속으로 은행을 파괴하는 것을 지켜볼 수 있을 거예요."

며칠 뒤 두 사람은 다시 마주하게 되었다. 온몸이 환하게 빛나는 오데트는 웃으며 요한나 산다우에게 달려와 이렇게 말했다. "어제 해냈어요! 은행에서 돈을 인출했어요!"

더 이상 두려움에 대한 이야기가 없었다.

루카스: 물론 독자들은 요한나 산다우가 역설적 의도법을 사용했다는 것을 알아차릴 것이다. '작은 괴물'은 유머와 과장을 통해 두려움에 사로잡힌 영혼에서 쫓겨났다. 우리는 불필요한 공황이 어떻게 정신에 스며드는지 항상 알 필요는 없다. 추측할 수는 있지만 결국 그것에 대해 많이 알 수는 없다. 그러나 거의 항상 수반되는 한 가지, 즉 열등감이 있다. 오데트는 다른 사람들이 그녀보다 우위에 있다는 것을 이해하지 못할 만큼 '심한 인지 장애'가 있는 것은 분명 아니다. 다른 사람들은 그녀가 할 수 없는 일을 할 수 있으며, 앞서 말했듯이 이것은 그녀가 알고 있는 사실이다. 비웃음을 받을 가능성도 그녀의 불안에 영향을 미쳤을 수 있다. 역설적 의도를 통해 오데트의 힘을 강화한 것은 요한나 산다우의 매우 영리한 아이디어였다. *오데트*는 초능력을 가지고 있고, 다른 사람들은 *그녀*를 두려워할 것이다. 상상 속

에서만이라도 강하고 용감해진다는 것이 얼마나 재미있는 일인가…

오데트는 그것이 환상일 뿐이라는 사실을 깨닫지 못한다. 그러나 그녀는 *실제로* 영적인 사람으로서 자신이 *가진* 장애에 의미 있게 대처할 수 있는 초능력을 가지고 있다. 그녀의 정신적 한계는 실제로 그녀의 영적 존재에 굴복해야 한다. 왜냐하면 영적으로 그녀는 완전히 건강하고 상처받지 않은 소중한 인간이기 때문이다. 그렇지 않다고 생각했다면 나와 요한나 산다우는 다른 직업을 선택했을 것이다.

쇤펠트: 태아알코올증후군을 앓고 있던 젊은 여성 오데트는 웃음으로 불필요한 두려움을 쫓아내고 스스로 새로운 삶의 영역을 개척했다. 모든 불안증 환자들은 그녀에게서 배울 수 있으며, 모든 치료사들은 프랭클의 정교한 치료 방법을 쉬운 언어로 번역하여 정확하고 효과적으로 장애인을 돕는 요한나 산다우에게서 배울 수 있다.

따라서 '인간의 존엄을 추구하는' 로고테라피는 인간됨의 본질적 특성으로 심리적 장애뿐 아니라 지적 한계까지도 극복할 수 있도록 돕는 치유적 접근이다.

프랭클이 말하는 '진정한 사랑'

(엘리자베스 루카스와 하이디 쇤펠트의 대담)

쇤펠트: 상담을 하면서 나는 사랑이라는 현상이 사람에 따라 얼마나 다르게 이해되고 해석되는지에 대해 놀라움을 느끼곤 합니다. 사랑에 대한 보편적으로 타당한 견해는 없는 것 같습니다.

루카스: 나는 빅터 프랭클의 위대한 작품 《*의사와 영혼*》의 '사랑의 의미' 장을 수 차례 인용하였습니다. 당신 말이 맞습니다. 이 장의 내용은 매우 감동적이지만, 현재 세대가 생각하고 있는 사랑에 대한 의미와 조화를 이루기는 어렵습니다.

쇤펠트: 이 장에서 제가 주목한 점이 하나 있습니다. 프랭클은 강제 수용소에 끌려가기 전인 40년대 초반에 이 책을 구상하고 집필했습니다(나중에 확장판을 출간했지요). 당시 그가 바라보는 사랑과 관계의 진정한 의미가 잘 표현되어 있습니다. 오늘날 그가 성, 관계, 사랑이 얼마나 변했는지 볼 수

있다면 어떤 글을 쓸지 궁금합니다. 아마도 완전히 다른 글을 쓰지는 않겠지만 현재의 현상에 대해 이야기하겠죠. 정말 흥미로울 것 같아요.

프랭클은 도덕과 무관하게 순전히 논리적 근거를 바탕으로 진정한 사랑은 신실함과 지속성에 기반한다는 결론을 내렸는데, 이는 매우 통찰력 있는 이야기입니다. 하지만 오늘날 이런 삶은 오히려 예외적입니다. 예전에는 결혼이 때론 형식적이었고 죽을 때까지 외적으로는 그대로 유지되었지만 모두가 행복한 것은 아니었습니다. 재정적인 이유로 여성은 남성에게 의존해야 하는 경우가 많았는데, 그 이유는 여성이 독립적인 '독신' 생활을 할 수 있게 된 것은 최근의 일이기 때문입니다.

진정한 사랑은 어떨까요? A와 B는 서로를 원했고, 둘 다 진심으로, 서로의 존재 자체로 깊은 사랑에 빠졌습니다. 즉, 서로가 최선을 다할 수 있는 모습 그대로를 보고 사랑합니다. 모든 것이 잘 됩니다.

그러나 세월이 흐르면 인간은 더 좋은 방향뿐만 아니라 더 나쁜 방향으로도 반드시 변합니다. 사람은 항상 결정을 내려야 하며 나쁜 결정을 내릴 수도 있습니다. B가 물질적 성공을 위해 점점 더 많은 것을 선택하며, 출세하고, 더 예쁘고 젊은 사람들로부터 관심을 받으면서 '안될 게 뭐가 있어?'라는 생각을 시작했다고 가정해 봅시다. 그래서 B는 혼외정사에 빠져들게 됩니다.

처음 사랑은 어떻게 되었나요? B의 원래 사랑은 증발했나요? 영원히 지속될 줄 알았던 사랑이었지만, B는 그 사랑에서 성장했을까요?

A는 어떻습니까? A의 사랑은 변함없나요? B는 실제로 A가 보았던 최상의 모습에 비해 많이 변했습니다. 어쩌면 B의 행동이 A에게 견딜 수 없는 것

이 되었을지도 모릅니다. B가 다른 사람이 되었기 때문에 A는 이제 자신의 사랑을 수정할까요? 그렇다면 그 사랑은 영원하지 않습니다.

A와 B의 경우가 많이 있습니다. 때로는 서로에게 많은 상처를 주고 헤어지기도 하고, 때로는 스스로 정리하기도 하지만, 보통은 헤어집니다. 두 사람이 서로를 사랑하지 않았다는 것은 사실이 아니며, 잘못된 주장입니다. 다음과 같이 단순히 회고적으로 생각할 수는 없습니다: 함께 있는 사람들은 진실로 사랑하는 사람들이며, 헤어진 사람들은 감정적 또는 육체적 의미로만 사랑할 뿐 영적인 깊이가 없는 사람들이다.

한때는 완전히 진심이었고, 진지했으며, 진실했고 '신이 의도한 대로'(도스토예프스키) 사람을 보았던 사랑은 왜 끝나는 걸까요?

아니면 이렇게 생각해야 할까요? 연인들이 서로를 사랑하는지 여부는 매일 새로운 질문이어야 하며, 실존적 만남은 항상 새롭게 갱신되어야 합니다. 만일 그렇다면 더 이상 새로워지지 않는 사랑은 죽은 사랑을 뜻할 것입니다.

아니면 프랭클은 인간이 마땅히 추구해야 할 이상, 즉 우리를 인도하지만 도달할 수 없는 먼 별과 같은 이상을 아름다운 말로 그려내고 있는 것일까요?

아니면 정말로 사랑하거나, 또는 사랑을 멈추고, 즐거운 휴가/책/세미나/커플 치료 후에 다시 사랑으로 돌아가는 길을 찾을 수 있을까요? 그러면 사랑은 파도처럼 밀려올지도 모릅니다.

이 장에서 제가 매우 어렵게 생각하는 두 번째 내용이 있습니다. '심리성적 성숙psychosexual maturity'이라는 하위 섹션의 각주에서 그는 '보통 사람이 진정한 사랑을 할 수 있는 경우가 거의 없거나 드물듯이, 서로 사랑할 때 가장 높은 단계에 도달하는 경우도 거의 없거나 드물다.'고 썼습니다. 하지만 높은 목표는 반드시 존재합니다.

이는 매우 대담한 표현이며, '보통 사람'을 폄하하는 것 같습니다. 저는 모든 '평범한 사람'은 신경증적으로 불안하거나 자기 중심적이지 않다면 진정으로 사랑할 수 있다고 생각합니다. 그렇지 않으면 프랭클의 사랑에 대한 개념은 옳지 않은 것이지요. 거의 도달하지 못하는 삶의 형태가 모든 인간에게 온전히 적합할 수 없습니다. 프랭클이 보통 사람들을 그렇게 심하게 묘사하는 것은 다소 엘리트주의적으로 들립니다.

루카스 박사님은 프랭클 박사님을 개인적으로 잘 알고 계셨지요? 그는 정말 이렇게 생각했을까요? 자기초월적 행위로서의 사랑 - 이것이 사람을 가장 인간답게 만드는 것이라면, 어떻게 대부분의 '평범한 사람들'도 이 사랑에 도달할 수 있을까요?

루카스: 사랑하는 동료 쇤펠트 박사, 저에게 한 번에 많은 질문을 하셨습니다. 프랭클은 그의 저서 '*의사와 영혼*'에서 두 사람 사이의 '진정한 사랑'을 매우 감동적인 방식으로 묘사했는데, 단순히 에로틱한 성적인 관계와 구별했습니다. 진정한 사랑은 오래 지속되며, 프랭클은 50년 이상 결혼생활을 하면서 그 사랑을 실천했습니다.

그러나 오늘날의 파트너십을 살펴보면 그가 사랑에 대한 까다로운 개념을 가지고 실제로 달성 가능한 것보다 더 우위에 있는 이상을 말하지 않았을까 하는 의문이 생깁니다. 당신이 말했듯이, 그는 책에서 평범한 사람이 사랑의 최고 수준에 도달하는 경우가 거의 없다는 것을 인정했습니다. 프랭클은 '거리의 남자나 여자', 즉 일반 시민의 건전한 인간 이해와 감정을 높이 평가했기 때문에 이 평가는 약간 비관적으로 보입니다. 프랭클의 사랑에 대한 이상과 현실 사이의 간극이 정말 그렇게 큰 것인지, 프랭클은 이를 알고 있었을까요?

우리가 더 이상 그에게 물어볼 수 없다는 것은 분명 유감입니다. 그러나 그의 말년에 재발행된 저서에서는 프랭클이 현대 파트너십 관행에 의해 자신의 '이상'을 결코 버리지 않았다는 사실을 분명히 보여줍니다. 그는 인간 고유의 요소인 인간의 영spirit을 연구하고 그것을 최대한 일관성 있게 생각하는 사람이었습니다. 그리고 영성spirituality은 소유하려는 욕망 없이 한 사람이 다른 사람을 *소중히 여기는 순수한 가치감각*pure sense of valuation을 포함합니다.

여기서 한 가지 은유metaphor가 도움이 될 수 있습니다. 암탉이 길을 걸을 때는 모든 사물의 유용성(이 경우에는 식용 가능 여부)을 확인합니다. 반짝이는 다이아몬드가 발 앞에 있어도 암탉은 쓸모없다고 생각하여 그것을 무시할 것입니다. 암탉은 '아름다움', 특히 '아름다움 그 자체'의 가치에 접근할 수 없습니다. 그러나 영적 존재인 인간은 그러한 접근이 가능합니다. 인간은 무릎을 꿇고 다이아몬드의 아름다움에 매료될 수 있습니다. '암탉'도 모든 사람에게 존재합니다. 다이아몬드는 아름다울 뿐만 아니라, 돈을 벌 수 있기 때문에 유용하기도 합니다. 그래서 그 사람은 탐욕스럽게 다이아몬드를 손을 넣습니다.

인간 속에 있는 영적인 불꽃을 끌어내고자 하는 연구자는 그 사람을 '내면의 암탉'의 깃털에서 분리해야 합니다. 탐욕과 상업주의, 이기주의적 계산이 뒤섞인 혼돈 속에서 순수한 아름다움을 향유할 수 있는 인간의 놀라운 잠재력을 걸러내야만 비로소 그 사실을 깨닫게 할 수 있을 것입니다. 실제로 그것은 단지 불꽃일 뿐이며, 만약 그것이 생명으로 불어넣어지지 않는다면, 쉽게 간과될 정도로 희미한 빛으로 사라질 수도 있습니다. 그러면 인간 존재에 관한 이론은 '암탉의 수준'으로 축소될 것입니다.

프랭클의 사랑에 대한 개념도 이와 비슷할 것입니다. 그는 사랑을 *사랑하는 사람의 가치에 대한 가장 깊은 감각*으로 정의합니다. 물론 우리의 동물적인 면은 다른 것을 원합니다. 매력적인 것, 애정, 섹스를 원합니다. 사랑하는 사람에게서 무언가를 원하고 기대합니다. 이 모든 것이 평화로운 화합으로 이어지고, 냉정한 일상을 가치 감각의 빛으로 계속 채운다면 정말 멋진 일입니다. 하지만 다이아몬드는 먹을 수 없습니다. 이 비유를 적용하자면, 파트너의 장점과 애정이 철회되거나, 파트너가 기대에 부응하지 못하거나, 심지어 가증스러운 행동을 한다면 가치 감각sense of value이 감소할 수 있습니다.

특히, 사람들이 자신 안에 잠재되어 있는 고유한 가치를 깨닫지 못하거나 더 이상 실현하지 않는다면, 파트너는 그것을 보기가 점점 더 어려워질 것입니다. 그러나 '진정한 사랑'은 본질적으로 지속되는 것이므로 *원래 사랑했던 사람의 가치도 지속되어야 하지만*, 가치 감각이 쇠퇴하면 사랑도 함께 사라집니다. 다이아몬드는 다이아몬드로 남아있습니다. 그러나 흙으로 뒤덮인 다이아몬드의 아름다움을 누가 감탄하겠습니까?

인간의 영도 마찬가지입니다. 인간의 영은 잿더미 속의 불꽃과 같습니다. 그렇기 때문에 진실하고 이타적인 사랑을 할 수 있는 인간의 능력은 찾아보기 어렵습니다. 그럼에도 불구하고 우리는 이 불꽃에 감사해야 합니다. 이 불꽃은 우리를 '암탉'의 머리 위로 급상승시켜 하늘로 들어 올려줍니다. 빅터 E. 프랭클과 같은 누군가가 우리 안에 있는 이 소중한 불꽃을 끈질기게 일깨워준 것에 감사합시다. 프랭클은 몽상가이자 이상주의자인가요? 전 그렇게 생각하지 않습니다. 오히려 그는 우리의 현실을 아우르는 메타 현실을 가리키는 동시에 먼 미래의 지평선에서 더 나은 인류의 전망을 열어주었고, 그 불꽃이 지금보다 더 밝게 빛날 수 있기를 희망한다고 믿습니다.

선을 행하고 이루기[1)]

(하이디 쇤펠트)

'죄책감' 장에서는 어린 에바의 죽음이 그 소녀를 돌봤던 생활복지사에게 큰 슬픔을 안겨준 이야기를 다루었다. 이 사례 연구에서 설명된 정당하지 않은 죄책감과는 대조적으로, 우리는 심리 치료 현장에서 실제 죄책감 사례를 자주 접하게 되며, 이 죄책감을 어떻게 치료적으로 다룰 수 있는지에 대한 긴급한 질문이 생긴다. 죄책감을 느끼는 사람들이 자신의 잘못에 대한 그늘 아래서 어떻게 하면 가장 잘 살아갈 수 있을까?

로고테라피에서 우리는 항상 개인, 심지어 아픈 사람일지라도 그들의 내면의 존엄성dignity을 강조한다. 우리는 종종 유머의 잠재력에 초점을 맞춘다(오데트에 관한 사례 연구 참조). 유머는 인간에게만 있는 고유한 것이기 때문이다. 개는 웃지 않고, 고양이는 농담을 하지 않는다.

---

1) 2018년 모스크바에서 열린 로고테라피 국제회의 중 발표된 강연의 요약본.

또한 인간만의 어두운 면, 즉 죄책감을 느낄 수 있다는 사실도 인간만의 특징이다. 이것은 또한 우리를 개와 고양이와 구별시켜 준다. 거위의 목을 물어뜯는 여우는 죄책감을 느끼지 않는다. 죄책감이라는 현상은 우리 인간에게만 있는 것이다. 그것은 인간 존재의 본질적 패턴이자 근본적인 가능성이며, 자유와 책임의 논리적 귀결이다.

죄책감은 고통, 죽음과 함께 프랭클의 저서에서 인간의 3대 비극tratic triad이라고 불릴 만큼 매우 중요한 비중을 차지한다. 이 3대 비극은 모든 인간에게 예외없이 영향을 미친다. 우리 중 누구도 슬픔과 죽음을 피할 수 없는 것처럼, 죄책감 없이 살아갈 수 있는 사람은 아무도 없다.

이런 이유 때문에 우리는 종종 죄책감에 시달리는 사람들을 치료해야 하며, 아마도 죄책감으로 괴로워하는 사람들과 더 자주 일해야 할 것이다.

종교에서 죄책감은 보통 신과 관련이 있다. 내가 누군가를 배신하면 그 사람에 대해 죄책감을 느끼지만, 동시에 신의 계명을 어기는 것이기 때문에 신에 대해서도 죄책감을 갖게 된다. 모든 죄는 나를 신으로부터 분리시키며 그분의 용서를 필요로 한다. 종교적 맥락에서는 사람들이 자신이 지은 죄에 대해 이야기한다.

로고테라피는 이러한 종교적 연관성에 대해 언급하지 않으며, 언급해서도 안 된다. 의학 심리학의 한 분야로서, 이는 세상적인 연결과 관련이 있고 다른 세상의 연결과는 관련이 없다. 따라서 로고테라피에서 죄책감에 대해 이야기할 때, 그것은 항상 순전히 내면의 세계를 가리키는 개념이다.

우리는 일상 대화에서 죄책감에 대한 일반적인 개념을 발견할 수 있다. "나는 죄책감이 들어요. 그것은 내 실수였어요."라고 말하는 경우가 많은데, 여기서 '실수'란 사소한 실수나 의도치 않은 부주의다. 또는 인과관계와 연관되기도 한다. 예를 들어 "내 기분이 좋지 않은 이유는 날씨 때문이야." 이러한 사소한 설명으로는 인간의 죄책감이라는 주제를 제대로 설명할 수 없다.

로고테라피에서 인간의 죄책감에 관해 이야기할 때는 두 가지를 전제로 한다.

1. 예를 들어, 재난 예방의 기회와 같은 행동의 자유와 자유 선택이 있었어야 한다.
2. 특정 상황에서 어떤 행동을 하는 것이 의미 있는 일인지 (어느 정도) 알고 있었어야 한다. 즉, 그 사람은 상황의 의미를 인식할 수 있는 능력이 있어야 한다.

예시 1. 휠체어를 탄 남자가 해변에 앉아 파도에 밀려 허우적대는 아이를 지켜보고 있다. 아이가 익사하더라도 그 사람의 잘못은 아니다. 왜냐하면 그 남자는 마비되어 휠체어에서 일어날 수 없기 때문이다. 그에게는 아이를 돕기 위해 달려갈 자유 선택권이 없다. 무력하게 지켜봐야만 하는 상황에 절망할 수 있지만, 자신을 자책할 필요도 없고 자책해서도 안 된다.

예시 2. 한 환자가 "친구들과 함께 여행을 가지 않았다면, 남편이 쓰러졌을 때 집에 있었을 거예요, 그러면 누군가가 남편을 발견할 때까지 몇 시간씩 계단에 힘없이 누워 있지 않아도 되었을 거예요."라고 자책한다. 누구도 미래를 예측할 수 없다. 재난이 일어날 것을 미리 알 수 있는 사람은 아무도 없다. 환자는 여행을 취소할 이유가 없었다. 이 예시의 경우 죄책감은 정당성이 없다.

죄책감에는 의지의 자유와 의미에 대한 이해가 모두 필요하다. *자유 의지가*

존재하지 않는다면 의미의 문제는 발생하지 않는다[2] (돌, 식물, 동물, 아기, 혼수상태의 사람에게는 의미의 문제가 발생하지 않는다)는 사실을 주목해야 한다. 죄책감은 인간의 자유의지의 맥락 내에서만 우리에게 명백해진다. 마비된 남자의 경우, 파도에 뛰어들어 바닷물에 빠진 아이를 구하는 것이 의미 있는 일인지 의문이 들지 않을 수 없다. 또 그와 관련된 다른 질문이 있을 수 있다. 예를 들어 해변에서 소리를 질러 해변 근처의 다른 사람들에게 알릴 수 있었는지의 여부이다. 그에게는 외칠 자유와 힘이 있다. 위의 예에서 자유 선택이 있는 경우, 의미에 대한 인식이 선행되어야 의미에 대한 인식을 따르지 않은 결과로 죄책감이 발생할 수 있다. 그러나 의미에 대한 인식이 있는 곳에는 이에 따르는 선택이 *항상 존재*한다. 그렇기 때문에 프랭클은 '의지의 자유는 의미에 대한 의지보다 우선한다.'[3]고 하였다. 인간과 같은 자유로운 존재만이 계속해서 의미를 추구하는 존재로 나아갈 수 있으며, 그 반대의 경우도 마찬가지이다. 의미 추구가 이미 시작되었다면 의지의 자유가 이미 오래 전부터 가능했던 것이다.

반복하자면, 죄책감은 애초에 해야 할 일(또는 하지 말아야 할 일)을 정확히 알고 있었고, 의미 있게 할 수 있었음에도 불구하고 그에 따라 행동하지 *않은* 경우에만 가능하다. 실현할 가치가 있고 실현할 수 있었던 것을 무시한 것이다. 자신의 양심에 반하는 행동을 한 경우이다.

---

2) 물론 인간은 선택의 자유가 없는 상황, 즉 어떤 것의 의미나 심지어 존재하는 *모든 것*의 의미에 대해서도 탐구할 수 있다. 프랭클은 간결하게 다음과 같이 말했다. '존재의 의미에 대해 묻는 것은 무의미하다. 존재는 의미 이전에 존재하기 때문이다.' 우리가 존재의 의미에 대해 의문을 제기할 때 의미의 존재가 전제되기 때문이다. 말하자면 존재는 우리가 의문을 제기할 때마다 부딪히는 벽과도 같다." Viktor E. Frankl, *The Doctor and the Soul*, New York, Random House, 1986, p. 196.

3) 프랭클은 세 가지 공리를 바탕으로 로고테라피를 구축했다: 1. 의지의 자유, 2. 의미에의 의지, 3. 삶의 의미.

우리는 진정한 죄책감a genuine sense of guilt과 심리 치료에서 자주 접하는 부적절한 죄책감inappropriate feelings을 구별하기 위해 이 모든 것은 신중하게 정의할 필요가 있다.

부적절한 죄책감의 원인은 여러 가지가 있을 수 있다. 정신병의 결과일 수도 있다. 현실에 대한 사람의 인식이 왜곡되면 온갖 종류의 과장된 죄책감으로 이어질 수 있다. 특히, 내인성 우울증은 현실과 부합하지 않는 비합리적인 죄책감을 유발하는 경우가 많다. 심한 우울증에 걸린 어머니가 자녀를 위해 아침 식사를 준비할 수 없다는 이유로 죄책감을 느낀다면, 이러한 무능력은 자녀를 사랑하지 않아서가 아니라 질병으로 인한 결과이다. 우울한 사람들이 경험하는 죄책감은 '방황하는 우울'로 알려진 비난과 허무주의적 비인격화로 부풀려질 수 있다.

과도한 죄책감excessive feelings은 또한 강박 장애의 부담스러운 증상 중 하나이다. 99.9% 깨끗한 손을 가진 사람만 식사해야 하는 테이블 상판을 만진 것에 대해 죄책감을 느낀다면, 또는 뒤에 있는 사람들에게 불행을 안겨줄 수 있는 홀수 문 번호를 쳐다보는 것에 대해 죄책감을 느낀다면, 이러한 죄책감은 질병의 증상이다. 당연히 우리는 이런 감정을 진짜 죄책감인 것처럼 반응해서는 안 된다. 그것은 끔찍한 실수가 될 것이다.

또한 불안정하고 우울하며 이타적인 사람들은 때때로 책임이 없는 일에 대해 죄책감을 느끼기도 한다. 그들의 말을 주의 깊게 듣고 의지의 자유와 의미에 대한 인식의 기준을 통해 불필요한 죄책감을 구별해야 한다. 이러한 사람들을 부적절한 죄책감으로부터 해방시켜야 하는데, 이는 쉽지 않은 경우가 많다.

정당하지 않은 죄책감unjustified feelings of guilt을 치료적으로 어떻게 다룰 수 있을까? 구체적인 진단 없이는 치료 계획을 세우는 것이 불가능하다. 정신 질환의 경우는 왜곡된 생각을 대부분 제거할 수 있는 균형 잡힌 약물을 신중하게 선택해야 한다. 내인성 우울증의 경우, 죄책감을 질병의 증상으로 파악하고 환자에게 탈숙고를 사용하여 죄책감을 무시하도록 조언해야 한다. 강박 장애의 경우, 앞에서 반복적으로 설명했듯이 역설적 의도를 사용하여 죄책감을 패러디해야 한다. 불안한 사람들이 실수로 자신을 유죄라고 말할 때는 그들의 실수를 지적해야 한다. "만약 내 아이를 이웃집에서 놀도록 하지 않았다면 아이가 나무에서 떨어지지 않았을 거에요." - 앞에서 말했듯이, 누구도 미래를 볼 수 없고, 모든 사고를 예방할 수는 없다. "고통은 충분합니다 - 죄책감에서 벗어나십시오"가 모토이다.

사실: 정당하지 않고 부분적으로 비합리적인 죄책감은 실수나 질병으로 인한 것일 수 있다. 그리고 우리는 이러한 감정을 치료적으로 제거하기 위해 최선을 다해야 한다.

하지만 환자가 진정한 실존적 죄책감genuine, existential guilt을 가지고 있다면 어떻게 해야 할까?

우선 프랭클은 바꿀 수 없는 것에 대해 슬퍼하거나 회개하는 것이 의미가 있는지에 대해 장문의 글을 썼다. 더 이상 아무것도 할 수 없는 상황에서 이런 노력으로 무엇을 얻을 수 있을까? 이것은 절망적인 노력인가? 프랭클은 다음과 같은 결론을 내렸다.

"따라서 인간의 감정에는 모든 이성적 사고를 능가하는 심오한 지혜가 드러나는데, 이는 사실 이성적으로 볼 때 합리적인 사고에 반하는 것이다. 예를 들어 슬픔과 회개의 감정을 생각해 보자. 실용주의적 관점에서 보면 둘 다 무의미해 보인다. 돌이킬 수 없게 잃어버린 것을 애도하는 것은 '건전한 상식'의 관점에서 보면 쓸모없고 어리석은 것처럼 보일 것이며, 이는 돌이킬 수 없는 잘못을 회개하는 경우에도 마찬가지이다.

그러나 한 인간의 내면의 전기biography에는 슬픔과 회개가 의미가 있다.

우리가 사랑했지만 사별한 사람에 대한 슬픔에 어떤 의미가 있다면 사별의 슬픔은 삶을 지속하는 이유가 될 수 있으며 회개는 죄인이 죄책감에서 벗어나 다시 일어설 수 있게 해준다."[4]

이것은 흥미롭고 생각을 자극하는 진술이다. 실용주의적인 관점에서 보면 모든 슬픔은 완전히 쓸모없는 에너지 낭비이며 죽은 사람을 다시 되살릴 수 없다. 그러나 사랑은 어떻게 든 사랑하는 사람이 슬픔 속에서 다시 살 수 있도록 해주고 죽음으로 인해 방해받지 않도록 한다. 얼마나 소중한가!

동시에 프랭클은 죄책감에 대한 자신의 생각을 설명했다. 내가 한 일을 후회하는지 여부가 중요한가요? 이미 일어난 일인데 왜 내가 죄책감을 느껴야 할까요? 아무에게도 도움이 되지 않는데? 프랭클은 이러한 미숙한 실용주의적 사고방식에 반대하여 인생은 이런 식으로 돌아가지 않는다고 말하였다. 오히려: "*...죄 지은 사람이 회개하면, 그 사람은 어떻게든 죄책감에서 벗어나 다시 일어날 수 있습니다.*"

만약 내가 죄책감을 느꼈던 상황을 오늘 다시 경험할 수 있다면, 오늘은 다르게 행동하여 이 죄책감을 느끼지 않을 것이라고 말할 수 있다면 오늘 나는 그때의 나와 다른 사람이 된 것이다. 근본적인 무언가가 바뀌고 새로운 무언가가 생겼다!

더 정확히 말하자면, 내가 다른 사람에게 고통을 줄 때마다 나는 죄책감과 진실성도 잃게 된다. 독일어는 이를 매우 명확하게 표현한다. 사과를 할 때 "*es tut mir Leid* (미안합니다)"라고 말하는데, 이는 *나에게도* 고통을 주

---

4) Viktor E. Frankl, The Doctor and the Soul, New York, Random House, 1986, p. 108.

며, 나 자신에게도 무언가 잘못을 했다는 뜻이다. 회개는 이것을 없애는 것이 아니라 화해를 가져오고, 은행 개념을 활용하여 프랭클이 말했듯이 고통을 '갚는' 것이다. 회개는 자신의 은행 계좌에서 죄책감을 갚을 수 있게 해준다. 이것은 비현실적인 것이 아니라 부채를 해결해준다. 이런 점에서 회개는 나를 새로운 사람으로 만들고, 또 다른 사람이 이런 식으로 고통을 겪게 하는 것을 방지하며, 어떻게든 형이상학적으로 죄책감의 빚을 갚는 것이다.

로고테라피스트로서 우리가 '실존적', 즉 진정한 죄책감을 가진 사람들에게 무엇을 제공해야 하는지에 대한 질문으로 돌아가 보겠다.

경계를 명확히 하기 위해 먼저 우리가 제공할 수 *없는 것이* 무엇인지부터 언급하겠다. 우리는 심리적 면죄부를 제공할 수 없다. 이것은 다소 진부하게 들리지만, 그 이면에는 결코 끝나지 않을 것 같고 한 세기 동안 지속되어 온 전문적인 논쟁이 있다. "내가 이렇게 공격적인 이유는 보호받지 못하고 자랐기 때문이다.", "나는 어렸을 때 장난감을 받지 못했기 때문에 물건을 훔친다.", "나는 남들이 하는 대로만 했을 뿐이다."

프랭클은 평생 동안 이러한 종류의 심리적 면죄부에 반대하는 입장을 취했으며 다음과 같이 분명하고 확실하게 말했다. "인간에게서 죄책감을 없애는(즉, 그것을 부인하는) 사람은 누구나 인간의 존엄성을 빼앗는 것입니다." 이것은 우리를 다시 "나는 다른 어떤 것도 할 수 없었기 때문에..."라는 논쟁적인 결정론에 빠지게 한다. 프랭클은 이에 대해 아니라고 말한다.

그렇다면 우리는 죄책감을 가진 사람들에게 무엇을 제공할 수 있을까? 실존적 죄책감에 대한 합당한 대답은 '배상reparation'이라고 한다. 이 단어에는 세 가지 의미가 있다: 1. 다른 사람에게 상처를 입힌 것을 선하게 만드는 것 2. 어둠 속에 있는 다른 사람에게 빛을 가져다주는 것 3. 회개를 통해 새로운 사람이 되는 것. 이 모든 것은 배상의 한 형태이다. 첫 번째가 가장 우선순위가 높다. 예를 들어, 누군가에게 불쾌감을 주었다면 용서를 구하는 것이다. 훔친 것이 있으면 돌려줍니다. 이것이 가장 좋은 방법이다. 그러나 피해 당사자의 소재를 알 수 없거나 모든 연락이 차단되는 등 최선의 방법을 사용할 수 없는 경우에도 배상은 가능하다. 죄책감을 느끼지 않았다면 관여하지 않았을 곳에 관여하는 것이다. '적극적인 참회'를 실천하고 '내가 없었다면 일어나지 않았을 모든 좋은 일들이 나를 증언'하도록 세상에 빛이 되는 일을 하는 것이다.

세 번째 방법은 앞의 두 가지 방법이 모두 막혀 있는 인생의 어려운 상황에 대한 것이다. 어떤 사람은 심하게 아프거나, 심각한 장애가 있거나, 감옥에 있거나 임종 중에 있을 수도 있고, 다시 회복할 수 있는 방법이 세상에 전혀 없는 경우에 처해있을 수 있다. 프랭클은 San Quentin 주립 교도소에 수감되어 있던 사형수 Aaron Mitchell에게 이렇게 말했다. 그에게는 회개를 통해 내적으로 더 높은 단계로 올라가 지금까지 살아온 것보다 더 나은 사람으로 죽음을 맞는 마지막 '최고'의 가능성이 열려 있었다. 죄책감은 내면의 변화를 위한 원동력이 되며, 극단적인 경우에는 임종 직전에도 이러한 변화가 가능하다.

다행스럽게도 심리치료에서는 주로 첫 번째와 두 번째 방법을 사용할 수 있다.

그러나 정당한 죄책감justified feelings of guit과 정당하지 않은 죄책감이 결합되면 문제가 복잡해진다. 정당한 죄책감, 즉 실존적 죄책감과 수십 년 동안 지속된 정당하지 않은 죄책감이 결합된 사례 연구를 통해 이를 설명하고자 한다.

한동안 나에게 상담을 받으러 왔던 85세 의사의 경우, 상담이 끝날 무렵 우연히 문제가 드러났다. 그는 자신이 아버지의 죽음에 책임이 있는지 모르겠다고 말했다. 다음과 같은 이야기를 하였다:

정기 검진 후에 아버지에게 발견된 작은 악성 종양을 제거하였다. 그 후 아버지는 밤낮으로 암에 대한 두려움이 엄습해 우울증에 빠졌다. 그는 더 이상 자신을 돌보지 않았고, 더 이상 일도 하지 않았으며, "암으로 죽기 전에 자살하겠다"는 말을 반복했다. 의학적으로는 우려할 만한 실질적인 이유는 없었고, 가족들은 인내심을 갖고 그를 보살펴 주었지만 반복되는 자살 위협 앞에서는 속수무책이었다.

9월 30일 저녁, 아버지는 정장 차림으로 아들의 병원을 찾아와 동네 레스토랑에서 저녁 식사를 하고 함께 산책을 하자고 제안했다. 그러나 아들은 분기말이었고 새로 개업한 사무실에는 처리해야 할 회계업무가 많았다. 그래서 그는 아버지에게 이렇게 대답했다. "오늘은 어려울 것 같아요. 아직 정산해야 할 거래처 청구서가 너무 많아요." 아버지는 슬픈 표정을 지으며 떠났다. 그날 밤 아버지는 스스로 목숨을 끊었다.

아들은 유죄인가?

확실한 것은 아들이 자살을 막을 수 없었다는 것이다. 이 결정은 전적으로 아버지의 책임이다(아버지가 심한 우울증을 앓고 있었다면 자살에 대한 아버지의 책임은 더 적을 것이다). 나는 환자에게 의미에 대한 명확한 인식과 의지의 자유라는 두 가지 기준이 충족되었는지 물어보았다.

의미에 대한 명확한 인식? 물론 아니다. 그가 위험을 예견했다면 분명히 아버지를 위해 시간을 내었을 것이다. 하지만 9월 30일. 이 날이 살아 계신 아버지를 마지막으로 볼 수 있었던 날이 될 줄 어떻게 알 수 있었겠는가?

의지의 자유? 글쎄, 그의 업무 역시 시급한 일이었다.

나는 그 사람에게 죄가 없다는 사실을 전하고 싶었다. 그럼에도 불구하고 무언의 여운이 있었다. "나는 아버지를 슬프게 떠나보냈어요." 그는 그 생각을 떨칠 수 없었다. 이 생각은 남자의 이야기 속에 스며 있었다. 이에 대해 "아버지가 이렇게 빨리 돌아가실 줄 알았더라면 그렇게 거절하지 않았을 텐데"라는 변명도 할 수 없었다. 아버지를 슬픔에 잠긴 채 떠나보낸 것은 - 어떤 저녁이든 – 두 사람이 다시 만날지 여부와 관계없이 좋은 선택이 아니었다. *이 점에서 의미에 대한 인식이 있었다!*

우리는 환자가 가진 작은 죄책감을 인정했다. 그런 다음 나는 이 작은 죄책감에 대한 더 큰 맥락을 그와 함께 찾았다. 그렇다. 그는 또한 아버지와 즐겁고 유익한 대화를 많이 나누었다. 불행하게도 아버지가 복용하고 있던 항우울제는 아버지에게 아무런 도움도 주지 못했다. 아버지의 전 생애를 살펴보면서 그가 평생 쌓은 업적을 들여다볼 수 있었다: 그는 병에 걸리기 전까지 친절하고 믿음직한 아버지였으며, 아들들에게 좋은 교육기회를 제공했다. 자녀 교육을 위해 아버지는 야근을 많이 하셨고 다른 많은 일을 해야 했다.

우리가 고심 끝에 내린 결론은 내 환자가 돌아가신 아버지와 친밀감을 느낄 수 있는 곳을 찾아야 한다는 것이었다. 그곳에서 그는 아버지에 대한 기억에 집중하고 마음속으로 아버지로부터 일종의 '응답'을 들어야 했다.

기억 훈련memory exercise은 대성공이었다. 내 환자는 나중에 자신의 책상

위에 아버지의 사진을 걸었다고 말했는데, 그 사진에는 아버지가 젊은 시절 아내와 아이들과 함께 정원에 앉아 있는 모습이 담겨 있었다. 그는 9월 30일의 그 끔찍한 날 이후로 자신을 잠식해 왔던 모든 것을 아버지에게 털어놓을 수 있었다. 그는 아버지에게 사과하고 용서를 구했다. 그리고 그는 평생 동안 그에게서 경험한 모든 좋은 일들에 대해 진심으로 감사를 표했다.

그 이후로 의사의 죄책감은 완화되었다. 그는 아버지를 슬프게 보내게 한 것에 대해 아버지에게 죄송함을 표현했으며 당시의 아버지의 마음을 이해하지 못했다고 인정했다. 남은 것은 함께 했던 좋은 시절의 기억과 아버지에 대한 감사함이었다. 그를 계속 힘들게 하는 의심은 사라졌다.

때로는 그 반대일 수도 있다. 누군가에게 나쁜 일이 일어났고, 누군가와 화해하기 전에 그 누군가는 사망했다.

나에게 그런 환자가 한 명 있었다. 그 환자는 늘 무시할 수 없는 말을 툭 던졌다. 그는 "나는 아버지를 싫어해요. 아버지에 대해 긍정적인 것을 경험한 적이 없어요"라고 말했다. 대화를 지속한 결과 다음과 같은 사실이 밝혀졌다:

그 남자의 아버지는 심각한 알코올 문제가 있었으며 가족에게 도움이 되는 가장이 아니었다. 결혼 후 어머니를 여러 번 배신했으며, 아들인 자신이 태어나자마자 어머니를 떠났고, 자신에게는 전혀 관심이 없었다. 아들은 아버지와 즐거운 만남을 가진 추억이 한 번도 없었다. 그가 아는 것은 아버지가 곧 다른 여자를 만나 떠났고 몇 년 후 심각한 알코올 중독으로 사망했다는 사실뿐이었다.

그 사이 성장한 아들에게는 아버지에 대한 경멸만 남았다. 그는 어머니를 사랑했고, 아버지는 그에게 없는 존재였다. 그게 전부였다! 그는 아버지의 장례식에 가지 않았고, 아버지의 무덤에도 방문한 적이 없다.

그러나 나는 내 환자가 마음 속에 증오와 경멸을 품고 떠나도록 내버려둘 수 없었다. 그러한 것을 마음 속에 품고 있는 사람들은 어깨에 무거운 짐을 지고 있는 것이다.

우리는 그의 아버지에 대해 잠시 이야기를 나누었고 그가 왜 알코올 중독에 빠졌는지 조금이라도 이해하려고 노력했다. 그의 어머니와 함께한 좋은 시절은 몇 년밖에 없었지만 적어도 몇 년은 있었다. 돌이켜보면, 그가 아들을 돌볼 의지가 없었던 것은 그의 큰 무력감과 무능력의 결과라는 것이 더욱 분명해졌다. 왜냐하면 그는 자신의 삶을 통제할 수 없었고 아들을 돌볼 수 있는 입장이 아니었기 때문이었다. 이것은 결코 그를 정당화할 수 없다! 하지만 그 사실로 인해 내 환자는 아버지를 조금은 이해할 수 있었다.

나는 아들이 이 모든 것에 대해 아버지와 '이야기'하고, 아버지에게 그의 속상함을 한 번이라도 털어놓고, 어렸을 때 간과했던 모든 소망을 마침내 말할 수 있다면 좋지 않겠느냐고 물었다. "당신은 좋은 아버지는 아니었지만, 나는 더 이상 당신을 원망하지 않습니다."

내 환자는 실제로 정확히 이 일을 실천했다. 그는 생애 처음으로 아버지의 무덤에 가서 어린 시절 겪었던 모든 상처에 대해 이야기했다. 어른이 될 때까지도 아버지의 무덤에서 그렇게 많이 울어본 적이 없었다. 그러는 동안 마음이 가난한 이 남자의 안에서는 큰 연민이 솟아올랐고 모든 원한과 비난을 씻어냈다.

그는 자기 길을 갔고 자유로워졌다.

이 모든 사례는 용서와 용서를 구하는 것은 죽음이 막을 수 없다는 것을 보여준다.

자주 묻는 질문 10가지

(엘리자베스 루카스)

필자의 의사 친구 한 명이 오늘날 심리학에 관해 가장 자주 묻는 질문을 소셜 미디어에서 검색했다. 광범위한 무작위 표본을 통해 다음 순서로 10가지 주요 주제가 밝혀졌다.

1. 우울증
2. 업무 스트레스
3. 가족 간의 분쟁
4. 실패 경험
5. 교육적 문제
6. 중독
7. 노화와 쇠약
8. 의사결정 갈등
9. 경쟁 압력
10. 내려놓기

위에서 언급한 주제들은 우리 시대 사람들이 큰 어려움과 고민을 겪고 있는 문제임을 분명히 반영하고 있다. 이러한 이유로 조언이 필요한 분들을 위해 간략한 정보를 정리했다.

1. 우울증

전문적인 관점에서 우울증 주제와 관련하여 많은 혼란이 있다. 때로는 불안, 낙담, 수줍음이 너무 쉽게 우울증으로 분류되기도 한다. 우울한 성격이나 내향적인 행동이 부주의하게 우울증의 원인으로 간주되기도 한다. 매일 행복하지 않거나 불편하거나 짜증나는 상황에 처하면 기분이 가라앉는 것은 지극히 정상적인 현상이다. 인생에는 슬픔과 기쁨이 공존하며, 웃어야 할 이유가 더 희박하다(그러므로 더욱 소중하다). 우는 확실한 이유가 있다고 해서 항우울제를 요청하고 처방받는 것은 합리적이지 않다. 우리 몸에 스스로 치유하는 능력이 있는 것처럼 우리의 정신도 스트레스에 대처할 수 있는 능력을 잘 갖추고 있다. 우울할 때마다 약물에 의존하면 정신은 본연의 대처능력을 잊어버린다.

우울증은 정신이 스스로 치유할 수 없을 때, 즉 *질병*이 있을 때만 임상적 의미에서 우울증이라고 말해야 한다. 우울증은 인간 존재의 매우 다양한 측면에 뿌리를 두고 있을 수 있다. 환자에게 어떤 유형의 우울증이 있는지 주의 깊게 판단하고 *단극성 또는 양극성 장애*unipolar or bipolar disorder로 진단된 경우에만 항우울제를 처방하는 것이 전문가의 임무이다. 간단히 표현하자면, 이러한 장애는 신경 경로의 시냅스에서 신경 전달 물질이 불규칙하게 방출되어 환자의 외부 환경과 관련이 없는 시기에 단극성 우울증이 발생하는 것이다. 그 사이에 조증이 있으면 양극성 장애라고 한다. 이러한 '탈선' 기간을 유발하는 요인이 있는지 여부는 의견이 다양하다. 환자의 친척과 지인은 질병의 재발을 불쾌한 사건 탓으로 돌리는 경향이 있지만 이러한 연관성에 대한 증거는 없다. 통계에 따르면 우울증은 세대를 건너뛸 수 있지만 특정 가족 내에 우울증에 취약한 유전인자가 있을 가능성이 높다.

이는 단지 유발 요인이 아니라 슬픔을 유발하는 진정한 원인이 있는 소위 반응성 우울증reactive depression과는 다르다. 그러나 이것은 자연스러운 애도 과정이 아니라는 점에 유의해야 한다. 예를 들어 사랑하는 사람을 잃었거나 심각한 운명의 타격을 입은 경우 슬퍼하는 것은 정상이고 지극히 당연한 일이다. 사랑하고 소중한 것은 잊어서는 안 되고 마음속에 간직해야 하며 이것이 바로 슬픔의 목적이다. 슬픔은 잃어버린 것에 대한 연결과 그 가치에 대한 인식을 보존한다. 그러나 안타깝게도 슬픔은 일종의 정신적 경직으로 발전할 수 있다. 슬픔에 잠긴 사람은 소라게처럼 껍질 속으로 숨어들어 이렇게 말한다: "나에게 소중했던 것, 내가 잃어버린 것을 가질 수 없다면 나는 아무것도 필요 없어요! 나는 더 이상 살 이유가 없어요! 나는 더 이상 세상의 어떤 것에도 관심이 없어요!" 자신의 모든 행복을 한 가지에만 두고 살다가 그 행복을 빼앗긴 사람들은 특히 이런 종류의 반응성 우울증에 걸릴 위험이 높다. 외골수적인 가치평가와 과대평가에는 대가가 따른다. 예를 들어, '애인 없이는 살 수 없다'고 생각하는 여성은 사랑하는 사람이 자신을 떠나면 무너질 위험이 있는 기반을 마련한 것이다. 또는 '내 사업은 나에게 모든 것을 의미한다'고 생각하는 남자라면, 사업을 매각해야 할 경우 정신적 수렁에 빠지게 된다.

물론 항우울제는 반응성 우울증이 발생한 사람들에게 아무런 도움이 되지 않는다. 그들에게 필요한 것은 통찰력과 확신이다. 예를 들어, 우리가 소중히 여기는 모든 것은 일정 기간 동안만 대여되었다는 통찰력이다. 그리고 *잃어버린 후에도* 그것이 한동안 우리 삶의 일부로 남아 있는 것은 우리에게 그것으로 인한 행복이 있었다는 증거이다. 슬픔에 감사가 더해지면 영혼은 안도의 한숨을 쉬게 된다. 세상 어떤 것도 과대평가되어서는 안 된다는 통찰을 얻게 되면 어느 정도 마음의 안정을 얻을 수 있다.

세 번째 형태의 임상적 우울증, 즉 빅터 E. 프랭클Viktor E. Frankl이 규명한

*영적*noogenic *우울증*이 있다. 영적 우울증은 내가 사랑하는 사람 또는 어떤 것이 나의 모든 것이고 그렇지 않으면 아무것도 아니다 라고 판단하는 극단적 형태(아무것도 의미가 없는)로 발전한 반응성 우울증이다. '영적'[1] 우울증이라는 단어의 임상적 개념은 주로 정신적 슬럼프가 아닌 뿌리 깊은 정신적 좌절, 즉 고통받는 사람이 더 이상 삶의 의미meaning of life를 찾지 못하는 만성적 가치 부재를 의미한다. 대부분의 사람들은 운명의 거친파도를 극복하며 살아간다. 반대로, 영적 장애는 가장 유리한 생활 환경에서 많이 발생하기 때문에 종종 문명의 산물로 간주된다. 영향을 받은 개인은 지루함을 느끼고 영감이 떠오르지 않으며, 기쁨 없이 하루하루를 보내고, 자신이 왜 살아 있는지 궁금해한다. 어떤 것도 그들의 관심을 불러일으키지 못하고 신체적, 정서적, 정신적 활동을 하도록 자극하는 것도 없다. 심한 무관심은 세상의 문제에 대해 그들의 마음을 무감각하게 만든다.

이런 경우 항우울제는 소용이 없다. 이 위기에서 벗어날 수 있는 유일한 방법은 가치에 대한 감수성을 재활성화하고 삶에 대한 철학을 근본적으로 바로잡는 것이다. 프랭클의 로고테라피는 이러한 환자를 무기력증에서 벗어나게 하고 좌절감을 치유하는 데 필요한 논거를 제공하며, 필요한 경우 의미를 찾도록 유도하고 실존적 방향에 도전함으로써 환자의 좌절을 치유한다.

2. 업무 스트레스

지인 두 명이 길에서 우연히 만났을 때, 요즘 어때? 라고 안부를 묻는다. 이 때 '상황이 나쁘지는 않지만 직장에서 과도한 업무 스트레스가 있어' 라고 대답할 수도 있다. 서로의 업무 부담을 묻는 일상의 표현이다. 실제로 이것은 건강의 관점에서 볼 때 그리 좋은 대화는 아니다. 지속적인 업무 스트

1) 그리스어로 누스(nous)는 영(spirit)을 의미한다.

레스는 일상생활에서 성찰과 계획을 불가능하게 만들고 이는 심각한 결과를 초래한다.

많은 설문조사에 의하면, 우리 사회의 대부분의 사람들은 더 많은 휴식과 여가를 원한다. 이것은 정당한 바람이지만 이상하게도 많은 사람들이 퇴근 후에도 쇼핑부터 인터넷 서핑, 장시간 영화 감상, 밤샘 파티, 수많은 사교행사에 이르기까지 진정한 쉼을 갖지 못한다. 사람들이 불평하는 바쁨은 내면의 사색보다는 산만한 생활 방식에 뿌리를 두고 있는 경우가 많다. 외부 세계의 끊임없는 침입과 스마트폰이나 태블릿의 산만한 유혹이 없는 진정한 내면의 평온과 고요함을 견디는 것이 힘들어졌다. 바쁜 현대의 분주한 사람들은 이에 익숙하지 않다. 그들은 한동안 구석에 조용히 앉아 명상을 할 수 있다. 아니면 강변을 따라 거닐며 강물을 바라보거나, 아니면 밤하늘을 올려다보며 반짝이는 별들을 감상할 수도 있다. 이 모든 것이 도시 거주자들에게는 특히 낯선 풍경이 되었다.

일상생활에서 휴식과 성찰을 위한 '멈춤'이 없는 것이 왜 심각한 결과를 초래하는지 설명하기는 쉽다. 신체는 지속적인 집중과 멀티태스킹에 적응하지 못하며 휴식을 취하기 위해 필요한 작업을 수행한다. 뇌는 집중력을 저하시키고 피로 신호를 보낸다. 정신은 무감각해지고 전원이 꺼지기를 원하는데, 이는 종종 알코올이나 다른 물질의 도움으로 이루어진다.

한편, 영적 존재는 *무엇이 본질이고 본질이 아닌지를* 판단하는 내면의 목소리와 접촉을 잃게 된다. 정해진 일상을 계속하는 것이 의미 있는 일인지 아닌지에 대한 성찰없이 햄스터 쳇바퀴를 돌고 있는 것이다. 베스트셀러 작가 스티븐 코비Stephen Covey는 이 단계를 톱을 가는 비유로 완벽하게 표현했다. '톱을 가는 데 시간을 낭비하지 않기 위해...' 쓸모없는 무딘 톱으로 나무를 끝없이 자르며 자신을 고문하고 있다.

즉, 업무 스트레스가 발생하면 근무시간 외에 이를 *보상해야 한다*. 서구 문화권에서는 창조적 활동에 대한 강한 욕구가 있는데, 이는 그 자체로는 나쁘지 않다. 왜냐하면 창조력은 인간의 상징이자 속성이기 때문이다. 그러나 너무 많은 일을 하려고 하면 아무것도 얻을 수 없다. 아름답고 독특한 경험을 감상하고 즐길 수 있는 것 또한 인간의 특성이자 속성이다. 집중적인 업무 시간 사이에 귀중한 미니 모험(숲속 하이킹, 향기로운 욕조에서 공상하기, 아름다운 음악 듣기, 좋은 이야기 읽기, 긍정적인 대화 나누기 등)을 즐기는 기술을 익히면 업무 압박의 부정적인 영향에 대한 면역력을 키울 수 있다. 때때로 완전히 조용한 휴식을 취하면 소진 가능성을 예방할 수 있다.

'스트레스'라는 단어의 기원을 생각해 볼 필요가 있다. 이 용어를 의학분야에서 처음 사용한 Hans Selye는 스트레스를 삶의 향신료라고 묘사했다. 그에게 스트레스는 문제에 대한 혁신적인 해결책을 개발하고 자신의 경험을 발전시키는 동기부여가 되었다. 이후 '스트레스'라는 용어는 점점 더 부정적인 의미로 발전하여 부담감으로 그 의미가 축소되었다. 유익한 '유스트레스eustress'와 병리적인 '디스트레스distress'에 대한 Selye의 구분은 대중적으로는 통용되지 않았다. 이 두 개념은 서로 양극단에 있다. 프랭클이 말했듯이, 유스트레스는 선택한 작업에 열정적으로 헌신할 때 존재하는 '이상과 현실 사이의 건강한 영적역동적noodynamic 긴장'을 의미한다. 대조적으로, 디스트레스는 외부에서 부과된 과제에 대처할 수 없다고 느끼는 긴장과 관련이 있다. 유스트레스는 긍정과 확신이 특징인 반면, 디스트레스는 실패에 대한 상상 또는 정당화된 두려움에 의해 유발된다.

그러나 *근본적으로 자신이 할 수 없는 일에 대해 기대해서는 안된다*. 어떤 권위가 그들에게 그것을 강요하도록 허용해서도 안 되고, 그것이 절대적으로 필요하다는 착각을 품어서도 안된다. 곤경에 처할 수밖에 없거나, 대처 방법을 알기 힘든 까다로운 상황들이 있을 수도 있다는 사실을 간과해서는 안 된다. *삶은 우리에게 불합리한 것을 요구하지 않고* 합리적인 것만 기대한다는 이 법칙은 여전히 유효하다. 그렇다면 예외적인 위기 상황에서 우리는 어떻게 해야 할까? 이런 경우에는 침묵이 필요하다! 우리는 모든 간섭으로부터 자신을 보호하고 내면을 들여다보아야 한다. 내면의 목소리에 귀를 기울여야 한다. 우리는 우리의 진정한 임무, 즉 역량에 따라 의미 있게 '해야 할 일'이 무엇인지 숙고해야 한다.[2] 그것이 무엇인지 인식하면, 아무리 어렵더라도 우리는 그것을 긍정할 수 있다. 자신의 행동에 대한 *책임이 자신에게 있다*는 것을 인식함으로써 우리는 다른 사람들에 의한 평가에서 자유로워진다. 타인이 우리에게 무언가를 기대할 수는 있지만, 그것이 우리를 잘못된 길로 향하게 해서는 안 된다. 우리가 이에 동의한다면 우리에게 주어진 사명을 받아들일 것이다. 동의하지 않는다면 대안을 주장할 것이다. 우리가 최선을 다하는 것은 맞지만, 이는 우리가 스스로 인식한 의미와 *조화를 이루*는 우리 자신의 동의에 따른 것이어야 한다.

물론 폭력을 당하는 어쩔 수 없는 경우도 있다. 그러나 아무리 통제력이 뛰어난 상사라도 부하직원에게 내면의 신념에 반하는 행동을 강요한다면 업무 성과가 떨어진다는 사실은 알고 있다. 우리 자신의 내적 의지에 반하는 행동을 할 때도 마찬가지이다. 어떤 행동에 대해 겉으로는 "예"라고 말하고 마음으로는 "아니요"라고 말한다면 잘못된 행동을 수행하고 있는 것이다. 이것은 스트레스와 관련이 없지만 우리 자신의 정신적 양가감정과 관련이 있다. 반면에 우리가 어떤 행동에 대해 겉으로나 내면으로나 모두 "예"라

2) '의미는 의미대로(Meaning is what is meant)!' 라는 미국인들의 말처럼!

고 대답하는 경우라면 그것은 아무리 큰 스트레스가 있다해도 쉽게 수행할 수 있다. 따라서 요약하면 다음과 같다:

의미 있는 일을 하는 데에 엄청난 노력이 필요하더라도, 그것은 우리에게 아무런 해를 끼치지 않는다. 그러나 의미 없는 일을 하는 것은 아무리 쉬운 일이라 해도 우리 내면을 불편하게 한다.

3. 가족 간의 분쟁

현대 사회는 여성의 평등한 권리를 향해 (달팽이의 속도로) 나아가고 있다. 이러한 발전은 매우 환영할 만한 일이지만, 장점만 있는 것은 아니다. 많은 여성들이 일과 가정, 직업과 모성 사이에서 갈등을 겪고 있다. 갈등의 타협점을 찾기 위한 분투는 부모에게는 머리카락이 곤두서는 모험이 되고, 성장하는 자녀에게는 부모의 타협 추구가 실패할 때마다 상처가 남는 기회의 게임장이 된다. 정치적으로 완벽한 해결책은 거의 존재하지 않는다. 할당제를 도입하여 남성 위주의 관리직에 여성의 진출을 촉진하고 보육 서비스를 개선할 수는 있지만, 적어도 영유아에게 엄마의 존재는 보육보다 훨씬 더 큰 가치가 있다. 우리가 구시대적인 가족 형태로 되돌아가야 한다고 제안하는 것이 아니다. 나는 단지 *아이들은 우리가 기꺼이 희생할 가치가 있는 존재*이며, 성공적인 발달을 위해 성장 초기인 영유아기에 필요한 안전하고 따뜻한 환경을 제공하고자 부모의 바람을 일부 내려놓아야 한다고 주장하고 싶을 뿐이다. 반려동물을 키우는 것에도 의무가 따른다. 하물며 아이를 낳아 키운다는 것은 얼마나 더 많은 책임을 요구하는 일인가?

가족 간의 분쟁은 종종 타협 의지가 부족한 것과 관련이 있다. 서로 화합이 잘 되는 가족 공동체에서는 모두가 자기 방식대로만 할 수는 없다. 오케스트라와 마찬가지로 바이올리니스트가 아무 생각 없이 바이올린을 연주할 수 없고, 트럼펫 연주자는 항상 큰 소리를 낼 수 없으며, 베이스 연주자는 악기를 챙겨서 그냥 떠날 수도 없다. 성공적인 공연을 위해서는 모든 연주자들이 자신의 지식과 능력을 최대한 발휘하여 협력해야 한다. 가족의 결속력도 다르지 않다. 가족을 하나로 묶고 힘을 주는 것은 자신의 재능이 필요한 곳에 건설적으로 기여하고, 다른 사람이 활약할 때는 우아하게 물러나겠다는 공통의 의지이다. 오케스트라가 지휘자의 통제에 복종하는 것처럼, 가족 구성원도 서로 존중하고, 관용을 베풀며, 공격을 자제하고, 갈등상황에서 평화를 이루도록 지시하는 일종의 '상위 지시'에 복종하는 것이 좋다. 더 많은 가정이 이 지침에 따라 행동한다면 현재 교사들을 힘들게 하는 학교 폭력은 상당히 줄어들 것이다.

이에 대해 더 자세히 살펴볼 가치가 있는 세 가지 측면이 있다.

1. 첫 번째 측면은 *희생의 의미 여부*와 관련이 있다. 앞서 말했듯이 아이들은 희생할 가치가 있는 존재들이다. 부모가 자녀들을 위해 충분히 시간을 들이고 함께 좋은 역할 모델을 제공하는 가정은 매우 바람직하다. 또, 일반적으로 자발적 희생을 하는 것은 고귀한 일이다. 타인을 돕는 직종에 종사하는 사람들은 자신의 직무에서 요구되는 것보다 더 많은 노력을 일상 업무에 투자한다. 그들을 도우미 증후군으로 진단하기 전에, 그들의 도움 없이는 어떠한 국가에서도 복지체계가 작동할 수 없으므로 먼저 존경심을 표해야 한다. 막중한 책임을 지고 늘 가족을 위해 봉사하는 가족 구성원처럼, 타인을 돕는 직업에 종사하는 사람들은 충분히 감사해야 하는 존재이다.

그러나 그러한 봉사에는 마음챙김mindfulness이 요구된다. 자발적인 희생의 원동력은 정신적인 나약함이 아니라 영적인 사랑이어야 한다. 누군가가 감히 거절하지 못하고 동료 인간의 소원을 마지못해 들어준다면, 이것은 전혀 칭찬할 만한 일이 아니다. 누군가가 우월성에 대한 욕망으로 다른 사람을 의존하게 만든다면 이는 비난받아 마땅하다. 마찬가지로, 누군가가 자신의 긍정과 애정을 사기 위해 가족과 자녀를 망친다면 이것은 형편없는 속임수에 불과하다. 무의미한 희생은 누구에게도 도움이 되지 않으며 병적인 의존으로 빠르게 변질된다. 결국 무의미하게 자신을 희생하는 사람은 스스로를 병들게 하고, 불필요한 희생을 받는 사람은 자율성을 제약받게 된다.

따라서 기꺼이 희생하려는 의지와 마음챙김을 기반으로 바람직한 경계를 설정하는 것이 좋다.

2. 두 번째 측면은 *관용과 불관용*의 현상에 관한 것이다. 이러한 현상은 심리학에서 잘 연구되었다. 관용이 부족한 사람은 타협을 싫어하고 동맹을 찾는 경향이 있으며, 상대방의 '악'을 과장하거나 적이라고 생각하는 사람을 모욕하고 훈계하는 경향이 있다. 스타 피아니스트 랑랑Lang Lang은 한때 잘츠부르크의 한 학교에서 갈라 콘서트를 한 적이 있다. 아침 연습 중 창문이 열려 있던 바람에, 이웃의 한 여자분이 교장에게 항의를 했다. 어떤 바보가 몇 시간 동안 피아노를 쳐서 그 소리 때문에 완전히 제정신이 아니라며 화를 냈다고 한다. 저녁 콘서트에서 청중이 앙코르를 거듭 요청하자, 랑랑은 미소를 지으며 이 이야기를 들려주었다.

자세히 살펴보면 이 상황에는 방금 언급한 모든 측면이 포함된다: 과장('완전히 제정신이 아니다'), 부정적인 판단('어떤 바보'), 교장을 자기 편으로 끌어들이려는 시도, 결국 학교가 음악가를 초대하는 선의가 사라지는 것.

불관용은 가족을 넘을 수 없는 선으로 갈라놓는다. 가족 구성원 각자가 편을 가르고 심지어는 자녀를 끌어들여 도움을 받으려는 시도까지 한다. '적'이 하는 일은 여과 없는 비판으로 면밀히 조사하고 심지어 악마화하기도 한다. '적의 편'으로 인한 고통은 모든 사람의 얼굴에 비쳐진다. 현실과 무관한 상상의 상처에 점점 더 얽히게 된다. 때로는 이별이 불가피할 때도 있다. 이를 방지할 수 있는 유일한 방법은 *처음부터* 모든 사람의 입장을 명확히 하는 것뿐만 아니라 서로의 이야기를 경청하고 더 잘 이해하려고 노력하기 위해 세심한 소통을 하는 것이다. 이 대화는 아부나 과장, 굴욕감을 주는 언행없이 진행되어야 한다.

3. 세 번째로 주목할 점은 *원한을 품는 대신 용서하는 것*이다. 먼저 작은 전환을 해보겠다. 성취는 인정받는다고 대부분 알고 있다. 아이들은 학교에서 공부를 잘하라며 격려받고, 회사 상사는 직원들에게 높은 업무 성과를 기대한다. 하지만 인간 성취의 척도는 무엇일까? 그것이 *부여된 조건*이라고 볼 수도 있다. 간단히 말하면, 사람이 친절, 용기, 성장을 보여줄 수 있는 조건이 어려울수록 더 큰 성취를 했다고 보는 것이다. 예를 들어, 전과자가 출소 후 바르게 살고 정직하게 일한다면 이것은 대단한 성과이다! 과거의 범죄에서 벗어나 존경받는 삶을 시작하는 것만큼 어려운 일은 없다.

이런 식으로 '성취'를 해석한다면, 용서하는 행위 역시 큰 성취이다. 자신에게 해를 끼친 사람을 용서하는 것만큼 어려운 일은 없다. 우리 존재 안의 모든 것이 이에 저항하지만, 용서는 끝없는 고통의 사슬을 끊어내기 때문에 특히 강력한 약이다. 증오에서 벗어난 가해자는 새로운 출발을 할 수 있다. 증오가 없으면 화해하기도 더 쉽다. 그리고 용서하는 사람은 미움과 원한에서 오는 무거운 짐을 떨쳐버릴 수 있다.

용서라는 약 없이는 어떤 공동체도, 특히 가족과 같은 친밀한 집단도 살아갈 수 없다. 좋든 싫든 우리는 끊임없이 서로의 발을 밟는다. 무지로 인해 서로에게 상처를 주기도 한다. 이것은 변명의 여지가 없으며, 안타깝게도 가끔은 고의로 상처를 주기도 한다. 그것은 단지 우리의 심리사회적 부적절함의 결과일 뿐이다. 관대하게 용서하려는 의지만이 이러한 약점을 보완할 수 있다.

4. 실패 경험

용서라는 주제는 죄책감과 실패에 대한 대처라는 주제로 자연스럽게 이어진다. 우리 인생의 역사에서 아무것도 지울 수 없듯이, 모든 실패와 실수에는 후회가 뒤따른다. 경험에 따르면 사람들은 이에 대해 매우 다르게 반응한다. 심리치료실에는 열등감을 품고 끝없는 자책으로 자신을 갈기갈기 찢어 놓으며 자신의 삶에서 일어난 일 때문에 행복할 가능성이 없다고 끊임없이 불평하는 사람들로 가득하다. 어떤 이들은 자신의 죄를 강력히 부인하고 잘못은 항상 타인에게 있다고 믿으며 다른 사람의 눈을 가리려고 노력한다. 두 가지 모두 미숙한 대처 방식이다.

자기 비난에 빠져 있는 사람들은 자신과 타인 모두에게 아무런 도움이 되지 않으며, 자신의 실패를 더욱 가중시킨다. 실수를 반복하지 않기 위해 실수로부터 배우고 그로 인한 피해를 줄이는 대신 무익한 자기 비난에 에너지를 낭비한다. 반대로 자신의 잘못을 인정하지 않으려는 사람은 자신을 속이는 것과 같다. 무언가를 믿고 싶지 않다는 것은 마음 속 깊이 그것이 사실이라는 것을 알고 있다는 신호일 수 있다! 남의 탓으로 돌리는 것은 해결책이 아니다. 자신의 실패에 대처하는 가장 좋은 방법은 다음 세 가지 단계를 밟는 것이다:

첫째, 이 실패가 실제로 예방할 수 있었던 실패였는지 주의 깊게 검토한다. 예방할 수 없었다면, 모든 죄책감을 내려놓아도 좋다. 운이 나빴지만 적어도 당신 탓은 아니다. 실패에 대한 책임이 있다면 두 개의 그릇이 있는 구식 저울 한 쌍을 상상해보고 모든 실패를 두 그릇 중 하나에 담는다.

둘째, 성공적으로 완료된 모든 것을 다른 그릇에 담는다. 아마도 두 그릇은 대략 균형을 이루고 있을 것이다. 그렇지 않다 해도 이렇게 하면 더 넓은 시야를 가질 수 있고 부정적인 측면에 집착하는 것을 방지할 수 있다.

셋째, 긍정적인 면에 가중치를 더하여 저울의 균형을 재조정하기 위한 즉각적인 조치를 취한다. 직접적인 보상이 항상 가능한 것은 아니다. 실패한 일부분은 더 이상 바로잡을 수 없다. 하지만 그렇다고 해서 낙담할 필요는 없다. 도움, 우정, 연대 등의 작은 몸짓으로 저울의 균형을 맞출 수 있기 때문이다. 우리를 기다리고 있는 좋은 일의 가능성은 무궁무진하다. 무언가 잘못되었다면 새롭고 긍정적인 것을 창조할 수 있다. 부주의하게 행동했다면 자신과 상대방에게 조심하라고 상기시켜 줄 수 있다. 감정이 다쳤을 때는 상처 난 감정을 다스리는 모습이 좋은 인상을 줄 것이다. 우리가 어둡게 만들고 영구적으로 닫아버린 세상의 모든 구석은 *다른 구석에* 한 줄기 빛을 비춤으로써 균형을 맞출 수 있다.

나는 용서의 행위를 큰 업적으로 묘사했다. 이에 상응하는 훌륭한 성취는 죄를 지은 사람이 더 나은 사람이 되는 것이다.

5. 교육적 문제

교육의 오류는 나중에 바로잡을 수 없는 오류의 범주에 속한다. 따라서 처음부터 심각한 실수는 피하는 것이 좋다. 아이들은 대체로 꽤 강건하다.

극적인 사건으로부터 빠르게 회복하고 외부 변화에 잘 적응한다. 예를 들어, 난민 어린이는 통합의 달인이다. 하지만 그들에게 삶의 묘약으로 필요한 것은 안전한 세상의 모습과 존중하는 자아상, 인간성humanity에 대한 개념이다. 이러한 요소가 없으면 문제가 발생한다.

안전한 세상에 대한 이미지:

어린 시절, 아이는 자신이 외부 세계와 대면하는 자아라는 사실을 발견한다. 처음에 이 외부세계는 보통 어머니라는 한 명의 참조 인물로 표현된다. 아이들은 외부 세계가 그들에게 음식, 편안함, 돌봄 및 부드러움을 제공한다는 것을 이해한다. 배가 고프면 숟가락이 다가오고, 울면 손이 가까이 다가와 그들을 쓰다듬는다. 자비롭고 완전한 질서가 있는 세상의 모습이 떠오른다. 아이가 커감에 따라 이 이미지는 배경 속으로 사라지고 아이는 옳고 공정한 것 사이에서 희망과 실망, 불공정이 번갈아 나타나는 현실 세계에서 성장한다. 그러나 생각과 감정의 배경에는 안전한 세계가 초월적이고 모든 것을 포괄하는 이상적인 세계로 계속 존재하며, 이는 기본적인 신뢰를 강화한다. 이와는 대조적으로, 이러한 안정감을 경험해 본 적이 없는 아이들은 근본적인 신뢰부족으로 인해 건강한 발달이 지속적으로 저해된다. 아이들은 성숙해지면서 기본적인 신뢰를 쌓을 수 있지만, 이는 오랜 시간이 걸리는 과정이다.

존중받는 자아상과 인간성에 대한 개념:

아이들과의 상호작용에서 보내는 무언의 메시지는 아이들의 두뇌에 쉽게 학습되고 각인된다. 특히, 아이들의 자아 인식은 부모와 다른 권위자로부터 어떻게 평가받는지에 따라 형성된다. 부모가 서로 대화하거나 다른 사람에 대해 이야기하는 방식은 아이들의 작은 귀(그리고 영혼)에 주의 깊게 입력된다. 어른들이 하는 말은 퍼즐처럼 맞춰져 마침내 아이들의 자아상과 인간성에 대한 개념을 형성하게 된다. 자녀에게 줄 수 있는 가장 중요한 메시지는 '너는 소중한 사람이다'이다.

메시지는 계속된다. 그 내용은 대략 다음과 같다. "건강하든 아프든, 학교 성적이 좋든 나쁘든, 무조건 순종하든 불순종하든 너는 소중한 사람이다!" 이 메시지를 보낸 후에는 아이들이 짜증을 낼 때 질책할 수도 있고, 화가 나면 엄하게 반응할 수도 있고, 지쳤을 때 무시할 수도 있고, 기타 교육적 실수를 부모가 저질러도 자녀에게 큰 상처가 되지 않을 수 있다. 부모도 인간일 뿐이다! 아이들은 자신이 소중하다는 것을 아는 한, 그들은 불가침의 사랑으로 보호받는다.

그뿐이 아니다. 감사하는 분위기에서는 스승, 동료, 친구를 소중한 사람으로 여기게 되고 분쟁이 있을 경우 공격적인 태도를 자제하는 경향이 있다. 소중한 것을 공격하지는 않는다. 누구도 소중한 것을 파괴하고 싶지 않기 때문이다. 동일한 규칙이 가족과 의붓가족뿐만 아니라 최고 수준의 정치에도 적용된다: *평화를 얻으려면 존중의 씨를 뿌려야 한다*.

우리는 다음 세대에게 가장 중요한 것이 무엇인지 물을 수 있다. 미래학자들은 머릿속에 저장된 지식이 더 이상 중요하지 않을 것이라고 예측한다. 이제 우리는 버튼 하나만 누르면 우리가 아직 알지 못하는 것에 대해 무엇이든 알려줄 수 있는 초지능적인 '비서'를 많이 갖게 되었다. 이와는 대조적으로 다른 기술도 필수적으로 요구될 것이다. 전문가들은 공감, 윤리적 감수성, 평화주의 등 사회적 능력이 가장 중요해질 것이라고 예측한다. 불행하게도 학교 교육과정에서는 이러한 영역의 통찰력을 키워주는 교육을 아주 소극적으로만 고려하고 있다. 따라서 모든 교육자와 학부모에게 긴급히 권고하는 것은 젊은이들이 높은 성취를 이루거나 좋은 직업을 빨리 얻을 수 있는지에 대한 관심보다는 *그들이 서로와 동료 인간을 존중하는지 여부에 대해 관심*을 두라는 것이다. 즉 아이들은 그들의 교육자들이 자신들을 무조건적으로 가치 있는 존재로 인정한다고 느끼면 (즉, 성별, 민족, 문화 또는 종교에 관계없이), *그들 또한 무조건적인 존중을 할 것이다.*

6. 중독

중독은 인류에게 있어온 오랜 재앙이다. 중독에 빠지기는 쉽지만 빠져나오는 속도는 지독할 정도로 느리다. 사람들이 중독에 맞서 싸우지 않는다는 것은 결코 사실이 아니다. 인간은 노예가 아닌 자유의 몸으로 태어난 지구상에서 가장 자유로운 존재이며, 모든 노예화는 인간의 존엄성을 침해한다. 그럼에도 불구하고, 예를 들어 수백만 명의 지적이고 교육받은 사람들이 알코올 중독의 희생양이 된다는 사실은 생리적, 심리적, 사회적 위험이 그들의 안정을 훼손한다는 사실로 설명될 수 있다.

생리적 위험에는 유전적 소인과 중추신경계의 피드백 과정이 포함되며, 알코올이나 약물을 섭취할 때는 행복감을, 금단할 때는 극심한 불쾌감을 유발한다. 장기간 불쾌감을 견딜 수 없는(또는 견디지 않으려는) 사람들은 적어도 단기적으로는 중독성 물질을 더 많이 섭취해야만 불쾌감에서 벗어날 수 있다. 개인 주위에 감옥의 벽이 세워지게 된다.

심리적 위험에는 의미에서 벗어난 전형적인 유혹자, 즉 두려움이 포함된다. 사람은 본질적으로 이성의 영향으로 억제되어 있지만 알코올의 영향으로 다른 사람을 놀랍도록 즐겁게 할 수 있다. 사람은 약하다고 느낄 수 있지만 마약의 영향으로 철의 힘을 느낄 수 있다. 평상시 귀찮게 하는 두려움은 갑자기 "당신은 삶의 요구를 감당할 수 없지만 각성제의 도움으로 승리할 수 있다!"라고 말한다. 안타깝게도 이러한 승리는 잠시뿐이며 약물에 대한 의존은 점점 더 강해진다.

사회적 위험에는 교육 부족과 중독성 물질에 대한 사회적 제재가 포함된다. 특히 와인, 스파클링 와인, 맥주 및 소주 등은 특히 축제 행사에서 흔히 소비된다. 흡연은 개인의 개성을 표현하는 방법이다. 설탕과 기름진 간식이 가장 흔한 선물이다. 디지털 기기에 대한 중독은 점점 더 많은 디지털화에 대한 외침에 가려져 있다.

물론, 이 모든 것은 적당히 섭취하면 해가 되지 않는다. 하지만 이것이 바로 걸림돌이다. 사람들이 중독에 빠지면 더 이상 복용량을 조절할 수 없게 되고, 개인이 망가질 때까지 점점 더 양을 늘리게 된다.

그러므로 영적 브레이크가 아직 제대로 작동하고 있는지 스스로 테스트하기 위해 때때로 자제하는 것이 현명하다. 나는 두 달 동안 금주한 한 남성을 알고 있다. 그는 식량을 비축한 후 두 달 후에 자신을 데리러 오라는 약속을 하고 뱃사공의 도움을 받아 무인도로 들어갔다. 이것은 급진적인 조치였지만 그는 이미 위험한 단계에 도달한 중독에서 벗어나는 데 성공했다. 이 방법이 모든 사람에게 적합한 방법은 아니지만 그 이면의 아이디어는 타당하다. 장소를 바꾸거나 평소 주변 환경과 어느 정도 거리를 두면 중독에서 벗어나기가 더 쉬워진다. 침묵과 고독은 자신을 돌아보고 앞으로의 삶을 어떻게 보내는 것이 가장 좋은지 생각할 수 있게 해준다. 모든 자기 회생self-regeneration에는 강력한 '무엇을 위해'가 필요하다. *무엇을 위해 변화해야 하는가?* 아마도 사랑 때문일 것이다. 사랑하는 사람을 위해서. 성취하고 싶은 일을 위해서. 좋은 모습과 명료한 사고를 즐기기 위해서. 무언가를 사랑하려는 동기만이 두려움을 극복하고 필요하다면 금단의 지옥을 뚫고 의미 있는 삶으로 돌아갈 수 있다. 그리고 문제의 중독성 물질에 따라 금단 증상은 매우 끔찍할 수 있다. 그럼에도 불구하고 자신을 이기는 것보다 더 큰 승리는 없다!

숙련된 중독 치료사들은 신체 기억 자극physical memory jogs을 사용하여 '목표'를 지속적으로 자각해야 한다고 제안한다. 술병에 붙어 있는 아이들의 사진을 보면 아버지는 술병에서 손을 거두게 될 수도 있다. 부엌 고리에 걸린 날씬한 드레스는 과체중인 엄마가 냉장고를 열지 못하게 할 수도 있다. 프랭클은 인간에게는 신체와 정신이 그들을 잘못된 방향으로 끌어당기더라도 이를 거역할 수 있는 본질적인 '영의 도전적 힘'이 있다고 확신했다. 그리고 프랭클이 옳았다는 것을 증명한 많은 영웅들이 있다. 모든 것을 집어삼키는 몰로코프molochof 중독 앞에 누구도 굴복할 필요는 없다.

7. 노화와 쇠약

누구나 자신의 인생에서, 특히 중년이 시작될 때부터 어떤 일이 일어났는지 돌아볼 필요가 있다. 이상적인 젊음의 활력이 사라지고 세월이 덧없고 모든 것은 헛되고 일시적이라는 냉정한 통찰이 자리잡는 나이에 도달하게 된다. 전형적인 중년의 위기에는 자신이 늙고 나약해지는 것이 아닌가 하는 불안한 질문을 하게 된다. 사실, 미래가 어떻게 될지는 아무도 모른다(아마도 그것은 축복일 수도 있다). 반면에, 이미 자신의 과거에 있었던 모든 것은, 특히 그것이 그 의미를 대체로 충족했는지 여부와 관련하여 *평가할 수 있다.* 사람들은 열심히 일했고, 훈련을 받고, 인맥을 쌓고, 온갖 일을 하고, 가정을 꾸리고, 좌절과 손실을 겪고 다시 일어섰다. 누군가가 이 모든 것에 만족할 수 있다면 좋은 일이다! "그래, 늘 쉽지는 않았지만 내 인생은 살 만한 가치가 있었어"라고 말할 수 있을 때 말이다. 그러한 사람은 평온하게 앞으로 다가올 일을 생각할 수 있다. 왜냐하면 그 사람이 가진 모든 것은 다음과 같은 철학적 의미에서 보호되기 때문이다. 과거의 모든 것은 진리의 요새에서 안전하고 썩지 않도록 보호되며, 살아온 모든 것은 그 기록에서 지워질 수 없다. 과거는 사라지는 것처럼 보일 뿐이다. 실제로 미래의 가능성은 나이가 들면서 점점 줄어들다가 죽음과 함께 완전히 사라진다. 그러나 우리의 과거는 우리가 죽은 후에도 살아남아 알려지든 알려지지 않든 역사 속에 영원히 남아 있다.

하지만 사람들이 지금까지의 삶의 결과에 만족하지 못한다면 어떨까? 그렇다면 현재의 가장 훌륭하고 영광스러운 가능성을 실현하고 이를 과거의 안전한 피난처에 보관함으로써 미래의 낭비를 막는 것이 더욱 시급하다. 무엇을 새롭게 하고, 붙잡고, 통제하고, 진정시켜야 할까? 더 이상 미루지 말아야 할 일은 무엇인가? 종국에 실현해야 할 꿈은 무엇인가? *시간은 소중하며* 이 사실을 더 잘 인식할수록 시간을 더 신중하게 사용할 수 있다. 이제는 물질적인 것에 대한 애착을 멈추고 도움, 동료애, 우정, 음악 감상 등과 같은 실존적 가치로 돌아갈 때일지도 모른다. 결국 *진실은 차별하지 않는다*. 우리의 과거와 현재 존재에 대한 증거에는 질투, 불쾌감 또는 끊임없는 짜증도 포함된다. 누가 심술궂은 구두쇠 노인의 모습으로 영원에 들어가고 싶겠는가?

노년을 두려워하지 말자. 주름과 허약함과 장애를 가져올 수 있지만 마지막까지 빛나는 가능성이 가득하다. 혼자 있는 시간을 외로움에 대한 불평이 아니라 상상력을 자극하고 우리가 여전히 변화를 일으킬 수 있는 지구촌 구석구석을 탐험하는 데 사용하자. 그리고 늙어가는 것의 대안은 젊음을 유지하는 것이 아니라 다가오는 죽음을 맞이하는 것임을 잊지 말고, 적절한 시기에 해야 할 모든 작별 인사를 할 때 감사함을 잊지 말자.

8. 의사결정 갈등

나이가 들수록 습관은 더 굳어지고, 필요할 경우 습관을 고치기가 더 어려워진다. 한번 굳어진 생활 습관은 나이가 들수록 더욱 고착화된다. 이는 삶의 경험보다는 해당 라이프스타일에 더 많이 좌우된다. 삶의 경험은 비교적 순탄할 수도 있고, 기복이 심할 수도 있지만, 그 경험에서 비롯되고 그에 비추어 결정되는 것은 놀라울 정도로 개인적인 것이다. 사람들은 거의 동일한 경험에 대해 완전히 다른 방식으로 반응하며, 그들의 반응은 절망과 웃음, 또는 복종과 극복 사이의 어느 지점에 있을 수 있다. 한 사람의 라이프스타일은 이러한 반응의 총합으로 형성된다.

한 가지 예를 들어보겠다. 한 남자가 출근하기 위해 아침 일찍 일어나야 한다. 그는 이 상황에 어떻게 대응하는가? 그는 마지막 순간까지 침대에 누워 있다가 마지못해 몸을 비틀거리며 욕실로 들어가 샤워를 한 후 커피 한 잔을 마시고 깊은 한숨을 쉬며 서둘러 집을 나설 수도 있다. 아니면 완전히 다른 방식으로 하루를 시작할 수도 있다. 그는 눈을 뜨고 빛과 다양한 자연의 색을 보고 기뻐할 수 있으며, 마비되지 않고 침대에서 벌떡 일어날 수 있다는 사실에 감사하고, 직업이 있고 실업자도 아니며, 신선한 커피의 멋진 향기가 곧 부엌을 가득 채울 것이라는 사실에 감사할 수 있다. 상황은 같지만 그에 대한 반응은 매우 다르며 그에 따라 하루의 시작이 매우 다르게 느껴질 것이다.

신경과학자들은 인간의 뇌가 우리의 자발적인 반응을 미리 프로그래밍하는지, 아니면 사람이 정말 자유롭게 삶의 상황에 대응하는 방법을 선택할 수 있는지 오랫동안 궁금해했다. 뇌는 결정을 내리는 데 필요한 에너지(집중력과 주의력 정도)를 제공하지만, 결정을 내리지는 못한다는 광범위한 합의가 이루어지고 있다. 우리가 처한 상황을 통제할 수는 *없지만 그에 대응하는 방법은 자유롭게 선택할 수 있다!*

사실적인 근거가 있다. 비슷한 상황에서 비슷한 결정을 반복적으로 내리면 경직된 자동화가 시작된다. 예를 들어, 우리의 아침 의식은 몇 년 동안 계속 같은 형태를 취할 가능성이 높다. 더 이상 하루를 어떻게 시작할지 자유롭게 결정하지 않고 이러한 자동화에 자신을 내맡기게 된다. 여기에는 장점과 단점이 있다. 고정된 습관의 장점은 선택의 부담을 덜어준다는 점이다. 우리가 하는 모든 일에 대해 항상 생각해야 한다면 너무 복잡해질 것이다. 이는 마치 자동차를 운전하는 것과 같다. 조금만 연습하면 기어를 바꾸고 가속 페달과 브레이크를 자동으로 조작할 수 있다. 단점은 생각의 활동이 줄어든다는 것이다. 특이한 상황에서는 습관에 의존할 수 없고 새로운 대응을 해야 하는데, 이때 필요한 사고의 유연성이 부족할 수 있다.

따라서 가장 좋은 방법은 습관에 따라 맹목적으로 움직이는 것이 아니라, 습관이 여전히 적절한지, 아니면 변화가 필요한지 수시로 확인하는 것이다. 타성에 젖어 편안함만을 추구하려는 욕구 때문에 우리가 스스로 결정할 수 있는 힘을 빼앗겨서는 안된다! 우리에게는 삶의 다양한 단계에 적응할 수 있는 능력이 필요하다. 이는 필요할 때 오래된 습관을 버리고 더 적절한 결정으로 바꾸는 것을 의미한다. 몸이 불편하여 갈등에 직면할 경우에도, 양가감정에 흔들리지 않도록 다른 선택을 단호하게 포기함으로써 가장 의미 있는 선택 또는 덜 해로운 선택에 우선순위를 부여할 수 있는 역량이 필요하다.

아침 일상으로 돌아가서: 남자가 목이 아프고 열이 난 상태로 잠에서 깬다고 가정해 보자. 그는 병가를 내고 중요한 약속을 취소해야 할까, 아니면 열이 나는 상태로 사무실에 출근해야 할까? 그가 이 결정을 내릴 때는 *관련된 모든 사람*을 고려하라고 조언할 수밖에 없다. 출근하게 되면 그의 건강이 어느 정도까지 나빠질까? 그의 고객은 얼마나 많은 고통을 받게 될까? 그의 동료들은 얼마나 많은 추가 업무를 맡게 될까? 반면에 그로 인해 동료들이 감염되지 않을까? 주저없이 양심과 일치하는 결정을 내리는 데 필요한 판단의 탄력성을 지닌 사람은 갈등이 있어도 흔들리지 않는다. 병가를 내기로 결정했다면, 고객과 동료에게 불편을 끼치는 것을 감수해야 한다. 사무실에 가기로 결정하면 그는 자신을 돌볼 수 있는 기회를 포기하게 된다. 우리가 내리는 모든 결정에는 아쉬움의 조각이 걸려 있는 고리가 있다. 모든 결정은 매력적일수도 있는 다른 무언가에 대한 결정이다. 그러므로 용기와 아쉬움은 함께 가는 것이다. 이러한 아쉬움을 받아들여야만 우리는 습관에 지배당하거나 갈등하는 양심에 마비되지 않고 용기있게 행동할 수 있다.

9. 경쟁 압력

갈등이 생길 경우 *관련된 모든 사람을* 고려하라고 조언했다. 왜 자신의 이익을 챙기는 것만으로는 충분하지 않을까? 왜냐하면 이는 더 큰 갈등으로 이어지기 때문이다. 이기적인 행동은 우리와 다른 사람들 사이의 간격을 넓히고 우리를 공동체로부터 분리시킨다. 그리고 홀로 잠적하는 것은 모두에게 해가 되는 일이다. 그런데 우리가 공동체로 들어가는 입장권은 무엇일까? 그것은 *나 자신뿐만 아니라 다른 사람들에게도 좋은 일을 하는 것이다.*

1972년 뮌헨 올림픽 위원회에서 설명했듯이 프랭클은 열정적인 산악인이었다. 그는 경쟁의 의미를 제대로 이해한다면, 경쟁자와 대결하는 것이 아니라 자기 자신과 경쟁하게 된다고 말했다. 자신의 기술을 최적화하려고 노력하는 것, 그것이 전부이다. 다른 사람들에게 불명예스럽게 뒤처지는 것에 대한 두려움은 우리의 열정을 약화시킬 뿐이다. 오로지 승리만을 향한 완강한 결심은 오히려 성공에 제동을 걸게 된다.

프랭클의 경고는 다양한 활동 영역에 적용된다. 다른 사람이 나보다 더 잘하는 것(또는 내가 갖지 못한 것)에 집중하면 발 밑에서 땅이 꺼진다. 그러면 자신이 너무 작게 느껴지고 시기와 질투에 영혼이 사로잡히게 된다. 나는 환자들에게 왜 항상 자신보다 훨씬 더 가난한 수백만 명의 사람들이 아닌 재벌과 자신을 비교하는지 묻곤 했다. 환자들은 이 질문에 주의깊게 경청하였다. *사실, 다른 사람과의 비교는 용납해서는 안된다.* 모든 사람은 독특하며 자신의 삶을 최대한 활용할 수 있는 다양한 개인적 기회를 가지고 있다. 그러므로 부모는 자신의 자녀를 다른 자녀와 비교해서는 안 되며, 같은 반 친구들이 자랑스럽게 자랑하는 모든 것을 갖고 싶어하는 자녀의 욕구를 단호히 반대해야 한다. 경쟁 압력의 불길은 종종 학교 전체를 황폐화시켜 따돌림이나 계략과 같은 불쾌한 일을 부추긴다.

최선을 다하는 가장 좋은 방법은 흐름 경험flow experiences을 통해서이다. 미국인 M. Csíkszentmihályi의 유명한 일련의 연구 결과에 따르면, 사람들이 자신에게 적합하고 열정적으로 수행하는 일에 완전한 자기망각 상태로 빠져들 때 가장 강한 행복감을 경험하고 가장 인상적인 성취를 이루게 된다고 보고하였다. 이런 경우 최고의 것이 의도치 않게 '흘러나오게' 되며, 실제로 목표로 삼을 수 없는 일, 즉 자신의 한계를 넘어서는 일이 발생한다. 역설적이게도 그러한 자기망각의 순간에 인간은 그 어느 때보다 자신과 하나가 된다. 지구에 있는 천문학자가 망원경을 통해 '지구'를 볼 수 없는 것처럼, 자아의 신비 중 하나는 자기집중을 통해 자아를 이해하고 파악할 수 없다는 것이다.

흐름 경험은 열심히 일하는 것과는 다르다. 일 중독은 건강한 *자기망각* self-forgetfulness을 동반하지도 않으며, 고려해야 할 외부 세계의 가치도 망각하게 한다. 과로하는 사람은 신체의 경고 신호를 무시한다. 가족과 친구는 무시되고, 환경에 대한 배려는 무시되며, 일반적으로 일을 제외한 모든 것에서 관심이 멀어진다. 그러한 사람은 다른 광신주의와 마찬가지로 재앙을 불러일으키는 광신적 열심에 사로잡히게 된다.

그러므로 우리 자신과 다른 사람들에게 업무 압력을 주지 않도록 하자! 다른 사람의 행복을 허용하고, 우리가 사랑하는 일에 온 마음을 다해 헌신하고, 프랭클이 말한 것처럼 모든 종류의 과잉 의도에 주의해야 한다. *우리의 것은 성공할 것이고, 우리의 것이 아닌 것은 안전하게 내려놓을 수 있다.*

10. 내려놓기

부자가 가난한 사람보다 내려놓기가 더 힘들다는 것은 심리적으로 참 우스꽝스러운 사실이다. 필자의 어린시절은 전쟁 전후였고, 그 시기에는 *스무 명*의 아이들이 *한* 아이가 소유한 공을 가지고 놀았다. 공의 주인이 성장하면 그 공은 또 다른 아이에게 주어졌다. 장난감은 공과 곰 인형(아마도 테디베어)이 전부였지만 우리 세대에서는 그 누구도 부족함을 느끼지 못했다. 오늘날 부유한 국가에서는 감각 과부하에 대한 이야기가 회자되고 있고, 아이들은 흥미진진한 선물과 다양한 오락 옵션에서 거의 벗어날 수 없다. 부모의 다툼, 텔레비전의 공포 이야기, 아이들의 침실에서 이야기되는 지구 멸망 위기 뉴스의 홍수 속에서 불안해하고 분노가 촉발되는 일이 점점 더 흔해지는 것은 놀라운 일이 아니다.

빈곤한 상황에서는 서로 나누는 것이 보편적이지만, 부유한 환경에서는 탐욕이 만연한다. 여기서 공놀이는 좋은 상징이다: 공을 다시 잡을 수 있는 손을 확보하기 위해서는 *공을 다시 던지거나 놀이 친구에게 공을 던져야 한다*. 공을 붙잡고 있으면 공놀이에 참여할 수 없다. 탐욕스러운 사람들도 비슷한 방식으로 자신을 차단한다. 그들은 풍요로움 속에 쪼그리고 앉아 정작 그들 자신의 삶의 게임은 쇠퇴한다. 오늘날 우리 집 서랍장과 다락방 구석구석이 더 이상 사용하지 않는 물건들과 완전히 잊힌 물건들로 가득 차 있다는 것은 슬픈 경고 신호이다. 쌓인 책은 읽지도 않고, 오래된 레코드 판은 듣지 않고, 옷도 입지 않지만, 우리는 그것들을 없애기는커녕 지하실에 밀어넣거나 심지어 보관소를 빌려서 보관한다. 이것이 바로 부를 위해 지불하는 대가이다. 즉 재산을 잃고 물질적으로나 사회적으로 몰락할지도 모른다는 끊임없는 두려움이다. 이와 대조적으로, 가난한 사람들은 그들의 작은 카누는 얕은 바다에서도 전복되지 않는다는 것을 오래 전부터 배웠다.

과도한 부에는 또 다른 단점이 있다. 소유가 부족하면 *창의성*이 촉진된다. 아이들은 가장 평범한 재료로 공예품을 만들고, 그림을 그리고, 환상적인 물건을 만드는 방법을 배우면서 몇 시간 동안 조용히 집중한다. 이 능력은 조립식 '어린이 천국'에서는 사라진다. 또한 어른들은 단순한 환경에서 더 많은 아이디어를 얻을 수 있다는 사실이 밝혀졌기 때문에, 예술가들은 외딴 곳으로 피신하는 것을 좋아한다. 과부하는 생각의 용량을 감소시키고, 너무 많으면 단순히 존재하는 데 방해가 된다.

그러나 조만간 인생은 우리를 변화시키고 놓아주도록 만든다. 우리의 '소유물' 중 어느 것도 영원하지 않다. 건강이 악화되고, 친척이 사망하고, 동반자가 우리 곁을 떠나고, 직업적 책임을 후세대에게 넘겨주어야 하고, 경제적 상황으로 인해 은행 계좌가 고갈되는 등의 일이 일어난다. 충격에 빠진 사람은 "이제 남은 게 뭐지?"라고 절규한다. 과연, 지속적인 가치가 있는 것은 무엇인가?

우리는 미리 내려놓는 연습을 함으로써 충격을 피할 수 있다. 필요하지 않은 것을 다른 사람에게 줄 수 있다. 우리 집에서 불필요한 모든 것을 없애고 빛과 공기로 가득 찬 몇 개의 방으로 만족하자. 인구가 증가하고 도시가 급속하게 증가하고 발전함에 따라 공간을 비축하는 것은 합리적이지 않다. 소식하고 과체중에 주의하자. 레저 여행을 줄이고 가능한 한 자주 도보로 여행하도록 하자. 그러나 무엇보다도 지난 몇 년 동안 우리에게 주어진 모든 것을 내면에서 내려놓자. 필요하다면 *사랑하는 사람까지도*. 사랑하고 또 사랑받은 것이 순전한 자비였음을 깨닫고, 인생이라는 위대한 게임에 참여할 수 있었다는 기쁨으로 가득 찬 공을 다시 던져보자.

우리에게 남은 것은 무엇인가? *오직 우리에 대한 진실*, 그리고 그 진실에 사랑의 불꽃이 포함되어 있다면 우리는 헛된 삶을 살지 않았다.

색인

ㄱ

ㄴ

ㅇ

ㅈ

ㅊ

ㅌ

ㅎ

번호

빅터 E. 프랭클 어록

페이지	어록
ix	현대인들에게 부족한 것은 종종 살아야 할 이유이다.
6	인간은 항상 결정하는 존재이다.
11	우리가 삶에서 무엇을 기대할 수 있는 것이 아니라 삶이 우리에게 무엇을 기대하는지가 중요하다.
17	우리에게 자유는 무언가(상황)로부터의 자유가 아니라 무언가를 위한 자유, 즉 우리의 상황에 대한 입장을 선택하고 그 상황을 창의적으로 형성하는 것이다.
20	모든 행위는 그 자체로 기념비이다.
20	인간의 책임에는 두려운 것이 있다. 하지만 동시에 영광스러운 것이기도 하다. 지금 이 순간 우리가 다음 순간에 대한 책임을 지고 있다는 것, 가장 작은 결정부터 가장 큰 결정까지 모든 결정이 영원을 위한 결정이라는 것, 매 순간 우리가 특정한 순간에만 존재하는 가능성을 현실로 만들거나 놓친다는 사실을 아는 것은 두려운 일이다.

페이지	어록
50	사랑에 대한 교훈 교훈 1. 사랑은 아무것도 기대하지 않는다. 진정한 사랑은 상대방에게서 아무것도 원하지 않는다. 다만, 상대방을 위해 최선을 다하기를 원한다. 교훈 2. 사랑은 자신에 관한 것이 아니다. 사랑하는 사람에 관한 것이다. 교훈 3. 사랑은 사람을 가치의 가능성에 민감하게 만든다. 사랑은 가치의 충만함에 대한 수용성을 엄청나게 증가시킨다. 말하자면 가치의 우주 전체로 향하는 문이 활짝 열리게 한다. 교훈 4. 사랑은 서로에게 최고의 것을 기대하게 한다.
51	진정한 사랑은 사랑하는 사람을 있는 그대로 현실적으로 인정하는 것과 사랑하는 사람의 이상적인 가능성에 대한 비전을 모두 포함하는 것이다.
70	중요한 것은 당신이 인생에서 무엇을 기대하는지가 아니라 인생이 당신에게서 무엇을 기대하는가이다!
109	오직 자유로운 존재만이 두려워할 수 있다. 그리고 책임감 있는 존재만이 죄책감을 느낄 수 있다.
115	의도는 우리의 것이지만, 결과는 신의 것이다
173	고통은 사람을 예지력 있게 만들고 세상을 투명하게 만든다
194	의지의 자유는 의미에 대한 의지보다 우선한다. '존재의 의미에 대해 묻는 것은 무의미하다. 존재는 의미 이전에 존재하기 때문이다.' 우리가 존재의 의미에 대해 의문을 제기할 때 의미의 존재가 전제되기 때문이다. 말하자면 존재는 우리가 의문을 제기할 때마다 부딪히는 벽과도 같다.
198	인간에게서 죄책감을 없애는(즉, 그것을 부인하는) 사람은 누구나 인간의 존엄성을 빼앗는 것이다.

저자소개

엘리자베스 루카스 Prof Elisabeth Lukas, PhD

빅터 E. 프랭클의 제자, 임상심리학자, 심리치료사, 감독자, 강연자, '빅터 E 프랭클에 기반한 정통 로고테라피original logotherapy according to Viktor E. Frankl'의 명예교수이다. 19개 언어로 번역된 수많은 전문서적의 저자이며, 로고테라피의 발전과 확산에 기여한 공로로 비엔나 시로부터 다수의 상을 수상했다.

Leopold-Gattringer-Str. 14/22, A 2345 Brunn am Gebirge

최근까지 발행된 도서목록은 www.elisabeth-lukas-archiv.de에서 확인할 수 있다.

하이디 쇤펠트 Heidi Schönfeld, PhD

엘리자베스 루카스의 제자, 로고테라피스트, 심리치료사, 의미중심 인생 상담사로 활발히 활동하고 있다. 쇤펠트 박사는 로고테라피 아카데미가 소속된 엘리자베스 루카스 아카이브Elisabeth-Lukas-Archive의 설립자이다 대표이다. 또한 '빅터 E 프랭클에 기반한 정통 로고테라피original logotherapy according to Viktor E. Frankl' 아카데미의 강연자이며 교수이고, 로고테라피 상담의 감독자, 저자, 훈련가이다.

Nürnberger Str. 103a, D 96050 Bamberg
www.logotherapie-bamberg.de
www.elisabeth-lukas-archiv.de

역자소개

강경아

간호학 박사. 삼육대학교 간호학과를 졸업하고 연세대학교 대학원에서 석·박사 학위를 받았다. 현재 삼육대학교 간호대학에 교수로 재직 중이며 한국호스피스완화의료학회 간행이사 및 감사를 역임하였고, 현재 부회장으로 활동하고 있다. 주요 연구분야는 진행성 및 말기 환자와 가족들을 위한 의미중심기반의 영적 돌봄이다. 로고테라피에 근거한 의미중심 중재를 학령기부터 성인기에 이르기까지 진행성 및 말기 환자에게 적용한 중재연구와 삶의 의미 측정도구 개발 및 의미중심 중재 관련 메타분석 등 다수의 연구논문을 발표했다. 저서 및 역서로는 『의미중심 심리치료: 로고테라피의 이론과 실제』(눈 출판그룹, 2022), 『돕는 전문직을 위한 로고테라피』(눈 출판그룹, 2020), 『행복레시피-3장 삶의 의미가 중요하다』(삼육대학교, 2021), 『호스피스완화의료-41장 영적돌봄』(군자출판사, 2023), 『아동청소년간호학』(군자출판사, 2024), 『아동청소년 건강문제관리』(수문사, 2018) 등이 있다. 미국과 유럽에서 진행하는 국제적으로 공인된 로고테라피 교육과정을 이수하였다. 2016년 미국 VIKTOR FRANKL INSTITUTE OF LOGOTHERAPY에서 수여하는 ACADEMIC ASSOCIATE 자격을 취득하였고, 2023년부터 2025년까지 유럽권의 ELISABETH LUKAS ARCHIVE 에서 운영하는 ONLINE ACADEMY FOR LOGOTHERAPY 총 5학기 과정을 이수 중이다.

살아있는 로고테라피 엘리자베스-루카스 아카이브 출판물 원서 시리즈	ELISABETH LUKAS **ARCHIV**

MEANING-CENTRED PSYCHOTHERAPY
Viktor Frankl's Logotherapy in Theory and Practice
Elisabeth Lukas - Heidi Schönfeld
Edition: August 2019
ISBN: 9783000636004
e-Book-ISBN: 9783000642746

이 책은 공동작업 프로젝트이다. 쇤펠트 박사의 다양한 사례연구와 이에 대한 루카스 박사의 로고테라피 이론에 대한 해설이 결합되어 있다. 독자들은 이 책을 통해 로고테라피의 생명력과 타당성을 엿볼 수 있다.

LOGOTHERAPY
Principles and Methods
Elisabeth Lukas
Edition: September 2020
ISBN: 978-3-00-066678-0
e-Book-ISBN: 978-3-00-066679-7

이 책은 프랭클의 연구에 대한 체계적인 통찰을 제공한다. 로고테라피의 인류학적 토대와 이 토대위에 구축된 치유개념을 설명한다.